P9-CKH-664

HISTORIA DE LA LITERATURA ESPAÑOLA

SIGLO DE ORO: TEATRO
(1492-1700)

Instrumenta, 3

LETRAS E IDEAS
Dirige la colección
FRANCISCO RICO

HISTORIA DE LA LITERATURA ESPAÑOLA
Dirigida por R. O. JONES

1. A. D. DEYERMOND
LA EDAD MEDIA

2. R. O. JONES
SIGLO DE ORO: PROSA Y POESÍA

3. EDWARD M. WILSON y DUNCAN MOIR
SIGLO DE ORO: TEATRO

4. NIGEL GLENDINNING
EL SIGLO XVIII

5. DONALD L. SHAW
EL SIGLO XIX

6. GERALD G. BROWN
EL SIGLO XX

Edward M. Wilson
Duncan Moir

HISTORIA DE LA LITERATURA ESPAÑOLA

SIGLO DE ORO: TEATRO (1492-1700)

EDITORIAL ARIEL
Barcelona - Caracas - México

Título original:
A LITERARY HISTORY OF SPAIN
The Golden Age: Drama (1492-1700)
Ernest Benn Limited, Londres

Traducción castellana de Carlos Pujol

Edición al cuidado de José-Carlos Mainer

Cubierta: Alberto Corazón

Primera edición: abril de 1974
Segunda edición: noviembre de 1974
Tercera edición: noviembre de 1979
Cuarta edición: febrero de 1981

Depósito legal: B. 4.274 - 1981
ISBN: 84 344 8326 2 (obra completa)
84 344 8306 8 (tomo 3)

Impreso en España

1981. — I. G. Seix y Barral Hnos., S. A.
Carretera de Cornellà, 134-138, Esplugues de Llobregat (Barcelona)

ADVERTENCIA PRELIMINAR

Toda historia es un compromiso entre propósitos difíciles y aun imposibles de conciliar. La presente no constituye una excepción. Hemos tratado principalmente de la literatura de creación e imaginación, procurando relacionarla con la sociedad en la que fue escrita y a la que iba destinada, pero sin subordinar la crítica a una sociología de amateur. *Por supuesto, no es posible prestar la misma atención a todos los textos; y, así, nos hemos centrado en los autores y en las obras de mayor enjundia artística y superior relevancia para el lector de hoy. La consecuencia inevitable es que muchos escritores de interés, mas no de primer rango, se ven reducidos a un mero registro de nombres y fechas; los menores con frecuencia no se mencionan siquiera. Hemos aspirado a ofrecer una obra de consulta y referencia en forma manejable; pero nuestro primer empeño ha sido proporcionar un guía para la comprensión y apreciación directa de los frutos más valiosos de la literatura española.*

Salvo en lo estrictamente necesario, no nos hemos impuesto unos criterios uniformes: nuestra historia presenta la misma variedad de enfoques y opiniones que cabe esperar de un buen departamento universitario de literatura, y confiamos en que esa variedad sea un estímulo para el lector. Todas y cada una de las secciones dedicadas a los diversos períodos toman en cuenta y se hacen cargo de los resultados de la investigación más reciente sobre la materia. Con todo, ello no significa que nos limitemos a dejar constancia de un gris pa-

norama de idées reçues. *Por el contrario, cada colaborador ha elaborado su propia interpretación de las distintas cuestiones, en la medida en que podía apoyarla con buenos argumentos y sóloda erudición.*

R. O. Jones

ÍNDICE

ABREVIATURAS

Actas I	*Actas del Primer Congreso Internacional de Hispanistas* (Oxford, 1964)
Actas II	*Actas del Segundo Congreso Internacional de Hispanistas* (Nijmegen, 1967)
AFA	*Archivo de Filología Aragonesa*
AION	*Annali dell-Istituto Universitario Orientale*, Nápoles
AUM	*Anales de la Universidad de Madrid*
BAE	Biblioteca de Autores Españoles
BBMP	*Boletín de la Biblioteca Menéndez Pelayo*
BH	*Bulletin Hispanique*
BHS	*Bulletin of Hispanic Studies*
BRABLB	*Boletín de la Real Academia de Buenas Letras de Barcelona*
BRAE	*Boletín de la Real Academia Española*
CC	Clásicos Castellanos
CCa	Clásicos Castalia
CHA	*Cuadernos Hispanoamericanos*
EE	*Estudios Escénicos*
Fichter	*Homenaje a William L. Fichter, Estudios sobre el teatro antiguo hispánico y otros ensayos*, ed. A. David Rossoff y José Amor y Vázquez, Madrid, 1971
FMLS	*Forum for Modern Language Studies*
HBalt	*Hispania*
HispI	*Hispanófila*

HR	*Hispanic Review*
LR	*Les Lettres Romanes*
MLN	*Modern Language Notes*
MLR	*Modern Language Review*
MP	*Modern Philology*
MRAE	*Memorias de la Real Academia Española*
N	*Neophilologus*
NBAE	Nueva Biblioteca de Autores Españoles
NRFH	*Nueva Revista de Filología Hispánica*
PMLA	*Publications of the Modern Language Association of America*
PQ	*Philological Quarterly*
PSA	*Papeles de Son Armadans*
RABM	*Revista de Archivos, Bibliotecas y Museos*
RBAM	*Revista de la Biblioteca, Archivo y Museo de Madrid*
RF	*Romanische Forschungen*
RFE	*Revista de Filología Española*
RH	*Revue Hispanique*
RJ	*Romanistisches Jahrbuch*
RL	*Revista de Literatura*
RN	*Romanic Notes*
RPh	*Romance Philology*
RR	*Romanic Review*
Sef	*Sefarad*
Seg	*Segismundo*
SPh	*Studies in Philology*
Sym	*Symposium*
TCBS	*Transactions of the Cambridge Bibliographical Society*
TDR	*Tulane Drama Review*

PREFACIO

En general en este volumen la grafía ha sido modernizada, excepto en lo que se refiere a ciertos rasgos fonéticos que se ha juzgado preferible conservar.

Este volumen ha de leerse teniendo en cuenta, a modo de complemento, el segundo volumen de esta historia: *Siglo de Oro: prosa y poesía,* que trata de otros aspectos del mismo período.

El capítulo 6, sobre Calderón, se debe a Edward M. Wilson. El resto del volumen es obra de Duncan Moir.

E. M. W.
D. W. M.

Cambridge y Southampton, marzo de 1971.

INTRODUCCIÓN

El teatro español de los Siglos de Oro fue una de las ramas más vitales y gloriosas del teatro europeo de los siglos XVI y XVII. Reflejó los gustos, ideales y preocupaciones de una nación que alcanzó en poco tiempo una situación de inmenso poderío y riqueza como poseedora de un vasto imperio en América, los Países Bajos e Italia, y que gozó durante una serie de años de la preponderancia política en Europa. Las primeras obras teatrales que podemos considerar incluidas en los Siglos de Oro se escribieron en Castilla hacia el 1492, año en que Colón descubrió América y Fernando e Isabel reconquistaron el reino de Granada a los musulmanes, completando así la unificación de la España cristiana. Durante los reinados de Carlos V (titular del Sacro Imperio Romano Germánico desde 1519 hasta 1558) que rigió España y su imperio como Carlos I desde 1516 a 1556, y de su hijo Felipe II, que murió en 1598, los dramaturgos que escribían en España fueron adquiriendo gradualmente nuevas técnicas y ensanchando el ámbito de la temática de sus obras, y, de ese modo, los dos grandes géneros dramáticos españoles, la comedia y el auto sacramental, aparecen como el resultado de sus continuas experiencias. El teatro llegó a su máximo esplendor durante los reinados de Felipe III (1598-1621) y Felipe IV (1621-1665), cuando el poderío de España y su influencia política habían entrado ya en un rápido declive, aun cuando la literatura y la cultura españolas seguían floreciendo y ejercían todavía una considerable influencia en Europa. Durante el sombrío reinado de Carlos II (1665-1700), cuando la decadencia política, social y económica de España era ya muy acentuada, la producción dramática fue mucho menor, a pesar de que unos pocos dramaturgos todavía dieron obras de mérito, incluso después de la muerte del gran Calderón en 1681.

La mayor parte de los autores españoles escribían para un público que abarcaba toda la escala social. Desde mediados del siglo XVI, las compañías de cómicos ambulantes iban de ciudad en ciudad y de pueblo en pueblo actuando allí donde encontraban espectadores. A fines de este siglo todas las ciudades y poblaciones importantes de España contaban con teatros fijos, los «corrales», con un patio destinado a los espectadores más pobres, que permanecían de pie, asientos y palcos para los ricos, y algo de tramoya. A partir de los últimos años del siglo XVI, Madrid se convirtió en el principal centro teatral de España, y los centros provincianos entraron en decadencia. Hubo cierta actividad dramática en los virreinatos que hoy corresponden a las naciones de México y Perú, pero casi siempre con obras escritas en España. En el decenio que comienza en 1630, la larga tradición de espectáculos costosos en las cortes de los reyes españoles y de los grandes nobles culminó en la construcción del más completo de los teatros del país, el Coliseo Italiano del palacio del Buen Retiro, residencia de recreo de la familia real construida a las puertas de lo que entonces era la villa de Madrid; allí se representaron a menudo obras de compleja escenografía. Los palacios reales también contaban con escenarios más sencillos para obras no tan complicadas. Una obra de éxito podía pasar de la corte a los teatros públicos o viceversa. Y los autos sacramentales, de carácter alegórico-religioso, con los que se celebraba la festividad del Corpus Christi, en Madrid se representaban no sólo en el palacio real, sino también en escenarios levantados en las calles para el pueblo. De este modo, el teatro de los Siglos de Oro tendía a ofrecer alicientes para toda clase de públicos. En sus mejores momentos fue un teatro acentuadamente didáctico por medio del cual unos escritores cultos comunicaban unas lecciones morales y políticas a la vez a reyes, nobles y pueblo llano, a menudo de un modo considerablemente sutil. El placer se ponía al servicio de la doctrina, tal como lo había prescrito Horacio.

En su período de madurez, el teatro español, debido a su relativa libertad formal, estaba más cerca del teatro inglés de la época que del francés. Como sus equivalentes isabelinos, los dramaturgos españoles del siglo XVII no consideraban esencial respetar las unidades clásicas de tiempo y lugar, aunque a veces se valían de estas unidades para aumentar la tensión dramática, y aunque, por otra parte, tendieran a seguir varias normas fundamentales de la dramaturgia clásica, pero no la de la división en cinco actos, que por este tiempo en España se redujo a la forma definitiva de los tres actos de la comedia. El aspecto más visible en el que el teatro español se distingue de los otros grandes teatros nacionales del siglo XVII es su rico sistema polimétrico, perfeccionado por Lope de Vega. Dentro de la misma obra se emplean diferentes metros y estrofas para expresar distintos tipos de escenas, situaciones o emociones dramáticas. Ello originaba complejas y melodiosas variaciones de tono en obras que podían ser comedias, tragedias o poseer una mezcla de elementos graves y cómicos. España produjo en este período muchas obras de carácter religioso y profano que tenían gran altura intelectual, belleza poética y que eran profundamente emotivas, siendo hasta hoy mismo una importante fuente de inspiración para los dramaturgos de otros países.

Capítulo 1

DESDE JUAN DEL ENCINA HASTA MEDIADOS DEL SIGLO XVI

El iniciador y padre del teatro renacentista español fue Juan del Encina (¿1468?-¿1530?). Hijo de un zapatero de Salamanca, el futuro poeta, músico y dramaturgo fue cantor de la catedral de esta ciudad, estudió en la universidad salmantina, obtuvo el título de bachiller en leyes, y después de tomar órdenes menores, hacia 1492 entró al servicio del duque de Alba, a quien sirvió durante varios años en calidad de cortesano, músico, poeta, dramaturgo y actor[1]. En 1498 fracasó en su intento de conseguir una plaza vacante de cantor en la catedral de Salamanca, que se concedió a su rival y discípulo dramático Lucas Fernández. Amargado tal vez por este intento fallido, Encina dejó España por Roma, donde sus múltiples aptitudes serían mejor apreciadas que en su patria. Efectivamente, no tardó en convertirse en favorito, «continus comensalis noster», del papa español Alejandro VI. En el año 1500 se le otorgaron

1. En «Cronología de las primeras obras de Juan del Encina», *Archivum* (Oviedo), IV, 1954, págs. 362-372, José Caso González trata de demostrar que el poeta entró al servicio del duque de Alba en el verano u otoño de 1495, y que las fechas que la mayoría de los especialistas modernos han aceptado provisionalmente para sus obras primerizas habrían de sustituirse por las fechas siguientes: égloga VII, verano de 1495; églogas I y II, Navidad de 1495; églogas V y VI, febrero de 1946; églogas III y IV, Semana Santa de 1496; égloga VIII, verano de 1496. El «patriarca del teatro español» engendra la primera generación de una multitud de problemas cronológicos que hace imposible escribir una historia verdaderamente sistemática del teatro de los Siglos de Oro.

beneficios de varias iglesias de la diócesis de Salamanca, y dos años después consiguió ser nombrado cantor de la catedral, aunque Lucas Fernández, apoyado por el capítulo, al parecer seguía ocupando este puesto. Encina no abandonó Roma hasta 1509, cuando, bajo el pontificado de Julio II, fue nombrado arcediano y canónigo de la catedral de Málaga, a pesar de que aún no se había ordenado. Entre 1512 y 1518 efectuó tres estancias más en Roma, donde obtuvo del papa León X el cargo de prior de la catedral de León. En esta ciudad transcurrieron los últimos años de su vida y allí murió a fines de 1529 o comienzos de 1530.

Las ocho primeras églogas dramáticas de Juan del Encina se publicaron dentro de la primera edición de sus obras poéticas, el *Cancionero* (Salamanca, 1496), una recopilación que conoció seis ediciones más antes de 1516 y que ejerció una considerable influencia sobre los autores dramáticos de la primera mitad del siglo XVI. En las ediciones de 1507 y 1509 se añadieron la famosa égloga de *Las grandes lluvias* y otra obra sobre el poder del amor que se había representado ante el príncipe Juan de Castilla, probablemente en Alba de Tormes o en Salamanca; la égloga de *Fileno, Zambardo y Cardonio;* y el *Auto del repelón,* de un acusado pintoresquismo, cuya paternidad ha sido discutida (églogas XII y XIII en las ediciones modernas más recientes, de Humberto López Morales[2]). Dos obras más, la égloga de *Cristino y Febea* (égloga XI en López Morales) y la égloga de *Plácida y Victoriano* (la XIV en la mencionada edición) se imprimieron por separado como «obras sueltas» cuando aún vivía Juan del Encina[3].

2. En la otra edición de las obras dramáticas completas de Juan del Encina, la de Cañete y Barbieri (Madrid, 1893), *Fileno, Zambardo y Cardonio* se considera como la égloga XI, imprimiéndose antes del *Auto del repelón, Plácida y Vitoriano* y *Cristino y Febea.* Oliver T. Myers ha negado la autenticidad del *Auto del repelón* (*HR,* XXXII, 1964, págs. 189-210). López Morales ha negado la validez de los argumentos y de la conclusión de Myers y ha prometido consagrar un futuro estudio al problema. Sobre la posible influencia de Lucas Fernández en Juan del Encina, véase John Lihani (*HR,* XXV, 1957, pág. 255).

3. La anónima *Égloga interlocutoria* publicada por Urban Cronan (*RH,*

Probablemente, todas las primeras obras breves de este autor fueron representadas, a veces de dos en dos, por el mismo poeta y otros cortesanos en el palacio ducal de Alba de Tormes, formando parte en la mayoría de los casos de las fiestas cortesanas de Navidad, Carnaval y Semana Santa. Exceptuando las dos representaciones de Pascua, que carecen de personajes rústicos, todas son de tema pastoril, con una estructura sencilla, pero de técnica hábil, en la que no se advierten indicios de influencia italiana, aunque las obras pastoriles, sumamente artificiosas y repletas de adulación para con los poderosos protectores, empezaron a ponerse de moda en las cortes italianas a finales del siglo XV.

No es extraño que el primer dramaturgo español moderno de tipo cortesano concibiera sus obras como églogas. Contaba con los precedentes de varias tradiciones medievales, aparte de la poesía bucólica de Virgilio, tan admirado por Encina, y del poeta latino procede el título de églogas que da a sus obras. Juan del Encina estaba además proporcionando diversión a una aristocracia rural, y el gran duque, con su familia y sus nobles huéspedes, sin duda constituirían un auditorio propenso a reírse con una comicidad de carácter rústico hábilmente estilizada y con un lenguaje pintoresco, que encarnaban unos criados que eran precisamente de origen campesino. Los campesinos se habían convertido en cortesanos que, en la ficción, volvían a ser campesinos y aún podían —en el curso de un par de obritas representadas una a continuación de la otra— volver a transformarse en cortesanos o incluso en evangelistas. Aun sin atribuir un profundo significado a los cambios de identidad que observamos en Encina y en los demás actores en la acción de una égloga introductoria y en la que le sucedía a continuación, o incluso a veces dentro de una misma égloga, es fácil advertir

XXXVI, 1916, págs. 475-488), se atribuyó a Juan del Encina, pero hoy suele considerarse que no es más que una imitación del estilo y de la técnica de este autor.

en todas estas obras el íntimo placer familiar del pasatiempo de las charadas[4].

Solamente tres de las obras de Juan del Encina siguen el tradicional esquema litúrgico del teatro medieval europeo cristiano: la segunda de las dos églogas navideñas, que se representó entre 1492 y 1495 (égloga II) y el solemne y conmovedor díptico de la pasión, muerte y resurrección de Cristo, estrenado entre 1493 y 1496 (églogas III y IV). El resto de su teatro se desvía manifiestamente de las líneas más estrictas del drama religioso medieval, y el tema de la mayoría de sus obras es predominantemente profano, e incluso en algunas ocasiones jocundo y descarnadamente pagano. Incluso en la égloga II, los campesinos-evangelistas Juan y Mateo, junto con Marcos y Lucas, sólo acuden a adorar con fervor al Divino Maestro recién nacido después de que, en la égloga I que sirve de introducción, hayan insistido largamente en el deseo y la solicitud de servir a sus ideales señores de esta tierra, el duque y la duquesa de Alba. Y en la égloga de *Las grandes lluvias* (égloga IX, ¿1498?) el canto del ángel que anuncia el nacimiento del Salvador sólo llega después de un largo, aunque no superfluo, relato de las desventuras de cuatro pastores que han sido sorprendidos por la tempestad y en medio de su juego de «pares y nones». Dejando de lado sus obras pascuales, en sus primeras églogas Encina tiene el acierto de acentuar mucho más los elementos de inocente diversión que los de edificación. Las dos deliciosas y movidas obras carnavalescas, representadas conjuntamente en uno de los años que median entre 1494 y 1496 (églogas V y VI), con sus pastores que se entregan a la glotonería antes de la llegada de la cuaresma (con grandes muestras de júbilo al enterarse de que el duque no tendrá que ir a la guerra) son buenos ejemplos de esta actitud[5]. También lo es

4. Véase Bruce W. Wardropper, «Metamorphosis in the Theatre of Juan del Encina», *SPh*, LIX, 1962, págs. 41-51.

5. Véase Charlotte Stern, «Juan del Encina's Carnival Eclogues and the Spanish Drama of the Renaissance», *Renaissance Drama*, VIII, 1965, páginas 181-195.

el *Auto del repelón,* donde dos pastores asustados cuentan sus apuros durante la irrupción de los estudiantes en el mercado y, finalmente, toman venganza de un estudiante que ha descubierto su escondite. Lo mismo cabe decir de las divertidas obras de transformación, en las que un cortesano se convierte en pastor por el amor de una pastora y, más tarde, vuelve a la vida de la corte en compañía de la moza convertida ya en una dama ricamente ataviada; les siguen otro pastor, su antiguo rival y su esposa, también endomingados y afanosos por probar los placeres de la corte (églogas VII y VIII). Y así también en la historia de Cristino, que se esfuerza por llevar vida de ermitaño, pero que debido a las maquinaciones del ofendido Cupido tiene que abandonarla por el amor de la tentadora Febea (égloga XI en la edición de López Morales). En realidad es un error considerar el teatro de Juan del Encina como un simple desarrollo y una secularización del drama religioso. Su deuda principal no es con obras de origen eclesiástico sino con el arte ágil y travieso de los «momos» cortesanos del siglo XV que en las circunstancias festivas alegraban las salas de los banquetes representando obritas y ejecutando una danza final, tras haber hecho su aparición presentando regalos para sus señores y los huéspedes de calidad, como el mismo Encina los ofrece a la duquesa bajo el disfraz de Juan en la égloga I y en el papel de Mingo en la égloga VIII[6]. En los textos de las obras de Juan del Encina la danza final está representada por el villancico, la canción que precede a la salida de los actores.

La trama argumental de las primeras obras de Juan del Encina es sencilla. También lo es su estructura estrófica: desde el comienzo hasta el momento en que empieza el villancico son todas monostróficas, pero la sencillez en la trama y en el esquema estrófico no es indicio de primitivismo dramático ni poético.

6. Para el arte de las momerías o mascaradas de los siglos XV y XVI, véase N. D. Shergold, *A History of the Spanish Stage,* Oxford, 1967, págs. 126-136. El regalo de Mingo a la duquesa podría no ser otra cosa que la primera edición del *Cancionero.* Para la escenificación de las obras de Encina, véase Shergold, *op. cit.,* págs. 26-28, 40, 144-145.

Son obras de un versificador muy hábil y de un buen poeta, de un excelente músico que hubiera podido utilizar una amplia gama de ritmos tanto en el verso como en las melodías, y de un magnífico histrión que sabía cómo captar y mantener el interés de un público refinado. Juan del Encina no hubiese podido idear obras bien trabadas, con su «prótasis», su «epítasis» y su «catástrofe», según el modelo neoaristotélico, medio siglo antes de que la *Poética* tuviera amplia difusión en Europa, pero era lo suficientemente hábil como para producir los efectos de contraste y las tensiones que son la esencia del arte dramático. Parece como si muchos especialistas modernos se hayan mostrado reacios a admitir la gran variedad de procedimientos con los que creaba y matenía la emoción, la expectación y el interés de sus obras: con cambios de humor, emociones y actitudes, con choques de temperamentos y contrastes de carácter, con disputas y discusiones, recurriendo a lo inesperado, demorando la acción, repitiendo palabras, preguntas y órdenes imperiosas, a menudo en un lenguaje terso y sutil:

Digo, digo que Él es vid,
vida, verdad y camino.
Todos, todos le servid,
todos conmigo decid
qu'Él es el verbo divino.

(Égloga II)

Los personajes de Juan del Encina están caracterizados de una manera sencilla, pero cumplen perfectamente con su cometido: se contraponen y contrastan en la medida en que es necesario para proporcionar unas tensiones a obras tan breves como éstas; evidencian en su creador contención y dominio de los matices, no falta de imaginación. Y cuando evocamos las églogas en nuestra memoria, siguen manteniendo nuestro interés debido a su vitalidad. Las dos que tratan el tema de la Semana Santa se han descrito como frías y carentes de vida, pero de hecho en la égloga III los frecuentes y rápidos cambios de emoción están cuidadosamente previstos y orquestados para ir ascendiendo gradualmente hasta su exultante culminación, e incluso en la menos variada y animada de las obras de Encina, la égloga IV, hay algo capaz de emocionarnos, con su poesía solemne y melodiosa y las luchas interiores de los personajes, que oscilan entre la zozobra y el júbilo clamoroso que termina por triunfar.

El éxito de las églogas de Juan del Encina y de sus imitadores hasta mediados del siglo XVI dejó firmemente consolidado el tipo del pastor cómico como un importante elemento de repertorio en el teatro de los Siglos de Oro. En las obras de Encina se fijan ya muchos de los rasgos principales de este personaje rústico: a veces parece rastrero en presencia de los nobles, pero se enorgullece de sus orígenes y de la vida campestre en oposición a la vida cortesana; también se muestra orgulloso, en ocasiones hasta la jactancia, de su habilidad para tañer la flauta, bailar, cantar y hacer ejercicios físicos, ocupaciones que naturalmente tiende a preferir al tedioso deber de guardar sus rebaños; también puede ser más o menos holgazán; o como el Piernicurto del *Auto del repelón,* jactarse de su valentía cuando en realidad se ha mostrado cobarde, pero también puede ser temerario, como Pelayo, que desafía a Cupido en la égloga X. Puede ser dado a comer y beber sin medida por Carnaval, pero López Morales ha señalado la injusticia de las generalizaciones excesivas y de describir a todos los pastores de Juan del Encina como glotones, cobardes, haraganes y necios[7]. En realidad el «bobo» campesino es una creación del teatro de mediados del siglo XVI. La mayoría de los rústicos de Juan del Encina poseen una dignidad humana bastante acentuada que parece anunciar el Peribáñez de Lope de Vega y el Pedro Crespo de Calderón. Por lo que se refiere a su comicidad, el lenguaje de los pastores de Encina es enormemente importante. En ellos se exagera un tipo de lenguaje campesino pintoresco y estilizado que ya se había usado en las *Coplas de*

7. Sobre la figura del pastor, véase Humberto López Morales, *Tradición y creación en los orígenes del teatro castellano,* Madrid, 1968, págs. 147-172.

Mingo Revulgo y en la *Vita Christi*. Varía según los autores en varias de sus características y suele conocerse con el nombre de «sayagués», debido a relacionarse equivocadamente con la comarca de Sayago (Zamora), cuyos habitantes tenían fama de hablar una modalidad particularmente tosca e incorrecta de castellano[8]. A causa de la popularidad que alcanzó su *Cancionero,* Juan del Encina pasó a ser un modelo para otros autores dramáticos que escriben diálogos pastoriles, y aunque progresivamente degradado por el abuso, su lenguaje rústico era todavía en el siglo XVII el prototipo del habla cómica de los campesinos en el teatro.

Para algunos puristas, el teatro «estrictamente renacentista» de Juan del Encina no comienza hasta que empezó a imitar las técnicas y los modelos italianos en la segunda parte de su carrera. Según diversos críticos, los sucesos paganos de la égloga de *Cristino y Febea* son ya de inspiración italiana. No obstante, aún no se conoce ninguna prueba segura de que esta obra tenga fuentes italianas: desde el punto de vista técnico no se aprecia ninguna diferencia respecto a sus primeras obritas, a pesar de ser más larga que todas las anteriores[9], y la suposición de que, puesto que contiene una leve y suavísima sátira anticlerical tuvo que escribirse fuera de España, resulta tan divertida como carente de todo fundamento. Es posible que Encina escribiese esta obra en Roma, pero no contiene nada específicamente italiano. En realidad sólo parece haber compuesto dos obras que muestren claramente esta influencia, y aun una de ellas, la égloga de *Fileno, Zambardo y Cardonio,* es

8. Para el «sayagués», véase H. López Morales, *op. cit.*, págs. 172-190, y «Elementos leoneses en la lengua del teatro pastoril de los siglos XV y XVI», *Actas II,* págs. 411-419; John Lihani, «Some notes on *sayagués*», *HBalt,* XLI, 1958, págs. 165-169; Paul Teyssier, *La langue de Gil Vicente,* París, 1959, páginas 23-73; Charlotte Stern, «Sayago and *sayagués* in Spanish History and Literature», *HR,* XXIX, 1961, págs. 217-237.

9. La obra consta de 600 versos más un villancico de 31. La más corta de las obras impresas en el *Cancionero* de 1496 es la égloga I, que tiene 180 versos sin ningún villancico (las églogas II y IV tienen ambas 180 versos, además de los villancicos), y la más larga es la égloga III, de tema pascual, con 350 versos más un villancico de 18.

en parte una simple adaptación de la segunda égloga de su contemporáneo, el poeta italiano Antonio Tebaldeo[10]. La obra, que a su vez quizá sea una de las fuentes de la égloga II de Garcilaso, trata de la desesperación de Fileno al no ver correspondido el amor que siente por Cefira, de la imposibilidad de sus dos amigos por consolarle y del suicidio final del protagonista. Consta de ochenta y ocho sonoras coplas de arte mayor, y es la primera tragedia del teatro de los Siglos de Oro. La otra obra italiana de Encina, la más ambiciosa de todas sus églogas, es la de *Plácida y Vitoriano,* una obra compleja y polimétrica, casi tan larga como las comedias en tres actos del siglo XVII. Quizás ésta fuera la obra suya que, según una carta de la época, se representó en Roma el 6 de enero de 1513 en el palacio del arzobispo de Arborea, ante el embajador español, Federico Gonzaga, y un nutrido auditorio compuesto por miembros de la colonia española:

> la comedia fu recitata in lingua castigliana, composta da Joanne de Lenzina qual intervenne lui adir le forze et accidenti di amore; et per quanto dicono spagnoli non fu molto bella, et poco delettò al S. Federico[11].

La intervención personal de Juan del Encina hablando del poder y de los accidentes del amor tal vez no fue otra cosa que el recitado de un fragmento de alguna de sus obras en las que se desarrolla este tema. Pero la hipótesis de que la obra en cuestión fue *Plácida y Vitoriano* es singularmente atractiva; Moratín menciona una edición de esta égloga impresa en Roma en 1514, y de la que se ha perdido todo rastro; el prólogo declamado por Gil Cestero, con su detallado resumen de la trama y la idea del poder fatal del amor (una técnica explica-

10. Véase J. P. Wickersham Crawford, «The Source of Juan del Encina's *Égloga de Fileno y Zambardo*», *RH,* XXXVI, 1916, págs. 475-488, y «Encina's *Égloga de Fileno, Zambardo y Cardonio* and Antonio Tebaldeo's Second Eclogue», *HR,* II, 1934, págs. 327-333.

11. Véase Othón Arróniz, *La influencia italiana en el nacimiento de la comedia española,* Madrid, 1969, págs. 40-41.

tiva que procede del «introito y argumento», ya empleados por Torres Naharro para presentar sus obras al público de Roma desde 1508 aproximadamente), tiene en sus primeros versos una notable semejanza con la parte inicial de los papeles de Juan y Mingo que Encina escribió para sí mismo en las églogas I y VIII, y el papel de Gil en esta obra es exactamente la clase de papeles que, por las primeras obras de Encina, vemos que él prefería representar. Sea cual fuese la opinión de la colonia española de Roma, *Plácida y Vitoriano* tiene variedad, interés y una emoción casi siempre bien mantenida, con los rústicos Gil y Pascual que proporcionan relieve cómico, y con una escena que deriva de la *Celestina* como sórdido contraste a la acción principal. La noble Plácida, creyendo haber sido abandonada por Vitoriano, se suicida, y su enamorado, al encontrarla muerta, está también a punto de matarse cuando, siguiendo la tradición de ciertas tragedias de Eurípides y del drama pastoril italiano, la diosa Venus interviene y hace que su hermano Mercurio devuelva la vida a la joven para llegar así a un final dichoso.

Lucas Fernández (¿1474?-1542), que arrebató a Juan del Encina la plaza de cantor de la catedral de Salamanca en 1498, parece haber sido un hombre menos inquieto que su rival. Aunque es posible que viviese en la corte portuguesa durante algún tiempo alrededor del año 1502[12], al parecer casi toda su vida transcurrió en Salamanca, donde fue catedrático de música en la universidad desde 1522 hasta su muerte. Sus *Farsas y églogas* (Salamanca, 1514) son siete en total, y una de ellas es un simple diálogo sobre el amor y sus efectos que cantan dos pastores. Es posible que Fernández empezara a escribir sus obras en torno al 1496. Conocía las églogas de Encina, y alude a varias de ellas en términos elogiosos en su *Farsa o cuasi comedia del soldado*. De hecho Encina es, sin

12. Véase John Lihani, «Personal Elements in Gil Vicente's *Auto pastoril castelhano*», *HR*, XXXVII, 1969, págs. 297-303.

ningún género de dudas, el principal modelo que tuvo en cuenta al escribir sus obras. Sus dos églogas navideñas son muy semejantes a la égloga de *Las grandes lluvias,* e imita a Encina en el hecho de introducir bruscamente la noticia del nacimiento de Cristo cuando ya la acción está muy avanzada y ha tenido hasta entonces un carácter exclusivamente profano. Sin embargo, las tres comedias amorosas de Fernández ofrecen innovaciones prometedoras. La *Comedia de Bras-Gil y Berenguella* tiene una divertida intriga sentimental en la que aparece el primer viejo cómico del teatro de los Siglos de Oro, Juan Benito, el abuelo de Berenguella, áspero de maneras, pero bondadoso. La *Farsa o cuasi comedia de una doncella, un pastor y un caballero,* que termina con dos villancicos, nos presenta no a un caballero que se enamora de una pastora, sino a un pastor que se enamora, sin ser correspondido, de una damita cortesana, tal vez la primera incursión de este tipo femenino en el teatro pastoril español, ya que la obra pudo escribirse antes que *Plácida y Vitoriano.* Y la *Farsa o cuasi comedia del soldado* introduce entre sus campesinos un soldado fanfarrón, que seguramente procede del Centurio de *La Celestina,* en la larga tradición del *miles gloriosus* de Plauto. En las obras profanas de Fernández hay una buena cantidad de chusquedades y porradas entre los personajes: sus pastores suelen ser más groseros, más bastos, menos dignos, más pendencieros y más enérgicos en el improperio que los de Juan del Encina. Hablan una modalidad de sayagués un poco más tosca, más pintoresca y a menudo menos decorosa, muy parecida al habla rústica de Encina, pero probablemente más próxima al «charro» hablado en realidad por los campesinos de los alrededores de Salamanca. Por otra parte, los rústicos de Lucas Fernández insisten más en los detalles de sus orígenes[13].

La más original de las obras de Lucas Fernández, y tal vez la última de las que compuso, es su *Auto de la Pasión* para

13. Véase J. Lihani, «Lucas Fernández and the Evolution of the Shepherd's Family Pride in Early Spanish Drama», *HR,* XXV, 1957, págs. 252-263.

Semana Santa, que es mucho más largo que el conjunto de las dos obras pascuales de Juan del Encina y que las supera a ambas en valores dramáticos. Este auto, que quizá se representó en una iglesia, tal vez la catedral de Salamanca[14], presenta por vez primera en el teatro de los Siglos de Oro el tema de la conversión, y es un notable precedente de las «comedias de santo» del siglo XVII. Trata de las reacciones de Dionisio Areopagita[15] a medida que va conociendo la figura de Cristo y el significado, las causas y las circunstancias de su pasión y muerte. Al comienzo, Dionisio es un intelectual pagano inquieto y ávido de hacer preguntas; cuando ya ha transcurrido una cuarta parte de la obra es un cristiano convencido, pero aún no plenamente informado, que todavía quiere saber más; al final se le muestra el sepulcro de Cristo, y junto con los demás personajes, Pedro, Mateo, las tres Marías y Jeremías, se arrodilla para entonar cánticos al Salvador[16].

El segundo autor dramático que iba a beneficiarse de la creación por Juan del Encina del moderno teatro español fue un dramaturgo de extraordinario talento y uno de los escritores portugueses bilingües del siglo XVI, Gil Vicente (h. 1465-¿1537?). Si Encina fue un poeta hábil, con un sentido muy agudo de cómo crear conflictos dramáticos, Gil Vicente fue, como ha dicho Dámaso Alonso, el más sensible y delicado de todos los poetas dramáticos de los Siglos de Oro, y se le ha descrito como el mejor dramaturgo europeo anterior a Shakespeare[17]. No se conoce ni la fecha exacta ni el lugar de nacimiento de Gil Vicente. Casi con toda seguridad era orfebre, y en 1513 fue nombrado *mestre da balança* de la Real Casa de la Moneda

14. Véase Shergold, *op. cit.*, pág. 29.
15. Véase *Act.* 17, 34.
16. Véase Alfredo Hermenegildo, «Nueva interpretación de un primitivo; Lucas Fernández», *Seg*, II, 3, 1966, págs. 10-43, y Shergold, *op. cit.*, págs. 28-29.
17. Véase Gil Vicente, *Tragicomedia de Don Duardos*, ed. Dámaso Alonso, I [el único publicado], Madrid, 1942, pág. 33; A. R. Milburn en *The Penguin Companion to Literature, II, European*, ed. A. K. Thorlby, Harmondsworth, 1969, pág. 800*b*.

de Lisboa; fue autor dramático en la corte portuguesa de 1502 a 1536, y el primer dramaturgo culto de toda la historia del teatro portugués bajo Manuel I y Juan III. Al escribir para la corte bilingüe de los reyes de Portugal, casados con españolas, Gil Vicente compuso once obras en castellano, al menos diecisiete en portugués[18] y dieciséis mezclando ambas lenguas. Varias de sus obras se imprimieron por separado durante su vida y después de su muerte, y todas las cuarenta y cuatro que suelen reconocerse como suyas se imprimieron conjuntamente en la *Copilaçam de todalas [sic] obras de Gil Vicente* (Lisboa, 1562), de la que se hizo una segunda edición en 1586. Afortunadamente para el historiador de la literatura, la *Copilaçam*... da una referencia detallada, aunque no siempre exacta, del lugar, fecha y ocasión en que cada obra se representó por vez primera.

Las primeras y más importantes fuentes de inspiración de Gil Vicente como dramaturgo parecen haber sido las mascaradas de la corte portuguesa, el *Cancionero* de Juan del Encina y como mínimo una o dos de las obras de Lucas Fernández, todavía en forma de manuscrito[19]. Gil Vicente no necesitó mucho tiempo para superar el arte dramático de sus modelos salmantinos. Waldron divide la producción dramática de este autor en cinco grupos principales: el primer grupo comprende las obras primerizas de carácter rústico, al estilo de Encina y Fernández; «después de que Gil Vicente evolucionara hasta dejar atrás a sus primeros modelos teatrales, haciendo un tipo personal de moralidad, farsa, fantasía alegórica y comedia sentimental, escribió obras que corresponden a cada uno de estos géneros, en ocasiones combinando varios de ellos, hasta el fin de su carrera»[20]. Sus obras castellanas representan a la mayo-

18. I. S. Révah, en *Deux «autos» de Gil Vicente restitués à leur auteur*, Lisboa, 1949, publicó dos obras portuguesas anónimas que él atribuía a Gil Vicente, pero no toda la crítica está de acuerdo con estas atribuciones.

19. Se ha apuntado que Lucas Fernández pudo vivir durante cierto tiempo en Portugal y conocer personalmente a Gil Vicente.

20. Gil Vicente, *Tragicomedia de Amadís de Gaula*, ed. T. P. Waldron, Manchester, 1959, págs. 7-10

ría de estos géneros, y en este estudio trataremos principalmente de estas obras escritas en español.

Las tres primeras obras de Gil Vicente, todas en castellano, le muestran desarrollando e introduciendo variaciones en el antiguo género de las obras escritas por Encina y Fernández. El *Auto da Visitação,* a menudo llamado *Monólogo do vaqueiro,* es un breve monólogo en sayagués con el que Vicente empezó su carrera de dramaturgo. Interpretado por su propio autor ante la reina María el 7 de junio de 1502, el día siguiente al del nacimiento del hijo de la soberana, el príncipe Juan, esta desenfadada obrita guarda grandes similitudes con las églogas I y VIII de Juan del Encina; el protagonista es un vaquerizo atolondrado y confuso que se ha abierto paso por entre la guardia del palacio hasta llegar a los aposentos de la reina para ver si el príncipe ha nacido ya; después de bailar de alegría, invita a otros vaquerizos para que vayan a ofrecer huevos, queso, leche y miel al recién nacido. El *Auto pastoril castelhano,* que se representó en la Navidad de 1502, presenta la figura de un taciturno pastor, Gil, que al oír el canto del ángel que sus compañeros no oyen, les conduce hasta el pesebre para adorar al Niño y a la Virgen. Esta experiencia transforma a Gil; súbitamente demuestra un conocimiento de los textos bíblicos referentes a Cristo y a María que ni sus amigos ni él mismo sabían que poseyera. El *Auto dos Reis Magos* se representó por la festividad de la Epifanía del año 1503. Un pastor, Gregorio, que se ha extraviado cuando se dirigía a ver al Niño, pregunta a un fraile holgazán qué camino debe seguir; el fraile no lo sabe, y el problema sólo se resuelve después de que un caballero que forma parte de cortejo de los tres reyes aparece para preguntar si aquél es el camino que conduce a Belén y les habla de la estrella y de sus señores. Cuando finalmente los magos entran en escena, cantan un villancico y ofrecen regalos al rey y a la reina. Gil Vicente también escribió una obrita muy corta en castellano para el Corpus Christi de 1504, el *Auto de S. Martinho,* sobre el tema de san Martín que corta su capa en dos para compartirla con un mendigo.

Hasta qué punto Gil Vicente superó el arte de Juan del Encina y de Lucas Fernández en la siguiente década, es algo que puede apreciarse con toda claridad en el famoso *Auto da sibila Casandra,* que probablemente se puso en escena en diciembre de 1513. Ésta es una de sus obras maestras y no sólo es la mejor obra de tema navideño escrita en castellano, sino incluso la más divertida de las piezas teatrales españolas de todo el siglo XVI. El *Auto da sibila Casandra,* con sus acotaciones escénicas detalladas, pero en un aspecto importante desorientadoras, es un buen ejemplo de este tipo de obras cuya gran sutileza dramática no se advierte la primera vez que leemos el texto impreso. Más que la mayoría de las obras teatrales, exige que nos la imaginemos como espectáculo. El lector puede gozar de un momento de exquisita hilaridad que los espectadores del siglo XVI no estaban en condiciones de apreciar plenamente, cuando de pronto leemos que Salomón entra en escena, junto con Isaías, Moisés y Abraham, los cuatro cantando una *folía:*

¡Sañosa está la niña!
¡Ay Dios! ¿quién le hablaría?

Aquí el primer público de Gil Vicente solo hubiese visto cuatro pastores o labriegos. La obra utiliza la técnica de Juan del Encina de la metamorfosis de los personajes de un modo mucho más hábil y humorístico de lo que jamás hiciera el autor de Salamanca. Para gozarla plenamente hay que tratar de olvidar las indicaciones que hay en el texto, antes de cada parlamento, y que nos anuncian quién es el personaje que va a hablar o en qué personaje va a convertirse, para así poder apreciar las inesperadas y extremadamente divertidas revelaciones de identidad que Gil Vicente preparaba para su primer auditorio. La obstinada pastora del comienzo de la obra, una moza que no quiere casarse, es llamada Casandra en el verso 23, pero solo mediada la representación comprendería el público que se trata de la necia sibila que cree que será la virgen madre de Cristo. Sus tías reciben los nombres de Erutea, Peresica y Cimeria antes de que aparezcan, pero sólo mucho más tarde la mayoría de los espectadores podían comprender que también eran sibilas. Moisés revela su identidad poco después de hacer su entrada, pero el público necesitaría cierto tiempo para comprender que sus compañeros eran Isaías y Abraham. La revelación más divertida es la de la identidad del pretendiente de Casandra. Escandalizado por la presunción de la moza de que ella será la virgen madre, le dice:

> Casandra, según que muestra
> esa respuesta
> tan fuera de conclusión,
> tú loca, yo Salomón,
> dame razón:
> ¿qué vida fora la nuestra?

Las palabras de Salomón contrastan su proverbial cordura con las necedades de Casandra. Como hizo notar Spitzer, el tema central de la obra es el de la profecía: «todos los *dramatis personae* asumen el papel de "profetas", y todos, exceptuando a Casandra, son profetas del nacimiento de Cristo de María»[21]. Las sibilas de más edad y los profetas bíblicos saben todos que el Redentor nacerá de una virgen, pero nadie sabe *cuándo* nacerá. Isaías sabe muy bien cuándo tendrá lugar el Juicio Final, pero como todos los demás videntes queda sorprendido por el «descubrimiento» de la escena de la Natividad y por la súbita irrupción de los cánticos angélicos, que pone fin a su descripción de los signos del Juicio (que insinúan las preocupaciones sociales de Gil Vicente) y las terribles predicciones de la cólera divina que se abatirá sobre el mundo. La obra se inicia con apariencias de ligereza, pero gradualmente estos campesinos van adoptando atributos simbólicos y por fin tiene un desenlace grave y devoto. Como ha demostrado Révah[22], el autor

21. Leo Spitzer, «The Artistic Unity of Gil Vicente's *Auto da sibila Casandra*», *HR,* XXVII, 1959, pág. 57.
22. Véase I. S. Révah, «L'*Auto* de la Sibylle Cassandre de Gil Vicente»,

ha echado mano de diversas fuentes, litúrgicas, literarias y artísticas, y ha ensamblado estos elementos dispares consiguiendo escribir uno de los mejores dramas españoles de los Siglos de Oro.

El *Auto dos quatro tempos,* que pudo representarse en 1511 o en 1516, es otra de las obras que demuestra un progreso imaginativo que desborda los límites de las fórmulas de Juan del Encina. Aquí todo son figuras alegóricas. Como ha dicho Asensio, este auto es un comentario dramático y lírico al *Laudate dominum de coelis,* al *Benedicite* y al *Te Deum,* que proporcionan al dramaturgo una excelente oportunidad para presentar unos personajes aun más variados que los profetas paganos y bíblicos del *Auto da sivila Casandra* para adorar al Niño recién nacido; en esta obra el pesebre es visitado sucesivamente por cuatro ángeles, las cuatro estaciones (hábilmente contrastadas), el dios Júpiter y el rey David vestido de pastor[23]. La estructura del auto es sencilla, pero su poesía es grandiosa.

Las obras más universalmente famosas de Gil Vicente son la trilogía de las *Barcas,* en la cual los dos primeros autos están en portugués, y el tercero, el *Auto da barca da glória,* en castellano[24]. Para poder apreciar debidamente sus valores artísticos estas obras han de leerse como un conjunto. Concebidas dentro de las tradiciones de Caronte, el barquero de la laguna Estigia, de Cristo y la nave de santa Úrsula y del popular *Narrenschiff* o *Nave de los locos* (1494) de Sebastián Brant, que fue imitada en multitud de ocasiones durante todo el Renacimiento e incluso mucho después[25], las tres *Barcas* presen-

---

HR, XXVII, 1959, págs. 167-193. Sobre esta obra véase también Mia I. Gerhardt, *La pastorale,* Assen, 1950, págs. 141-145.

23. Véase Eugenio Asensio, «El *Auto dos quatro tempos* de Gil Vicente», *RFE,* XXXIII, 1949, págs. 350-375.

24. Révah, en sus *Recherches sur les œuvres de Gil Vicente,* I, Lisboa, 1951, págs. 76-80, trata de demostrar que el *Auto da barca da glória* no es de Gil Vicente, sino de su hijo Luis.

25. Véase la introducción de Edwin H. Zeydel a su traducción en verso de *La nave de los locos,* 2.ª ed., Nueva York, 1962, págs. 1-54. Zeydel no menciona a Gil Vicente.

tan con mucho vigor una considerablemente amplia galería satírica que trata de un modo agudo y penetrante una temática social y anticlerical. En cada una de las tres obras, las *barcas* en cuestión son dos embarcaciones amarradas a la playa de un brazo de mar. Los personajes que han de subir a bordo de una u otra de las naves son las almas de los hombres y mujeres que acaban de morir. Una nave, cuyo destino es el Infierno, tiene por capitán a un demonio, enérgico barquero que hace todo lo posible para asegurarse de que su navío no va a carecer de «remadores». La otra barca está capitaneada por un ángel que ha de hacer rumbo hacia el Cielo; pero ésta no es fácil de llenar, ya que el ángel acepta a muy pocas almas después de juzgarlas escrupulosamente y de considerarlas aptas para que embarquen. La playa es el Purgatorio, y parte de los que tienen que embarcar para el Cielo de momento son dejados allá para que se purifiquen del pecado. En el *Auto da barca do inferno* (1517), un hidalgo que despreciaba a los pobres, un usurero, un fraile que llega con su barragana, un zapatero pecador, una alcahueta celestinesca, un judío, un abogado, un corregidor corrompido y un criminal que ha muerto en la horca, son todos obligados a embarcar con destino al Infierno; solamente a un bobo, cuyo lenguaje es atroz, pero cuyo corazón es puro, y a cuatro caballeros que han encontrado la muerte en África al servicio de Dios, se les permite embarcar en la nave del Cielo. En el *Auto da barca do purgatorio* (1518), las almas pertenecen a unos humildes campesinos que no son ejemplos de inocencia virtuosa y que corren una gran variedad de suertes. En el *Auto da barca da glória* (1519), las almas proceden de los estratos más altos de la sociedad humana: han sido en vida un conde, un duque, un rey, un emperador, un obispo, un arzobispo, un cardenal y un Papa. Todos han pecado, están corrompidos por su poder, y en sus oídos suenan lúgubremente los cantos que les anuncian los tormentos del Infierno que merecen, pero, mientras imploran piedad a Cristo, cuando la nave angélica está a punto de hacerse a la mar y dejarles en tierra, Jesucristo aparece para salvarles.

La *Comédia do viúvo* (1514 según la *Copilaçam,* pero probablemente escrita después de 1521[26]) es una sencilla muestra de comedia sentimental como otras de su contemporáneo Torres Naharro. Las comedias sentimentales de Gil Vicente son «obras en las que el tema del amor se desarrolla en una acción dramática que termina felizmente con la unión de los enamorados»[27]. El dramaturgo compuso tres de estas obras en castellano, la *Comédia do viúvo, Don Duardos* y *Amadís de Gaula.* El viudo que da título a la primera de estas comedias no es su protagonista. El argumento presenta el dilema de Don Rosvel, príncipe de Huxonia, que se enamora al mismo tiempo de las dos hijas del viudo y que no acierta a decidirse con cuál de las dos ha de casarse; por fin, un *frater ex machina* resuelve el conflicto. Con objeto de cortejar a las dos hermanas, Don Rosvel se ha disfrazado de campesino y ha entrado al servicio de su padre. Este elemento de la intriga de la *Comédia do viúvo* aparece también en la más sugestiva de las comedias sentimentales de Gil Vicente, *Don Duardos* (¿1522?), que tal vez sea un desarrollo más sutil de la obra anterior[28]. *Don Duardos,* que se basa en una novela caballeresca, el *Primaleón* (1512), nos muestra al dramaturgo en la cúspide de su talento como poeta lírico y dramático y como un creador de tipos teatrales sabiamente matizados. El príncipe inglés, Don Duardos, se hace pasar por jardinero con el fin de conquistar y poner a prueba el amor de Flérida, pero ella no sabe que el campesino de quien poco a poco se va enamorando es en realidad un príncipe. La acción es morosa aunque posee tensión dramática: se trata de una emotiva fantasía sobre los ideales caballerescos y la pureza de alma, que Gil Vicente trata con gran delicadeza y con una ternura que tal vez no sea frecuente en el teatro español. Un editor moderno ha escrito que sólo los sufrimientos del príncipe y el que acepte el riesgo de perder a la mujer que ama

26. Véase I. S. Révah, «La *comedia* dans l'œuvre de Gil Vicente», *Bulletin d'Histoire du Théâtre portugais,* II, 1951, págs. 1-39.
27. Gil Vicente, *Tragicomedia de Amadís de Gauda,* ed. cit., pág. 10.
28. *Ibid.,* pág. 14.

por encima de todos los demás seres humanos, le salva de ser un monstruo de egoísmo[29]. Ésta es una opinión de moralista, y sin duda la obra se escribió no para moralistas, sino para gentes de sensibilidad alambicada dispuestos a dejarse arrastrar hasta un mundo de ensueños en el cual la idea de que Don Duardos sea egoísta no pudo ocurrirse a nadie. El penetrante estudio que hace Dámaso Alonso de esta obra y de su poesía ofrece una magnífica interpretación de la maestría de Gil Vicente en *Don Duardos*[30]. En cuanto a la última de las comedias sentimentales de Gil Vicente en castellano, *Amadís de Gaula* (¿1533?), inspirada en la famosa novela caballeresca del mismo título, el lector ha de consultar la introducción a la edición de Waldron[31], que proporciona una síntesis breve pero muy sagaz de la vida y del arte de este dramaturgo. Sin embargo, sería imperdonable despedirnos de Gil Vicente sin haber paladeado también una obra mucho más sencilla que es como un recordatorio de los orígenes técnicos de este autor en las obritas cortas a lo Juan del Encina, la *Farsa das ciganas* (¿1521 o 1525?; no se trata de una farsa en el sentido que hoy damos a este término), con sus ceceantes gitanas españolas que dicen la buenaventura a las damas de la corte real portuguesa.

Juan del Encina escribió sus obras primero en España y luego en Roma; Gil Vicente compuso las suyas en Portugal; el tercer componente del trío central de la primera gran generación de dramaturgos ibéricos, Bartolomé de Torres Naharro (h. ¿1485? - h. 1520), escribió la mayor parte de sus obras en Italia. El nacimiento y rápido desarrollo internacional del moderno teatro español desde el último decenio del siglo XV hasta el primer tercio del XVI, quizá refleje la acelerada y creciente ascensión de España al rango de potencia europea a lo largo

29. Gil Vicente, *Obras dramáticas castellanas,* ed. T. R. Hart, CC, 156, Madrid, 1962, pág. XLIV.

30. Véase anteriormente, pág. 30, n. 17. Véase también Elias R. Rivers, «The Unity of *Don Duardos*», *MLN,* LXXVI, 1961, págs. 759-766.

31. Véase anteriormente, pág. 31, n. 20.

de este período, y también los contactos culturales cada vez mayores entre las tres grandes naciones de la Europa meridional. Encina influyó en Gil Vicente y en Torres Naharro, y este último intervino en la evolución del arte dramático de los dos primeros. En lo referente a la evolución de la literatura dramática española en la primera mitad del siglo XVI, Juan del Encina fue con mucha diferencia el más influyente de los tres autores, pero en cuanto al desarrollo posterior del teatro en lengua castellana, Torres Naharro fue quizá más importante que Encina. Es posible que Lope de Vega no llegara a conocer ninguna de las obras de Juan del Encina, pero casi con toda seguridad en su juventud leyó las de Torres Naharro en la edición expurgada en Madrid, 1573. Entre 1692 y 1694, el último de los dramaturgos importantes de los Siglos de Oro, Bances Candamo, escribió que «los poetas españoles dieron principio bien pocos años ha a sus comedias [...] imitando en algo a las latinas y en más a las italianas»[32], pero la italianización del teatro español en realidad comenzó mucho antes de lo que imaginaba Bances, y bastante antes de que Boscán y Garcilaso introdujeran en la poesía española los metros y las estrofas vigentes en Italia. Puede decirse que la italianización del teatro empezó con el *Fileno, Zambardo y Cardonio* de Juan del Encina, pero no comenzó a ser un movimiento importante hasta que Torres Naharro escribió la primera de sus obras en cinco actos, que fue probablemente la comedia *Seraphina* (1508-1509, según la cronología de Gillet[33]).

De la vida de Torres Naharro se sabe poco, y la mayoría de lo que suele decirse sobre esta cuestión son conjeturas[34].

32. Francisco Bances Candamo, *Theatro de los theatros de los passados y presentes siglos,* ed. Duncan W. Moir, Londres, 1970, pág. 49.

33. Véase el vol. IV, 473, de la excelente edición de la *Propalladia and Other Works of Bartolomé de Torres Naharro,* Bryn Mawr-Philadelphia, 1943-1961, a cargo de Joseph E. Gillet. El cuarto volumen, *Torres Naharro and the Drama of the Renaissance,* fue transcrito del manuscrito de Gillet y terminado por Otis H. Green.

34. *Ibid.,* págs. 401-417, y el notable estudio de Menéndez Pelayo en el vol. II de la edición de la *Propalladia,* Madrid, 1880-1900.

Nació en un pueblo llamado La Torre de Miguel Sesmero (Badajoz) y tal vez estudió filosofía y humanidades en Salamanca, sirviendo como criado a un estudiante más rico. Se ordenó de sacerdote, pero posiblemente se hizo soldado y sirvió en Sevilla y en Valencia, desde donde quizá embarcó con destino a Italia. Fue hecho prisionero por los piratas berberiscos y más tarde rescatado, tal vez después de haber sido galeote. Llegó a Roma posiblemente en torno al año 1508, y allí se supone que escribió su primera obra extensa, que Gillet identificaba con la comedia *Seraphina.* Se incorporó a la nutrida colonia española de Roma, y tal vez entre 1509 y 1510 volvió de nuevo a las letras, para diversión de sus compatriotas, con la comedia *Soldadesca.* Es posible que ya en 1513 perteneciera al séquito de un noble protector (¿el cardenal Julio de Médicis?), pero no parece que nunca llegara a ocupar una posición eminente como cortesano, ni siquiera cuando estuvo al servicio del cardenal español Bernardino de Carvajal. Al parecer en Roma siguió escribiendo teatro y poesía. Gillet afirma que en esta ciudad compuso como mínimo tres comedias más, la *Trophea* (¿1514?), la *Jacinta* (¿1514-1515?), la *Tinellaria* (¿1516?), y tal vez también su obra más famosa, la *Ymenea* (¿1516?). En 1517 se trasladó a Nápoles, donde en el mes de marzo publicó una recopilación de sus obras dramáticas y poéticas, la *Propalladia,* dedicada a un nuevo protector, el marqués de Pescara. Es posible que volviese a España, ya que la segunda edición de la *Propalladia* se imprimió en Sevilla en 1520, e incluía otra comedia, la *Calamita,* que contiene muchas alusiones a esta ciudad. Tal vez asimismo en Sevilla compuso otra obra, la *Aquilana* (h. ¿1520-1523?) y se supone que murió en España. Se publicaron varias ediciones más de la *Propalladia,* en Sevilla y en el extranjero, antes de que el libro fuese prohibido en el índice de 1559. Una edición expurgada apareció en Madrid en el año 1573.

El «Prohemio» de la *Propalladia* contiene la primera exposición importante de preceptiva dramática no sólo en los Siglos de Oro, sino incluso en todo el Renacimiento europeo. Después de un breve resumen de las definiciones clásicas de comedia y tragedia, Torres Naharro dice:

Según Acrón, poeta, hay seis géneros de comedias, scilicet: stataria, pretexta, tabernaria, palliata, togata, motoria; y cuatro partes, scilicet: *prothesis, catastrophe, prologus, epithasis;* y como Horacio quiere, cinco actos; y sobre todo que sea muy guardo el decoro, etc. Todo lo cual me parece más largo de contar que necesario de oír. Quiero ora decir yo mi parecer, pues el de los otros he dicho. Y digo ansí: que comedia no es otra cosa sino un artificio ingenioso de notables y finalmente alegres acontecimientos, por personas disputado. La división de ella en cinco actos, no solamente me parece buena, pero mucho necesaria; aunque yo les llamo jornadas, porque más me parecen descansaderos que otra cosa, de donde la comedia queda mejor entendida y recitada. El número de las personas que se han de introducir, es mi voto que no deben ser tan pocas que parezca la fiesta sorda, ni tantas que engendren confusión. Aunque en nuestra *Comedia Tinellaria* se introdujeron pasadas veinte personas, porque el sujeto de ella no quiso menos, el honesto número me parece que sea de seis hasta a doce personas. El decoro en las comedias es como el gobernalle en la nao, el cual el buen cómico siempre debe traer ante los ojos. Es decoro una justa y decente continuación de la materia, conviene a saber: dando a cada uno lo suyo, evitar las cosas impropias, usar de todas las legítimas, de manera que el siervo no diga ni haga actos del señor, *et e converso;* y el lugar triste entristecello, y el alegre alegrallo, con toda la advertencia, diligencia y modo posibles, etc. De dónde sea dicha comedia, y por qué, son tantas opiniones, que es una confusión. Quanto a los géneros de comedias, a mí parece que bastarían dos para en nuestra lengua castellana; comedia a noticia y comedia a fantasía. A noticia se entiende de cosa nota y vista en realidad de verdad, como son *Soldadesca* y *Tinellaria;* a fantasía, de cosa fantástiga o fingida, que tenga color de verdad aunque no lo sea, como son *Seraphina, Ymenea,* etc. Partes de comedia, ansí mesmo bastarían dos, scilicet: introito y argumento. Y si más os pareciere que deban ser, ansí de lo uno como de lo otro, licencia se tienen para quitar y poner los discretos[35].

Este pasaje, que prosigue con una defensa (en razón de la necesidad de verosimilitud) del uso de palabras italianas en algunas de las obras de Torres Naharro, demuestra una cultura extensa, un buen conocimiento de la teoría clásica y una independencia de criterio llena de sentido común que son notablemente semejantes a las virtudes que, casi un siglo después, demostrará Lope de Vega en el *Arte nuevo*. Aunque posiblemente aquí se pudiera decir que él hablaba del género de la comedia y no de comedia en la acepción usual en los Siglos de Oro (esto es, una obra teatral de cualquier género, con varios actos, generalmente tres a partir de finales del siglo XVI), de hecho Torres Naharro combina dentro de su amplia definición del término características de la antigua comedia (*finalmente alegres*) y de la antigua tragedia (*notables*). Para él la comedia comprende temas de carácter histórico (que muchos de los teóricos del Renacimiento y del siglo XVII consideran propios de la tragedia) e intrigas inventadas. La distinción básica entre «comedia a noticia» y «comedia a fantasía» es precisamente la que hace Bances Candamo en 1689 o 1690[36]. Torres Naharro es el primero en emplear el término «jornada» como sinónimo de acto de una obra teatral, y en el siglo XVII la palabra llega a ser comúnmente aceptada en España. Por otra parte no alude para nada a la necesidad de imponer restricciones, como ocurre en el teatro clásico, en lo referente a la categoría social de los personajes según las diferentes clases de obras, que los dioses, los reyes y los héroes sólo puedan figurar en la tragedia, y que nadie que esté por encima de un estrato medio de nobleza aparezca en la comedia. Subraya la

35. Ed. Gillet, I, págs. 142-143. El comentario de Gillet se encuentra en el vol. IV, págs. 427-444. El texto está también en F. Sánchez Escribano y A. Porqueras Mayo, *Preceptiva dramática española del renacimiento y el barroco,* Madrid, 1965, págs. 61-62, obra que a partir de ahora citaremos como *Preceptiva*.
36. Véase más adelante, pág. 220.

importancia de uno de los principios literarios básicos del clasicismo que iba a tener una extraordinaria influencia en el teatro español del siglo XVII, el del decoro (lo que debería ser), aunque, como muchos teóricos renacentistas, no indica con claridad la diferencia entre decoro y verosimilitud (lo que parece probable o factible)[37].

Torres Naharro escribió nueve obras, demostrando un buen oficio y con un nivel de profundidad de experiencia humana muy superior al que encontramos en el arte de Juan del Encina o de Lucas Fernández. Dejando de lado el sencillo *Diálogo del Nacimiento,* salmantino en la inspiración y en la forma, todas las comedias de este autor se dividen en cinco actos, a la manera clásica, y van precedidas por el «introito y argumento» destinado a captarse al auditorio y a explicar la trama. Todas ellas, exceptuando el *Diálogo,* son monostróficas, como las primeras églogas de Juan del Encina, aunque la estrofa usada en *Ymenea* es italiana. La técnica dramática de Torres Naharro revela un profundo conocimiento del teatro clásico[38]; su lenguaje es rico y vigoroso, fruto de la destilación por un oído muy fino de la políglota Europa meridional del Renacimiento.

Entre las «comedias a fantasía», *Seraphina,* que procede de la tradición del *Romance del conde Alarcos,* es una obra burguesa, agria y tensa, en la que el problema planteado por lo que no es otra cosa que un caso de bigamia, se resuelve con la llegada del hermano del bígamo. *Ymenea,* la mejor de las «comedias a fantasía», procede fundamentalmente de tres actos de *La Celestina.* El drama está muy bien concebido, la emoción aumenta velozmente hasta su punto culminante cuando, en el momento en que el ofendido marqués se dispone a dar muerte a su hermana Phebea, aparece su enamorado, Ymeneo, que impide la ejecución y revela que ambos son marido y mu-

37. Sobre el decoro y la verosimilitud hasta finales del siglo XVII, véase Bances Candamo, *op. cit.,* págs. LXXIV-LXXXVIII.

38. Para un buen análisis de estas cuestiones, véase *Propalladia,* ed. cit., IV, págs. 480-562. En la época de Torres Naharro la *Poética* de Aristóteles por lo común todavía era ignorada en Europa.

jer. Esta comedia introduce en el teatro español uno de sus temas más fecundos, el del honor y la venganza, y con sus problemas de galanteo y honor, sus misteriosas escenas nocturnas y sus criados asustados, se la ha podido considerar como un notable precedente de la «comedia de capa y espada» del siglo XVII (véase pág. 93). Ello es cierto, pero no hay que olvidar que en muchos aspectos algo similar podría decirse de *Seraphina* y de la tan bien construida *Calamita.* La «comedia de capa y espada» es la decorosa versión española de la comedia de clase media cuyos modelos dieron Plauto y Terencio, y las tres obras mencionadas de Torres Naharro se inscriben en esta antigua tradición de la comedia europea.

La mejor de las «comedias a noticia», entre las cuales podemos incluir una obra de celebración, *Trophea,* son la *Soldadesca* y la *Tinellaria.* Ambas son en apariencia vivaces cuadros de carácter realista y social y comparten una clara intención satírica y moralizadora, denunciando los abusos que se producen en Roma. *Soldadesca,* que presenta a una compañía de soldados que van a partir para la guerra, muestra la brutalidad, la corrupción y los instintos criminales de estas tropas en distintos niveles. *Tinellaria,* un curioso poema macarrónico compuesto en varios dialectos españoles, portugués, latín, italiano y francés, describe la preparación y la consumición de una comida en el *tinelo* o comedor de la servidumbre situado bajo el palacio de un cardenal, y revela holganza, parasitismo y vicio donde debería haber gratitud, honradez y piedad. El clímax de la obra está magistralmente conseguido.

En Aragón el teatro parece haberse iniciado con las cinco églogas de Pedro Manuel de Urrea o Ximénez de Urrea (1486- h. ¿1529?) que editó Asensio[39]. Estas piezas breves,

39. Véase Pedro Manuel de Urrea, *Églogas dramáticas y poesías desconocidas,* ed. Eugenio Asensio, Madrid, 1950. Un estudio de los temas poéticos de estas églogas, dentro del conjunto de la obra poética de Urrea, puede verse en Roger Boase, *Pedro Manuel Ximénez de Urrea: Life, Imagery and Ideas,* tesis de licenciatura inédita, Westfield College, Universidad de Londres, 1970.

como toda la obra poética de Urrea, están fuertemente influidas por Encina, y algunas de ellas demuestran también que su autor conocía asimismo las églogas de Lucas Fernández. Desde el punto de vista temático, la más interesante es la égloga I de Urrea, en la cual el pastor Mingo escapa de los males de la tierra convirtiéndose en criado de un marinero, en una nave que quizá tenga un simbolismo religioso próximo al de las mejores «barcas» de Gil Vicente. La más animada y jocunda de las églogas de Urrea es la IV, un divertido comentario sobre la vida y el amor que termina con un villancico sobre el tema principal que se canta como preludio de la cena.

El lector moderno que quiera acabar de conocer el resto del teatro español del resto de la primera mitad del siglo XVI puede leer la magnífica recopilación de *Autos, comedias y farsas* de la Biblioteca Nacional, publicadas en facsímil[40]. El teatro religioso, las obras de celebración y la comedia sentimental florecieron sin dar grandes figuras. Sólo aparecieron dos dramaturgos realmente notables. El primero, Fernán López de Yanguas, escribió un *Nunc dimittis* que se añadió en una «suelta» al *Plácida y Vitoriano* de Juan del Encina. Compuso además cuatro obras, dos en la tradición de las églogas de Juan del Encina y dos farsas alegóricas[41]. El otro autor dramático, Diego Sánchez de Badajoz, ha sido justamente llamado por Crawford «la figura más sobresaliente del teatro religioso español de la primera mitad del siglo XVI»[42]. Sánchez, que fue vicario en

40. 2 vols., Madrid, 1962-1964. Véase también *Teatro español del siglo XVII*, I, ed. Urban Cronan, Madrid, 1913. Para un estudio detallado del estudio del teatro en este período, véase J. P. Wickersham Crawford, *Spanish Drama before Lope de Vega,* 3.ª ed., Filadelfia, 1968, págs. 38-106.

41. Véase F. López de Yanguas, *Obras dramáticas,* ed. F. González Ollé, CC, 162, Madrid, 1967; la recensión de A. I. Watson en *BHS,* XLVI, 1969, págs. 60-61; B. W. Wardropper, *Introducción al teatro religioso del Siglo de Oro,* 2.ª ed., Madrid, 1967, págs. 176-182. González Ollé (*Seg,* III, 1 y 2 [números 5-6, 1967], págs. 179-184) considera la *Farsa sacramental* de Yanguas como el primer auto sacramental español.

42. *Op. cit.,* pág. 40. Por fin la *Recopilación en metro* de Sánchez de Badajoz puede leerse, no en letra gótica, sino en caracteres modernos, en la exce-

Talavera (Badajoz) entre 1533 y 1549, escribió veintiocho obras que fueron publicadas después de su muerte por su sobrino en la *Recopilación en metro* (Sevilla, 1554). Diez de estas obras se escribieron para las celebraciones del Corpus Christi en Badajoz, y Wardropper ha demostrado que son importantes precedentes de los autos sacramentales propiamente dichos (véase pág. 184). Como señaló este mismo crítico, Diego Sánchez introdujo modificaciones sustanciales en la tradicional égloga pastoril, sustituyendo a los convencionales pastores por personajes de valor universal, desarrollando el empleo de la alegoría incluso en las obras escritas para otras ocasiones que no eran el Corpus Christi y acentuando considerablemente la sátira anticlerical[43].

A estos dos nombres tal vez pueda añadirse, a modo de tanteo, un tercer dramaturgo importante. En el capítulo 58 de la segunda parte del *Quijote,* el caballero y Sancho tropiezan con un grupo de jóvenes y doncellas que están tratando de revivir la vida pastoril y que ensayan «dos églogas, una del famoso poeta Garcilaso, y otra del excelentísimo Camoens [...], las cuales hasta ahora no hemos representado». Efectivamente, las tres églogas de Garcilaso son representables: la I y la III no se prestan a dar un gran interés dramático, pero la II, localizada en el escenario de la fuente y con una acción variada y a veces entretenida, ofrece un equivalente perfectamente válido del *Fileno, Zambardo y Cardonio* de Juan del Encina. Sería difícil rechazar la opinión de Lapesa de que la égloga II está concebida como una obra dramática y no creer que Garcilaso cuando la escribió pensaba consciente-

---

lente edición de Frida Weber de Kurlat (Buenos Aires, 1968). Sobre su obra véase José López Prudencio, *Diego Sánchez de Badajoz: estudio crítico, biográfico y bibliográfico,* Madrid, 1915, y Wardropper, *op. cit.,* págs. 185-209.

43. *Ibid.,* págs. 185-188. Para una visión de conjunto, muy breve pero muy aguda, y acompañada de bibliografía, del teatro religioso de este período, véase Jean-Louis Flecniakoska, *La formation de l'«auto» religieux en Espagne avant Calderón (1550-1635),* París, 1961, págs. 6-14.

mente como mínimo en una de las églogas de su predecesor como poeta áulico de los Alba[44].

Otras varias obras de las compuestas en este período reclaman nuestra atención. Entre ellas, la *Tragedia Josefina* (publicada en 1535), de Micael de Carvajal, sobre las tribulaciones del joven José, y una obra muy larga que empezó Carvajal y que terminó en 1557 Luis Hurtado de Toledo, *Cortes de la muerte*. En este drama, como en las *Barcas* de Gil Vicente, los muertos son convocados a juicio; pero aquí, ante el tribunal de la Muerte, el Mundo, el Demonio y la Carne son los acusadores, y la defensa está formada por santos. El macabro y fascinante tema de la Danza de la Muerte también pasó de la Edad Media al teatro renacentista en obras como las anónimas *Coplas de la muerte* (impresa h. 1530), la *Farsa de la Muerte,* escrita por Diego Sánchez probablemente en 1536, y la *Farsa llamada Danza de la Muerte* (1551), de Juan de Pedraza. Otra obra notable, de carácter picaresco y moralizador, es la *Comedia pródiga* (impresa en 1554; posiblemente escrita poco después de 1532), de Luis de Miranda, sobre la corrección de un joven que frecuenta malas compañías. Finalmente hay que señalar que la influencia de la *Celestina* en esta época no se limita a las pocas obras que ya hemos citado como inspiradas en la célebre tragicomedia. Algunas de las obras que imitaban *La Celestina* eran demasiado extensas para representarse, pero en este período la *Égloga de la tragicomedia de Calisto y Melibea*[45], de Pedro Manuel Ximénez de Urrea, la *Comedia Ypólita* (impresa en 1520-1521), la *Comedia Tesorina* y la *Comedia Vidriana* (ambas impresas probablemente en 1535) de Jaime de Güete, además de otras, son sus descendientes directos, y contribuyen al establecimiento de la tradición, dentro del teatro español, de una intriga principal a la que se añade otra secundaria.

44. Sobre la posibilidad de representar la égloga II, véase Rafael Lapesa, *La trayectoria poética de Garcilaso,* 2.ª ed., Madrid, 1968, págs. 110-113

45. Logroño, 1513; véanse sus obras, *Cancionero,* Zaragoza, 1878, páginas 452-480.

El período se cierra con una nota sombría. El Índice toledano de 1559 prohíbe muchas obras teatrales impresas en España. Las razones concretas por las que muchas de ellas fueron prohibidas no aparecen claras, pero después de 1559 este índice tuvo que obligar a los dramaturgos a escribir prestando mucha más atención a la doctrina y al decoro de lo que había sido necesario antes de que se publicara.

Capítulo 2

DE LOPE DE RUEDA A CERVANTES

Si se exceptúa al joven Lope de Vega, que estaba aún madurando su personalidad y sus técnicas, la segunda parte del siglo XVI no puede vanagloriarse de ningún genio dramático de la talla de Gil Vicente. Sin embargo, éste es un período de enorme importancia en el desarrollo de los dos géneros mayores del teatro español, la comedia y el auto sacramental. Los cambios sociales influyeron en este desarrollo. Los gremios, que en la Castilla medieval habían sido débiles, pero que fueron reorganizados por los Reyes Católicos, iban adquiriendo mayor fuerza y consistencia a medida que avanzaba el siglo XVI, y la creciente prosperidad y el prestigio de los gremios contribuyó en gran modo a determinar la forma y el costoso fasto de los autos de Corpus. En la evolución y características de la comedia influyó en buena medida la sistemática comercialización de gran parte del teatro profano, con el establecimiento en las prósperas ciudades y poblaciones de teatros fijos para el pueblo y la consiguiente demanda cada vez de más obras que condujo, en los dos últimos decenios del siglo, a una abundancia tal que en los siglos XVI y XVII tal vez supere a la producción dramática de todos los demás países europeos juntos[1].

1. Hugo Albert Rennert, *The Spanish Stage in the Time of Lope de Vega,* 2.ª ed., Nueva York, 1963, pág. XI. Este libro, aunque superado por Shergold, *op. cit.,* es aún valioso y digno de consulta.

La primera figura notable de este período es Lope de Rueda (¿1509?-1565), que no sólo fue un importante dramaturgo, sino también uno de los mejores, si no el primero, de los actores y directores escénicos profesionales de España. Rueda y su compañía recorrieron el país a partir aproximadamente de 1540 hasta su muerte, actuando no sólo en los comedores de los palacios de la nobleza, sino también en escenarios improvisados en patios de las posadas para el pueblo[2]. La mejor relación de sus actividades la dio Cervantes, quien, hablando de una conversación sobre comedias en el prólogo de su propio volumen de *Ocho comedias y ocho entremeses nuevos,* dice:

> Tratóse también de quién fue el primero que en España las sacó de mantillas y las puso en toldo y vistió de gala y apariencia; yo, como el más viejo que allí estaba, dije que me acordaba de haber visto representar al gran Lope de Rue da, varón insigne en la representación y en el entendimiento. Fue natural de Sevilla y de oficio batihoja, que quiere decir de los que hacen panes de oro; fue admirable en la poesía pastoril, y, en este modo, ni entonces ni después acá ninguno le ha llevado ventaja; y aunque, por ser muchacho yo entonces, no podía hacer juicio firme de la bondad de sus versos, por algunos que me quedaron en la memoria, vistos agora en la edad madura que tengo, hallo ser verdad lo que he dicho; y, si no fuera por no salir del propósito del prólogo, pusiera aquí algunos que acreditaran esta verdad. En el tiempo de este célebre español, todos los aparatos de un autor de comedias se encerraban en un costal, y se cifraban en cuatro pellicos blancos guarnecidos de guadamecí dorado, y en cuatro barbas y cabelleras y cuatro cayados, poco más o menos. Las comedias eran unos coloquios como églogas entre dos o tres pastores y alguna pastora; aderezábanlas y dilatá-

2. Los mejores estudios sobre el arte de Lope de Rueda están contenidos en Shergold, *op. cit.*, págs. 151-167; R. L. Grismer, *The Influence of Plautus in Spain before Lope de Vega,* Nueva York, 1944, págs. 166-187; Arróniz, *op. cit.*, págs. 73-134; E. Cotarelo y Mori, «L. de R. y el teatro español de su tiempo», *Estudios de historia literaria de España,* 1901, págs. 183-290; y la introducción de A. Cardona y G. Pallardó a L. de R., *Teatro completo,* Barcelona, 1967.

> banlas con dos o tres entremeses, ya de negra, ya de rufián, ya de bobo y ya de vizcaíno, que todas estas cuatro figuras y otras muchas hacía el tal Lope con la mayor excelencia y propiedad que pudiera imaginarse. No había en aquel tiempo tramoyas, ni desafíos de moros y cristianos a pie ni a caballo; no había figura que saliese o pareciese salir del centro de la tierra por lo hueco del teatro, al cual componían cuatro bancos en cuadro y cuatro o seis tablas encima, con que se levantaba del suelo cuatro palmos; ni menos bajaban del cielo nubes con ángeles o con almas. El adorno del teatro era una manta vieja tirada con dos cordeles de una parte a otra, que hacía lo que llaman vestuario, detrás de la cual estaban los músicos, cantando sin guitarra algún romance antiguo. Murió Lope de Rueda, y por hombre excelente y famoso le enterraron en la iglesia mayor de Córdoba (donde murió), entre los dos coros, donde también está enterrado aquel famoso loco Luis López [3].

Cervantes escribía estas palabras en 1615, cuando las tramoyas, las trampillas y la maquinaria para nubes eran de uso corriente en la mayoría de los teatros urbanos, y Shergold ha demostrado sin lugar a dudas que, salvo en algunas representaciones improvisadas rápidamente por la compañía en las condiciones más adversas, Cervantes, al parecer, exagera la tosquedad de las técnicas y recursos escénicos de Lope de Rueda. Cuatro de las comedias de este autor, *Eufemia, Armelina, Los engañados* y *Medora,* juntamente con dos de sus coloquios pastoriles, *Camila* y *Tymbria,* se publicaron en 1567 en una edición corregida y expurgada, por su amigo Juan de Timoneda, también dramaturgo, quien en el mismo año editó una selección de siete «pasos» o piezas cómicas breves, en prosa, bajo el título de *El deleitoso,* y en 1570 publicó como mínimo tres más en el *Registro de representantes.* Algunas de las obras ex-

3. Cervantes, *Comedias y entremeses,* ed. Schevill y Bonilla, I, Madrid, 1915, págs. 5-6; *Preceptiva,* págs. 142-143. Como ha dicho Shergold, el relato de Cervantes, que sólo de un modo parcial se inspira en su propia experiencia, probablemente se basa en parte en Juan Rufo (*Preceptiva,* pág. 83) y en Agustín de Rojas (*Preceptiva,* págs. 98-99).

tensas, que son también todas en prosa, exceptuando canciones ocasionales en los coloquios, contienen rasgos que hacen pensar que Lope de Rueda y sus actores las representaban en tablados que se adosaban a la pared de una casa, usando las puertas y ventanas para efectos especiales, que el reparto de estas obras exigía por lo menos ocho o nueve actores, algunos de ellos interpretando dos papeles, y que la indumentaria de los actores era más variada de lo que pretende Cervantes. Además, al parecer, Rueda empleaba también músicos muy expertos. A pesar de todo, la descripción de Cervantes es muy útil, pues nos proporciona elementos informativos esenciales sobre el actor Lope de Rueda, y esta información sugiere interesantes especulaciones acerca de su obra como dramaturgo y sus criterios como actor y empresario.

De los autos de Corpus que se sabe que Rueda representó, no tenemos por hoy noticia más precisa. Las seis obras extensas que se nos han conservado en las versiones de Timoneda no parecen indicar que Rueda conociese la *Poética* de Aristóteles ni el *Ars poetica* de Horacio. En cambio, al menos cuatro de ellas permiten afirmar que había leído obras dramáticas y novelas cortas italianas, y todas demuestran que en sus procedimientos teatrales era un «italianizante», un típico escritor culto del Renacimiento español y una clara confirmación de lo que afirma Shergold: «Los orígenes de la historia de la comedia como espectáculo dramático deben buscarse en Italia y no en España»[4]. Sabemos que *Los engañados* es una cuidada refundición de una obra italiana anónima, *Gl'Ingannati,* que se representó por vez primera en 1531 en la famosa academia de los Intronati, en Siena[5]; en la versión de Rueda aparece, quizá por vez primera en el teatro de los Siglos de Oro, la mujer vestida de hombre que, debido a enseñar las piernas (aun cuando en la época de Rueda el papel podía haber sido representado por un muchacho), se convirtió en uno de los

4. Shergold, *op. cit.,* pág. 144.

5. Véase Arróniz, *op. cit.,* págs. 73-89 y sigs. para las otras tres obras en las que se han identificado unas fuentes italianas concretas.

personajes favoritos del teatro español. *Medora* se inspira en otra obra italiana, *La cingana* de Giancarli. Y las dos piezas más famosas de Rueda, la comedia llamada *Eufemia* y la comedia llamada *Armelina,* tienen también fuentes italianas. Ninguna de estas obras muestra la habilidad de composición ni la fuerza intuitiva que permite adivinar los recursos emotivos que encontramos en la producción de los maestros dramáticos de la primera mitad del siglo. *Eufemia* y *Armelina* transcurren con una excesiva lentitud. En ambos casos, un público moderno, si no se le ha introducido en el conflicto dramático con el «introito», probablemente se aburriría o perdería el hilo de la acción hasta bien adelantada la obra. La fuente de *Eufemia* es la misma que la del *Cimbelino* de Shakespeare, la brillante y divertida historia novena de la segunda jornada del *Decamerón* de Boccaccio, uno de los libros que más han influido en los argumentos del teatro italiano, español e inglés. Pero en vano buscaríamos en *Eufemia* las magnificencias verbales y emocionales de *Cimbelino.* En Rueda el tratamiento de este tema es sencillo y pausado: el «introito» nos avisa de que en la obra habrá un conflicto dramático, pero hasta la sexta de sus ocho escenas no descubrimos en qué consistirá exactamente. Sin embargo, la solución del conflicto es más inteligente en Rueda que en Boccaccio. En *Armelina,* para la cual Rueda utilizó algunos rasgos de *Il servigiale* de Cecchi, y muchos más de *L'Altilia* de Raineri, hasta la cuarta de sus seis escenas el autor apenas hace nada para informarnos de que su heroína en realidad se siente muy desdichada y al borde de la desesperación por tener que casarse con un pretendiente suyo que es zapatero. Aunque las obras de Rueda de vez en cuando divertían a la nobleza, él solía escribir para el pueblo llano, fascinado por el escenario y dispuesto a aceptar incluso la retórica del discurso de Neptuno a Armelina, aunque al lector inglés le recuerde el de Bottom a sus compañeros en *El sueño de una noche de verano.*

Con todo, no hay que despreciar las comedias de Rueda. Aunque muy descuidado en cuanto a la estructura dramática, demuestra ser un escritor de diálogo colorista y un creador de vivaces personajes cómicos. Algunos de los mejores fragmentos de *Eufemia* y de *Armelina* son las escenas cómicas o «pasos» que se intercalan, quizá no siempre de un modo oportuno, entre acontecimientos graves. El «paso» es un fragmento dramático corto y divertido en el que intervienen un reducido número de personajes cómicos y generalmente de baja condición. Según lo describe Timoneda en una octava al comienzo del *Registro de representantes,* el paso era una unidad cómica ya preparada de antemano a las que los actores podían recurrir para animar sus obras más extensas. Los pasos podían usarse a modo de un breve descanso, o como un intermedio, como una obrita preliminar a la obra, o bien para dar un final jocoso a la función. En la evolución de la comedia de los Siglos de Oro, los pasos de Lope de Rueda y de sus contemporáneos y discípulos fueron los antecesores no sólo de las intrigas secundarias de carácter cómico que encontramos en las obras graves, sino también en los intermedios conocidos con el nombre de «entremeses».

Tal como sugiere la descripción que hace Cervantes de su trabajo como actor, Lope de Rueda parece haber descollado en papeles propios de pasos. Algunos de éstos son francamente divertidos. Uno de los mejores es el paso tercero del *Deleitoso,* en el cual un médico sin escrúpulos fomenta en beneficio propio las ingenuas disposiciones del simple Martín de Villalba, a quien su mujer está engañando con un estudiante que es primo suyo. El estudiante ha convencido a Martín de que, dado que a los ojos de Dios él y su esposa son una misma carne, el marido debe tomar la medicina recetada para las dolencias de la mujer, que son fingidas. Martín, que ha ingerido la purga que el médico recetó a su mujer, y sufrido sus consecuencias, finalmente accede a que ella se vaya de la casa para lo que él cree que es una novena, pero que en realidad es una escapada con su amante. El paso quinto de la misma recopilación parte también de una situación muy graciosa. Su argumento, que coincide con el de una *commedia dell'arte* italiana[6], trata del modo como dos ladrones consiguen comerse lo que un simple lleva a la cárcel para su mujer, encarcelada bajo la acusación de alcahueta. Hablando por turnos, cada uno de los ladrones distrae la atención del infeliz contándole fabulosas historias de los imaginarios deleites de la «tierra de Jauja» (la población que, debido a ser un lugar de reposo para los mineros del Perú, llegó a simbolizar para los Siglos de Oro el paraíso en la tierra); mientras uno de los ladrones habla, el otro va engullendo la comida. El más conocido de todos los pasos de Lope de Rueda es el paso séptimo del *Deleitoso,* a menudo llamado *Las aceitunas.* Trata de una disputa en el seno de una familia, y vemos cómo en el hogar del cándido campesino Toruvio todos riñen por el precio a que la hija venderá el producto de unos olivos que acaba de plantar o que tal vez incluso se ha olvidado de plantar. Esta obrita, que termina desinflando el globo de las ilusiones vanas, es un buen ejemplo de una larga tradición en la literatura española, una tradición que alcanzará su punto culminante en el *Quijote.*

El editor póstumo de Rueda, Juan de Timoneda, era un librero y editor valenciano que también publicó volúmenes de obras de otros dramaturgos: la *Turiana,* una recopilación de comedias, farsas y entremeses anónimos, en 1565; tres obras de Alonso de la Vega en 1566; y lo que él llamó el *Segundo ternario sacramental* en 1575, y que contenía tres autos de paternidad incierta. Pero a Timoneda ha de considerársele como un escritor por derecho propio. Actualmente quizá sea más conocido por su *Patrañuelo,* una colección de «patrañas» o consejas que tienen muchas fuentes, la mayoría de ellas italianas, pero también fue un excelente dramaturgo. En 1558 publicó su *Ternario spiritual* en el que figuraban dos obras de inven-

6. Véase Allardyce Nicoll, *The World of Harlequin. A Critical Study of the Commedia dell'arte,* Cambridge, 1963, pág. 146, 232 n. Sobre la evolución de los personajes arquetípicos del «paso», véanse María Rosa Lida de Malkiel, «El fanfarrón en el teatro del Renacimiento», *RPh,* XI, 1957-1958, págs. 268-291; Frida Weber de Kurlat, «Sobre el negro como tipo cómico en el teatro español del siglo XVI», *RPh,* XVII, 1963-1964, págs. 380-391, con sus notas bibliográficas.

ción propia, el *Auto del nacimiento* y el *Auto de la quinta angustia;* la tercera obra del libro, el *Auto de la oveja perdida,* procede de otra anterior que se limitó a corregir y a ampliar. En 1559 publicó sus tres comedias: *Amphitrión, Los menemnos* y *Cornelia* (o *Carmelia*). Estas obras, en prosa como las de Rueda, son lo mejor de su producción. Las dos primeras, que son vigorosas versiones libres del *Amphitruo* y los *Menaechmi* basadas en antiguas traducciones castellanas, se han descrito como «la primera aparición de Plauto en la escena española», aunque obras pertenecientes a la tradición plautina eran ya frecuentes en España[7]. La *Cornelia* es una refundición de la obra de Ariosto *Il negromante*[8]. En 1575 Timoneda dio a la luz otro volumen de obras propias, el *Ternario sacramental,* que contenía el ya publicado *Auto de la oveja perdida* junto con el *Auto del castillo de Emaús* y el *Auto de la Iglesia.*

La colección más importante de teatro religioso del siglo XVI está contenida en uno de los códices de la Biblioteca Nacional, que comprende noventa y cinco obras dramáticas escritas aproximadamente entre 1550 y 1575; todas ellas fueron publicadas en 1901 por Léo Rouanet[9]. Cada una empieza con una «loa» o «argumento» destinado a preparar al público para el espectáculo, casi todas tienen escenas cómicas que están a cargo de un «bobo» o «simple», la mayoría terminan con un villancico, y algunas están divididas en dos partes por la inclusión de un «entremés». Sólo tres son en prosa, y setenta y seis están escritas, como tantas otras obras del período 1530-1575, enteramente en quintillas; una (XXXI) está toda compuesta en redondillas, forma que aparece asimismo en fragmentos de varias otras[10]. Su temática es muy variada. Algunas (por ejem-

7. Sobre las dos obras véase Grismer, *op. cit.,* págs. 187-193.

8. Véase Arróniz, *op. cit.,* págs. 134-142.

9. *Colección de autos, farsas y coloquios del siglo XVI,* 4 vols., Macon, 1901. Véase Crawford, *Spanish Drama,* págs. 142-150.

10. Véase S. Griswold Morley, «Strophes in the Spanish Drama before Lope de Vega», *Homenaje ofrecido a Menéndez Pidal,* I, Madrid, 1925, págs. 517-518.

plo, XLVIII, XLVI, LXIV, LVI) tratan episodios de la vida de Jesucristo, y otras de su pasión, muerte y resurrección (por ejemplo, LIV, XCIII, LX). Varias, por ejemplo el *Coloquio de Fenisa* y el *Coloquio de Fide Ypsa* (LXV y LXVI)[11], están dedicadas al culto de la Virgen María. Doce tratan de vidas de santos, muchas desarrollan episodios del Antiguo Testamento y muchas también son de carácter alegórico y tratan del misterio del Sacramento[12]. Así pues, la colección Rouanet demuestra cumplidamente que el teatro religioso español de mediados del siglo XVI ya trató toda la gama de temas que iban a ser desarrollados con más habilidad en las comedias a lo divino, las comedias de santo y los autos sacramentales del siglo XVII[13]. Doctrinalmente ortodoxo y emotivamente conmovedor, este teatro religioso figura entre los mejores frutos literarios de la España de la Contrarreforma. Y en esta época un tema religioso puede implicar otro tema de moral social, como el presentado en el *Triunfo de llaneza*[14] por fray Ignacio de Buendía, quien protesta contra la emigración de los campesinos del campo a las ciudades por afán de lucro, en unos años de inflación económica y corrupción.

En el siglo XVI el teatro escolar también tuvo un considerable florecimiento. Las universidades reconocían la utilidad de las representaciones teatrales como parte del programa académico, para adiestrar a los estudiantes a hablar fluidamente en latín coloquial, como ejercicio de retórica e instrucción en la doctrina cristiana y moral, para celebrar las festividades de Navidad, Carnaval, Pascua y Corpus Christi, y también para lo que santo Tomás de Aquino y otros teólogos posteriores admitieron como el resultado lícito y deseable de un teatro moralmente ortodoxo: la *eutrapelia,* o entretenimiento mode-

11. Véase J. L. Flecniakoska, «De cómo un coloquio pastoril se transmuta en dos coloquios a lo divino», *Actas I,* págs. 271-280.
12. Véase Wardropper, *op. cit.,* págs. 226-228.
13. Para la evolución del auto en este período véase J. L. Flecniakoska, *La formation de l'«auto»,* y Wardropper, *op. cit.,* págs. 211-274.
14. Ed. E. M. Wilson, Madrid, 1970.

rado e inocente. En la primera parte del siglo, las obras representadas en las universidades de Alcalá, Salamanca y Valencia por lo común estaban escritas en latín: Plauto, Terencio y obras latinas modernas, a veces basadas en otras italianas o bien originales de los profesores universitarios. Como ya era de esperar, al menos una de estas obras, *Ate relegata et Minerva restituta,* trata un problema de política universitaria; probablemente fue compuesta por uno de los dramaturgos escolares más famosos, Juan Pérez, que fue catedrático de Retórica en Alcalá desde 1537 hasta 1545. A medida que avanzaba el siglo se escribieron algunas obras académicas con fragmentos y escenas en castellano incrustados en el texto latino, y algunas llegaron a escribirse enteramente en castellano. El más destacado de los dramaturgos universitarios, Juan Lorenzo Palmyreno (¿1514?-1579), catedrático en Valencia, no ocultaba su deuda para con el teatro en lengua vulgar, y Francisco Sánchez de las Brozas escribió una obra castellana para el Corpus Christi a petición de la universidad de Salamanca.

También muy importantes dentro del teatro académico fueron las obras representadas en la multitud de colegios o escuelas que en el siglo XVI fundaron en España los jesuitas, quienes en sus obras aspiraban a reemplazar los sermones aburridos por diálogos amenos acompañados por acciones: sin duda un método mucho más efectivo de inculcar la doctrina a sus discípulos, que eran actores y espectadores. Los dramaturgos jesuitas compusieron un amplio muestrario de obras edificantes, tanto sagradas como profanas, a menudo con una estimable habilidad. Los autores de la Compañía más famosos del siglo XVI fueron el padre Pedro Pablo de Acevedo y el padre Juan Bonifacio. Y la más famosa de las obras escritas por jesuitas en esta época es la anónima *Tragedia de san Hermenegildo,* representada en el colegio de Sevilla. Se trata de un drama en cinco actos escrito en diversas estrofas castellanas que sigue una notable tradición, insólita sin embargo en el teatro de la segunda mitad del siglo, la de inspirarse en temas que proceden de la historia nacional, aunque en este sentido quizá la precediera la *Historia de la gloriosa santa Orosia,* del aragonés Bartolomé Palau, representada en 1576[15].

El teatro escolar contribuyó en gran modo a la formación de la «comedia nueva» y del auto sacramental. Y no sólo por las características de las obras debidas a estos autores, sino también por las características de los hombres que se educaron en las universidades y en los colegios de los jesuitas. El número de españoles de los siglos XVI y XVII que podían alardear (tal vez con más motivos que Polonio ante Hamlet) como mínimo de una rudimentaria educación dramática recibida en una universidad o en una escuela, debía de haber sido considerable. De este modo el teatro escolar formó un elemento educado y sustancial de los auditorios de los teatros públicos; también formó aspirantes a dramaturgos, como en el caso de Calderón. Resulta un tanto extraño y de consecuencias lamentables que la Compañía de Jesús, tan entusiástica sobre el uso del teatro en sus propios colegios, estuviera en la vanguardia de los numerosos ataques dirigidos contra las representaciones públicas en el curso de los Siglos de Oro y en épocas posteriores. Los jesuitas admitían, con santo Tomás de Aquino, que interpretar teatro o presenciarlo eran en sí «acciones indiferentes», susceptibles de usarse para bien o para mal; pero en cuanto orden no podían aceptar la idea de que el teatro destinado a todo el mundo podía ser otra cosa que un estímulo para la corrupción, interpretado como estaba por profesionales que durante siglos enteros habían sido considerados como «infa-

15. Para el teatro escolar, véanse Crawford, *Spanish Drama,* págs. 155-158; A. Bonilla y San Martín, «El teatro escolar en el renacimiento español...», *Homenaje ofrecido a Menéndez Pidal,* III, Madrid, 1925, págs. 143-155; Flecniakoska, *La formation de l'«auto»,* págs. 225-268; Grismer, *op. cit.,* págs. 88-100; Justo García Soriano, «El teatro de colegio en España», *BRAE,* XIV, 1927, págs. 234-277, 374-411, 535-565, 620-650; XV, 1928, págs. 62-93, 145-187, 396-446, 651-669; XVI, 1929, págs. 80-106, 223-243; XIX, 1932, págs. 485-498, 608-624, y *El teatro universitario y humanístico en España,* Toledo, 1945; Félix González Olmedo, *Las fuentes de «La vida es sueño»,* Madrid, 1928. Sobre la obra de Palau, F. Ynduráin, «Para la cronología de la Historia de Santa Orosia», *AFA,* V, 1963, pág. 167.

mes». Sin embargo, los ataques contra el teatro público a cargo de los jesuitas y de otros severos moralistas tuvieron un efecto positivo: fueron el principal motivo de que hubiera una legislación teatral y de que se instaurara un sistema de censura que fue haciéndose cada vez más estricto y mejor organizado a medida que avanzaban los Siglos de Oro y que tal vez contribuyó a hacer a las obras dramáticas españolas de esta época, según la expresión de Rennert, «más decentes y de mayor altura moral» que las de los demás países europeos[16].

Como hemos visto, la comedia clásica ejerció una larga y profunda influencia sobre el teatro español del siglo XVI. En cambio, una influencia honda y extensa de la tragedia clásica se produjo en un momento ya muy tardío. Es cierto que, dentro del ámbito académico, en la primera mitad del siglo Hernán Pérez de Oliva compuso en prosa libre sus versiones de la *Electra* de Sófocles (*La venganza de Agamenón*) y de la *Hecuba* de Eurípides (*Hécuba triste*), y que la primera de estas dos obras se imprimió antes de 1550[17], y que a partir de Juan del Encina los dramaturgos del Renacimiento escribieron obras de carácter trágico. No obstante, hasta el decenio que comienza en 1570 no apareció una escuela de trágicos españoles conscientemente clasicistas. Cuando esta escuela empezó a existir, su principal fuente estilística no era la tragedia griega, sino

16. Véase Rennert, *op. cit.*, págs. 120-121, 266 y n. 2. Las polémicas sobre la licitud de las representaciones públicas en España todavía requieren mucho más trabajo de investigación. La *Bibliografía de las controversias sobre la licitud del teatro en España,* Madrid, 1904, de E. Cotarelo y Mori, es obra valiosa pero incompleta. Véase J. C. J. Metford, «The Enemies of the Theatre in the Golden Age», *BHS,* XXVIII, 1951, págs. 76-92; E. M. Wilson, «Las "Dudas curiosas" a la Aprobación del Maestro Fray Manuel de Guerra y Ribera», *EE,* 6, 1960, págs. 47-63, y «Nuevos documentos sobre las controversias teatrales: 1650-1681», *Actas II,* págs. 155-170; Bances Candamo, *op. cit.* Por lo que respecta al funcionamiento de la censura en el siglo XVII, véase E. M. Wilson, «Calderón and the Stage-censor in the Seventeenth Century. A Provisional Study», *Sym,* XV, 1961, págs. 165-184.

17. Véanse Hernán Pérez de Oliva, *Teatro,* ed. William Atkinson, *RH,* LXIX, 1927, págs. 251-659; W. Atkinson, «H. P. de O. A Biographical and Critical Study», *RH,* LXXI, 1927, págs. 309-484; Alfredo Hermenegildo, *Los trágicos españoles del siglo XVI,* Madrid, 1961, págs. 95-118.

Séneca, el gran modelo de todas las corrientes trágicas europeas del renacimiento y del siglo XVII[18].

Esta escuela española recibió su impulso de un dramaturgo portugués, Antonio Ferreira (1528-1569), quien en su obra *A Castro* inició una nueva tradición entre los trágicos clasicistas peninsulares, la de escribir un teatro no sólo sobre temas clásicos y mitológicos, sino además de historia peninsular[19]. *A Castro* es una tragedia polimétrica en cinco actos sobre un tema que iba a ser tratado multitud de veces en el teatro europeo, el amor del príncipe don Pedro de Portugal por la noble Inés de Castro y el asesinato de su amada en 1355, por razones de estado, por orden del padre del príncipe, el rey Alfonso IV. *A Castro,* tragedia bella y conmovedora, no se imprimió hasta 1587, pero antes ya había sido leída en manuscrito e imitada muy de cerca en castellano por el fraile dominico Jerónimo Bermúdez, en su *Nise lastimosa,* publicada en Madrid en 1577. Bermúdez redujo el papel del coro, que tenía una gran importancia en el original portugués; introdujo ligeras variaciones en el orden de las escenas, aunque respetando los cinco actos, y su tragedia tiene menos fueza poética y se resiente más de confusa retórica senequista que *A Castro.* Pero Bermúdez escribió una continuación a *Nise lastimosa, Nise laureada,* también en cinco actos. En esta obra, Pedro, después de la muerte de su padre, va a Coimbra para ser coronado rey, pero hace que los asesinos de Inés sean devueltos de Castilla a Portugal, que el cadáver de Inés sea desenterrado y coronado como reina, y ordena que los que la asesinaron reciban una muerte brutal. Desde el punto de vista poético y de composición dramática, la obra no alcanza la altura de *Nise lastimosa,* y su fárrago retórico es aún mayor. Pero las dos obras

18. Para Séneca y su extensa influencia, véanse F. L. Lucas, *Seneca and Elizabethan Tragedy,* Cambridge, 1922; *Les tragédies de Sénèque et le théâtre de la Renaissance,* ed. Jean Jacquot, París, 1964; Karl Alfred Blüher, *Seneca in Spanien,* Munich, 1969, págs. 244-252.

19. Véase A. I. Watson, «George Buchanan and A. F.'s *Castro*», *BHS,* XXI, 1954, págs. 65-77; H. G. Whitehead, «A. F.: *Inés de Castro,* 1587», *Atlante,* III, 1955, págs. 205-206.

de Bermúdez despliegan un variado sistema polimétrico, con una amplia gama de formas estróficas italianas[20]. Su tema reaparece en el siglo XVII en el excelente drama *Reinar después de morir,* de Luis Vélez de Guevara, y en el siglo XX, no sólo en la famosa tragedia *La reine morte,* de Henry de Montherlant, sino también en el drama francés *Inès de Castro* (Río de Janeiro, 1941), de Alberto Caraco.

Otros trágicos siguieron el ejemplo de Bermúdez. Un valenciano, Cristóbal de Virués, escribió cinco tragedias, fuertemente influidas por Séneca en su mayor parte. *La gran Semíramis* dramatiza vigorosamente en tres actos la sangrienta historia de la ambiciosa reina de Asiria. *La cruel Casandra,* la más compleja de las obras de Virués, ambientada en España, desarrolla un tema de venganzas que tiene un final catastrófico. *Atila furioso* rebosa también de horror neosenequista. *La infelice Marcela,* cuya fuente es un episodio del *Orlando furioso* de Ariosto, también acumula horrores y concluye con el envenenamiento de la princesa Marcela. La más estrictamente clásica de las obras de Virués es *Elisa Dido,* sobre el suicidio de Dido. La obra tiene cinco actos en «versos sueltos», la mayoría endecasílabos, aunque también hay de vez en cuando heptasílabos, con varias formas de estancias en los coros. Sus obras restantes tienen tres actos o «jornadas» y son polimétricas, con un empleo muy hábil de diferentes estrofas italianas y españolas para acomodarse a las diferentes situaciones[21].

Lupercio Leonardo de Argensola (1559-1613) fue otro poeta que compuso tragedias a la manera senequista. Se sabe

20. Sobre Bermúdez, véanse Mitchell D. Triweldi, «Notas para una biografía de J. B.», *Hisp,* 29, 1967, págs. 1-9; Hermenegildo, *op. cit.,* págs. 149-180, 553-555; J. P. W. Crawford, «Influence of Seneca's Tragedies on Ferreira's *Castro* and B.'s *Nise lastimosa* and *Nise laureada*», *MP,* XII, 1914-1915, páginas 171-186.

21. Sobre Virués, cuyas obras pueden leerse en *Poetas dramáticos valencianos,* ed. Eduardo Juliá Martínez, I, Madrid, 1929, págs. 25-178, véanse Hermenegildo, *op. cit.,* págs. 213-280, 590-595; W. C. Atkinson, «Séneca, Virués, Lope de Vega», *Homenatge a Antoni Rubió i Lluch,* I, Barcelona, 1936, páginas 111-131; Cecilia Vennard Sargent, *A Study of the Dramatic Works of Cristóbal de Virués,* Nueva York, 1930.

que escribió tres, *Filis, Alejandra* e *Isabela,* pero el texto de *Filis* no se nos ha conservado. Las otras dos tienen tres actos. *Alejandra* es un sombrío drama de intrigas en la corte del antiguo Egipto. Su momento más horripilante es aquel en el que la reina Alejandra, que ha sido envenenada por orden de su esposo, en su agonía se muerde la lengua hasta cortársela y la arroja al rey. El argumento de *Isabela* se sitúa en la corte de Alboacén, un rey moro de Zaragoza. Isabela, una doncella cristiana, ha de decidir si sacrificará su virginidad a la lujuria del rey con objeto de impedir que éste persiga a los cristianos de la ciudad. Cuando Alboacén, tratando de amedrentarla, le muestra los cadáveres ensangrentados de sus padres y de su hermana, Isabela decide morir como una mártir.

Otros notables trágicos de esta época fueron Micer Andrés Rey de Artieda y Diego López de Castro, que escribieron sus obras en cuatro actos. Pero sería un error pensar, como han hecho algunos críticos, que la influencia de Séneca en el teatro de los Siglos de Oro termina alrededor de 1590; en realidad fue una rica fuente de inspiración para muchos dramaturgos del siglo XVII. Los españoles se sentían demasiado orgullosos de su compatriota para que, al escribir para el teatro, no sufrieran la influencia de su filosofía y de sus procedimientos retóricos y dramáticos[22].

Las compañías de cómicos ambulantes, como la de Lope de Rueda, siguieron actuando por toda España a finales del siglo XVI y durante todo el siglo siguiente. Estas «compañías de la legua», como solían llamarse, tuvieron una inmensa importancia en dar a conocer el teatro, y con él un cierto grado de moralización que los dramaturgos españoles responsables siempre trataron de incorporar a sus obras, hasta en los últimos rincones del país. En una novela publicada en Madrid en 1603, el *Viaje entretenido,* el actor Agustín de Rojas Villandrando hace un fascinante relato de la vida de los cómicos

22. Véase, por ejemplo, R. R. MacCurdy, «La tragédie néo-sénéquienne en Espagne au XVIIe siècle, et particulièrement le thème du tyran», en Jacquot, *op. cit.,* págs. 73-85.

ambulantes y de sus «autores de comedias» o directores-empresarios en el tránsito de uno a otro siglo. Por ejemplo, su personaje Solano dice de las diversas clases de compañías:

> Habéis de saber que hay bululú, ñaque, gangarilla, cambaleo, garnacha, boxiganga, farándula y compañía. El bululú es un representante solo, que camina a pie y pasa su camino, y entra en el pueblo, habla al cura y dícele que sabe una comedia y alguna loa; que junte al barbero y sacristán y se la dirá, porque le den alguna cosa para pasar adelante. Júntanse éstos, y el súbese sobre una arca y va diciendo: «Agora sale la dama y dice esto y esto», y va representando, y el cura pidiendo limosna en un sombrero, y junta cuatro o cinco cuartos, algún pedazo de pan y escudilla de caldo que le da el cura, y con esto sigue su estrella y prosigue su camino hasta que halla remedio. Ñaque es dos hombres [...]: éstos hacen un entremés, algún poco de un auto, dicen unas octavas, dos o tres loas, llevan una barba de zamarro, tocan el tamborino y cobran a ochavo, y en esotros reinos a dinerillo (que es lo que hacíamos yo y Ríos), viven contentos, duermen vestidos, caminan desnudos, comen hambrientos y espúlganse el verano entre los trigos, y en el invierno no sienten con el frío los piojos. Gangarilla es compañía más gruesa; ya van aquí tres o cuatro hombres, uno que sabe tocar una locura; llevan un muchacho que hace la dama, hacen el auto *de la oveja perdida,* tienen barba y cabellera, buscan saya y toca prestada (y algunas veces se olvidan de volverla), hacen dos entremeses de bobo, cobran a cuarto, pedazo de pan, huevo y sardina y todo género de zarandaja (que se echa en una talega); éstos comen asado, duermen en el suelo, beben un trago de vino, caminan a menudo, representan en cualquier cortijo, y traen siempre los brazos cruzados [...]; porque jamás cae capa sobre sus hombros. Cambaleo es una mujer que canta y cinco hombres que lloran; éstos traen una comedia, dos autos, tres o cuatro entremeses, un lío de ropa que le puede llevar una araña; llevan a ratos a la mujer a cuestas y otras en silla de manos; representan en los cortijos por hogaza de pan, racimo de uvas y olla de berzas; cobran en los pueblos a seis maravedís, pedazo de longaniza, cerro de

lino y todo lo demás que viene aventurero (sin que se deseche ripio); están en los lugares cuatro o cinco días [...] Compañía de garnacha son cinco o seis hombres, una mujer que hace la dama primera y un muchacho la segunda; llevan un arca con dos sayos, una ropa, tres pellicos, barbas y cabelleras y algún vestido de la mujer de tiritaña. Éstos llevan cuatro comedias, tres autos y otros tantos entremeses; el arca en un pollino, la mujer a las ancas gruñendo, y todos los compañeros detrás arreando. Están ocho días en un pueblo [...] En la bojiganga van dos mujeres y un muchacho, seis o siete compañeros, y aun suelen ganar muy buenos dineros [...] Éstos traen seis comedias, tres o cuatro autos, cinco entremeses, dos arcas, una con hato de la comedia y otra de las mujeres; alquilan cuatro jumentos, uno para las arcas y dos para las hembras, y otro para remudar los compañeros a cuarto de legua, conforme hiciere cada uno la figura y fuere de provecho en la chacota [...] Este género de bojiganga es peligrosa, porque hay entre ellos más mudanzas que en la luna y más peligros que en frontera (y esto es si no tienen cabeza que los rija). Farándula es víspera de compañía; traen tres mujeres, ocho y diez comedias, dos arcas de hato; caminan en mulos de arrieros, y otras veces en carros, entran en buenos pueblos, comen apartados, tienen buenos vestidos, hacen fiestas de Corpus a doscientos ducados, viven contentos (digo los que no son enamorados) [...] En las compañías hay todo género de gusarapas y baratijas, entreban cualquier costura, saben de mucha cortesía, hay gente muy discreta, hombres muy estimados, personas bien nacidas y aun mujeres muy honradas (que donde hay mucho, es fuerza que haya de todo); traen cincuenta comedias, trescientas arrobas de hato, diez y seis personas que representan, treinta que comen, uno que cobra y Dios sabe el que hurta [...] Sobre esto suele haber muchos disgustos. Son sus trabajos excesivos, por ser los estudios tantos, los ensayos tan continuos y lo gustos tan diversos[23].

Es difícil saber si los términos que usa Rojas para designar a las diversas clases de compañías, según el número de sus com-

23. NBAE, XXI, págs. 497*b*-499*a*. Véase Shergold, *op. cit.*, págs. 508-512.

ponentes, son algo más que invenciones propias o si pertenecen a la jerga de su grupo, pero su descripción de los actores y de su vida es graciosa y tiene colorido. En conjunto, su intensa peculiaridad ya no vuelve a plasmarse satisfactoriamente en la adaptación francesa de la novela el *Roman comique* de Scarron.

Pero fue en este período cuando los teatros públicos fijos aumentaron en número, no sólo en los grandes centros teatrales de los Siglos de Oro, Madrid, Valencia y Sevilla, sino también en otras ciudades y poblaciones. Los cómicos de la lengua tuvieron que seguir actuando en tablados improvisados en pueblos y pequeños lugares a lo largo del siglo XVII, pero los actores de las ciudades exigían teatros permanentes que tuviesen comodidades y que contaran con elementos de decorado y tramoyas cada vez mejores. Por su parte, las ciudades no tenían ningún inconveniente en proporcionárselo, ya que con las ganancias de unos teatros debidamente organizados y administrados las autoridades municipales podían mantener hospitales y otras instituciones de beneficiencia. La razón principal por la que, aparte de los cierres temporales debidos a epidemias o en señal de luto por la muerte de un rey o una reina, la mayoría de los teatros municipales siguieron abiertos desde fines del siglo XVI y a lo largo del siglo siguiente (a pesar de los ataques a menudo frenéticos de los moralistas), parece haber sido la utilidad económica de los teatros y el hecho de que los hospitales vivían gracias a los beneficios obtenidos con ellos.

Entre 1565 y 1635, el año de la muerte de Lope de Vega, se establecieron los teatros municipales o «corrales», y poco a poco fueron mejorando sus comodidades y los elementos escénicos con los que contaban. En 1565 se fundó en Madrid una organización benéfica, la Cofradía de la Pasión y Sangre de Jesucristo, que tenía por finalidad socorrer a los menesterosos. Esta cofradía sufragaba un hospital, y el municipio le concedió el privilegio de patrocinar representaciones teatrales en sus propios patios o «corrales» con objeto de conseguir dinero para el mantenimiento del hospital. Poco más tarde la cofradía alquilaba patios con este fin (entre ellos el famoso Corral de la Pacheca) en diversas partes de Madrid. En 1574, una segunda organización, la Cofradía de la Soledad de Nuestra Señora, que también patrocinaba representaciones dramáticas con fines caritativos, llegó a un acuerdo con la primera cofradía, y contando con la aprobación de las autoridades, ambas decidieron repartirse los beneficios obtenidos en la ciudad con el teatro. En este último año, un actor italiano de la *commedia dell'arte,* Alberto Ganassa, que se encontraba en Madrid con su compañía[24], ayudó a los cofrades a armar un tablado y a construir una galería cubierta en el Corral de la Pacheca para la representación de sus obras. En 1579 se fundó el Corral de la Cruz, en 1582 el Corral del Príncipe, y estos dos últimos locales, desplazando al de la Pacheca, se convirtieron en los dos teatros públicos de Madrid a lo largo del siglo XVII e incluso hasta fechas muy posteriores.

Las principales características de un «corral» típicamente español de los Siglos de Oro eran la de ser un patio (por lo común rectangular) con un tablado en uno de sus extremos abierto hacia el interior del recinto. Los corrales madrileños, y la mayoría de los demás del resto de España, no estaban cubiertos, excepto en la parte correspondiente al escenario y en varias hileras de asientos instalados a ambos lados y al fondo. En la mayoría de los corrales, el público más sencillo del patio tenía que permanecer de pie. A los lados del teatro, bajo la galería cubierta, había unas filas de «gradas», y encima de éstas las ventanas de las casas que formaban las paredes laterales del patio, constituían los llamados «aposentos», que las personas de más posición podían alquilar por un año. La planta baja de la pared trasera del patio estaba ocupada por las entradas, una para hombres y otra para mujeres, y una especie de cantina llamada «frutería» o «alojería». La parte superior estaba reservada a las mujeres de condición modesta, que (a

24. Véase N. D. Shergold, «Ganassa and the "Commedia dell'arte" in Sixteenth-Century Spain», *MLR,* LI, 1956, págs. 359-368.

diferencia de las damas de los palcos o «aposentos») quedaban rigurosamente separadas de los hombres. Las plantas destinadas a mujeres eran conocidas con el nombre de «cazuela» o «cazuelas». Para entrar en el recinto se pagaba un precio determinado, y una vez dentro había que pagar otra entrada para tener acceso a los diferentes lugares para espectadores.

El escenario podía adaptarse a una gran variedad de espectáculos. Consistía no sólo en el proscenio voladizo, la parte central del tablado y el foro, sino también en varios balcones y ventanas de la pared trasera. A ambos lados del foro estaban los vestuarios, desde donde los actores salían a escena apartando una cortinas o abriendo una puerta. No había arco de proscenio ni telón de boca, pero una parte del foro generalmente estaba encortinada, y sus cortinas podían usarse por los «descubrimientos» inesperados, el principal truco escénico de este período. La acción de la obra podía desarrollarse en varios niveles. Las batallas y torneos, a veces con caballos de verdad, podían tener lugar en una zona del mismo patio convenientemente aislada por unas cuerdas, y entonces se disponían unas rampas por las que los jinetes podían subir al tablado. Rampas y escaleras podían asimismo comunicar el escenario con los balcones superiores. El más alto de estos balcones podía representar el Cielo, con nubes mecánicas que descendían de él para permitir bajar a los ángeles, y escotillones en el tablado, vomitando humo y llamas, podían representar el fondo del Infierno. Seguramente se utilizaba una amplia gama de recursos y maquinaria y, gracias a la tramoya, un actor podía desaparecer repentinamente o aparecer otro. Las peñas fingidas podían abrirse; las cortinas, apartarse para descubrir un espectáculo sobrecogedor, y aun a veces se dejaba caer de repente un telón en el foro. La indumentaria de los actores solía ser rica, vistosa de colores y variada. En las compañías de mayor rumbo sin duda debía de haber una gran abundancia de vestimenta contemporánea lujosa, y seguramente los actores y actrices principales gastaban parte de su salario en prendas de vestir. No obstante, el realismo de la indumentaria era moderado:

fuera cual fuese la época a la que pertenecían los personajes, aparecían siempre siguiendo la moda española del siglo XVII, con su jubón, calzones, capa y espada, aunque algunas veces pudo haber una intención deliberada en estos anacronismos en el tratamiento de temas históricos. Los dramaturgos de los Siglos de Oro en ocasiones ideaban parábolas sociales y políticas para su tiempo, y el empleo de una indumentaria contemporánea podía tener por misión subrayar la actualidad que podía tener un argumento. De cualquier modo, fueran cuales fuesen sus propósitos morales o didácticos, lo evidente es que estas representaciones ofrecían un espectáculo intenso, ameno y notablemente variado[25].

La función, que en los corrales tenía lugar durante la tarde (se imponían fuertes multas si la representación duraba hasta el anochecer), seguía punto por punto un programa establecido. Primero los músicos tocaban y cantaban; luego se recitaba la loa introductoria, principalmente para congraciarse con el público, pero a veces presentando un breve resumen de la comedia que iba a interpretarse; la loa podía terminar con un baile. A continuación venían las diversas «jornadas» de la obra, y entre acto y acto se representaban farsas breves llamadas «entremeses», «sainetes» o, si los personajes llevaban máscaras de animales, «mojigangas». Después de la última jornada, había un animado «fin de fiesta» que terminaba con un baile. El espectáculo continuo pero variado no dejaba huecos que permitiesen al público permanecer ocioso o aburrirse; medida muy prudente, ya que los «mosqueteros», o sea el público que veía la función de pie en el patio, siempre estaban dispuestos a mostrar su desaprobación y a expresarla de un modo violento. Una semana de duración era ya mucho tiempo para una obra, y lo más usual era que las obras durasen dos o tres días. La exigencia del público por tener obras nuevas era insaciable.

Los actores de las ciudades, cuya vida parece haber sido a menudo de una inmoralidad pintoresca y algo sórdida, se agru-

25. Véase Shergold, *History*, págs. 177-235, 360-414.

paban en compañías. Las dos compañías de Madrid, para los dos corrales, se formaban durante la Cuaresma y empezaban la temporada teatral por Pascua. Después de Pascua los corrales se abrían dando comienzo a la temporada, que no terminaba hasta que volvía la Cuaresma siguiente. A la cabeza de cada compañía había un director o empresario, conocido con el nombre de «autor de comedias» que conseguía las obras bien directamente de los dramaturgos (llamados «poetas» o «ingenios»), o bien recurría a textos ya existentes. Cada compañía contaba aproximadamente con cuatro actores jóvenes, encabezados por el «primer galán», con dos hombres más que representaban los papeles de viejo («barbas») y dos actores cómicos («graciosos»); las actrices solían ser cinco, además de la «primera dama». En España no había ninguna compañía de actores patrocinada por el rey, al revés que en Francia, y para las representaciones de la corte, fuera en los sencillos teatros de palacio o en el complicado Coliseo del Buen Retiro al gusto italiano (que se inaguró después de 1630), las autoridades palaciegas se limitaban a ordenar que una u otra de las compañías de la ciudad, cuando no ambas, acudieran a efectuar la representación cortesana. A veces, sobre todo a finales del siglo XVII, estas exigencias del teatro de la corte causaron graves perjuicios a los «arrendadores» que regían el Príncipe y la Cruz, ocasionando también el lógico disgusto al público habitual, que, durante semanas enteras, podía verse privado de asistir a las comedias en los corrales. Sin embargo, se supone que las compañías itinerantes llenaban a menudo estos huecos[26].

Uno de los más notables predecesores de Lope de Vega, Juan de la Cueva (¿1550?-1610), parece haber escrito sus catorce tragedias y comedias para los primeros teatros públicos de Sevilla, en los que se representaron entre 1579 y 1581. Juan de la Cueva es un dramaturgo decepcionante. Sabía crear escenas aisladas de innegable fuerza, pero era incapaz de armar con-

26. Para la vida de los actores y la organización de su obra, véase Shergold, *History*, págs. 503-543, y Rennert, *op. cit.*, *passim*.

juntos dramáticos. Como otros muchos «ingenios» de finales del siglo XVI, sufría una suerte de miopía dramática en la que los árboles le impedían ver el bosque. Su variedad métrica es interesante[27], y además fue uno de los primeros dramaturgos que introdujo la historia y la leyenda españolas en el teatro nacional, desarrollando sus temas históricos con gran libertad. De hecho es él quien inicia una de las grandes tradiciones de los Siglos de Oro, la de dramatizar la historia popular española, extraída de las crónicas y de los diversos ciclos del Romancero, tratándola de un modo tal que produce efectos que no son solamente emocionales, sino incluso didácticos. Su *Comedia de la muerte del rey don Sancho y reto de Zamora* pone en escena el sitio de Zamora por el rey Sancho II de Castilla, tema tan conocido gracias a los romances. La *Comedia de la libertad de España por Bernardo del Carpio* trata otro tema muy popular del Romancero, el de Bernardo que hace retroceder en Roncesvalles a los invasores franceses, salvando así a España de Carlomagno. La más famosa de las obras de Juan de la Cueva sobre la historia y la leyenda españolas es la *Tragedia de los siete infantes de Lara,* donde evoca una vieja historia de traición y sangrienta venganza. El público de este autor, que conocía toda la leyenda por los romances, sin duda disfrutaba con el dramatismo de las escenas aisladas, sin preocuparse por la estructura de la obra como conjunto. Hoy día esta obra nos parece episódica y de construcción tosca, aunque no carezca de momentos, escenas y efectos de innegable belleza. La impresionante leyenda fue mejor desarrollada en la anónima *Gran comedia de los famosos hechos de Mudarra,* escrita entre 1583 y 1585, y aún mejor en la emotiva y lírica tragedia de Lope de Vega *El bastardo Mudarra.*

Juan de la Cueva también escribió tres obras sobre temas de la historia griega y romana. La mejor de ellas, la *Tragedia de la muerte de Virginia y Appio Claudio,* tiene una cons-

27. Véase E. S. Morby, «Notes on Juan de la Cueva: Versification and Dramatic Theory», *HR,* VIII, 1940, págs. 213-218.

trucción mucho más ajustada y eficaz que la mayoría de sus dramas. También compuso comedias ligeras, por ejemplo la *Comedia del tutor,* comedia celestinesca sobre la vida y los amores de los estudiantes, y comedias sombrías como la *Comedia del degollado,* inspirada en un original italiano de Giraldi Cinthio. Este cuentista, dramaturgo y teórico literario italiano, cuya influencia en el teatro español probablemente fue mayor de lo que se ha supuesto, hubiera llamado a *El degollado* una *tragedia di lieto fine,* tragedia con final feliz, siguiendo el modelo de ciertas obras de Eurípides y del propio Cinthio[28]. Esta clase de obras fueron frecuentes en la España del siglo XVII. Y es en este género, y no en el de la «comedia de capa y espada» (es decir, de intriga amorosa) en el que hay que incluir la más famosa de las obras de Juan de la Cueva, *El infamador.* En este drama el disoluto Leucino calumnia a la casta Eliodora cuando ella rechaza sus deshonestas proposiciones. La vida y el honor de Eliodora quedan a salvo gracias a la intervención de la diosa Diana, quien hace que Leucino sea enterrado vivo. La obra, que contiene muchos detalles y personajes que proceden de la tradición de *La Celestina,* tiene cierta tensión dramática, pero está construida de un modo muy torpe.

A pesar del descuido con que componía sus tramas argumentales, Juan de la Cueva fue el más importante de los dramaturgos del siglo XVI que escribieron obras en cuatro jornadas. Sin embargo, tal vez su importancia sea mayor de lo que podamos imaginar: algunas de las incongruencias que hay en sus intrigas quizá fuesen deliberadas en el dramaturgo y formaran parte de los procedimientos del teatro político. Es po-

28. Para la *tragedia di lieto fine,* véase Marvin T. Herrick, *Tragicomedy,* ed. de Urbana, 1955, págs. 63-124; Bernard Weinberg, *A History of Literary Criticism in the Italian Renaissance,* I, Chicago, 1961, págs. 210-212; P. R. Horne, *The Tragedies of Giambattista Cinthio Giraldi,* Oxford, 1962, *passim* y especialmente págs. 28, 36-39, 114. Útiles traducciones de los escritos teóricos de Giraldi pueden encontrarse en *Literary Criticism. Plato to Dryden,* ed. y trad. A. H. Gilbert, 2.ª ed., Detroit, 1962, págs. 242-273. Su influencia sobre Virués ha sido observada por Crawford, *Spanish Drama,* págs. 183-184, y sobre otros por Arróniz, *op. cit.,* págs. 70, 72, 136, 297-300.

sible que el autor presentara a un público sevillano una serie de velados comentarios dirigidos contra la campaña de Felipe II para apoderarse del trono de Portugal después de la muerte de don Sebastián en Alcazarquivir, y aun se ha sugerido que las obras históricas y novelescas de Juan de la Cueva acaso sean alegorías políticas que abordaban este problema, y donde adaptaba sus fuentes para acomodarlas a las necesidades de este tratamiento. De ser eso cierto, Cueva sería el primero de los numerosos dramaturgos que parecen haber usado los corrales españoles de los Siglos de Oro para la sátira y la propaganda políticas[29]. Sabemos que él conocía la teoría clásica de la sátira por su importante poema sobre la teoría y la práctica literaria y dramática, *Ejemplar poético,* que escribió en 1609, mucho después de la última de sus obras teatrales[30].

También Cervantes fue un prolífico dramaturgo en la penúltima década del siglo XVI[31]. Luego dejó durante varios años de escribir para teatro, pero sus *Ocho comedias y ocho entremeses nuevos* (impresos en Madrid, 1615) pertenecen ya a la nueva modalidad de Lope de Vega. En el prólogo a esta recopilación de sus últimas obras dramáticas, Cervantes dice que al comienzo de su carrera

> se vieron en los teatros de Madrid representar *Los tratos de Argel,* que yo compuse, *La destruición de Numancia* y *La batalla naval,* donde me atreví a reducir las comedias a tres jornadas, de cinco que tenían; mostré, o, por mejor decir, fui el primero que representase las imaginaciones y los pen-

29. Véase A. I. Watson, *Juan de la Cueva and the Portuguese Succession,* Londres, 1971.

30. Véase Hermenegildo, *op. cit.,* págs. 281-325, 564-570; Marcel Bataillon, «Simples réflexions sur J. de la C.», *BH,* XXXVII, 1935, págs. 329-336 (y traducido en su *Varia lección de clásicos españoles* [Madrid, 1964], págs. 206-214); E. S. Morby, «The Influence of Senecan Tragedy in the Plays of Juan de la Cueva», *SPh,* XXXIV, 1937, págs. 383-391; Shergold, *History,* págs. 191-192, y «J. de la C. and the early theatres of Seville», *BHS,* XXXII, 1955, págs. 1-7; Crawford, *Spanish Drama,* págs. 164-170.

31. R. O. Jones, *Historia de la literatura española. 2: Siglo de Oro: prosa y poesía,* Ariel, Barcelona, 1973.

> samientos escondidos del alma, sacando figuras morales al teatro, con general y gustoso aplauso de los oyentes; compuse en este tiempo hasta veinte comedias o treinta, que todas ellas se recitaron sin que se les ofreciese ofrenda de pepinos ni de otra cosa arrojadiza: corrieron su carrera sin silbos, gritas ni baraúndas. Tuve otras cosas en que ocuparme, dejé la pluma y las comedias, y entró luego el monstruo de naturaleza, el gran Lope de Vega, y alzóse con la monarquía cómica[32].

Sólo se han conservado dos de estas obras primerizas, *Los tratos* (o *El trato*) *de Argel* y *El cerco de Numancia,* ambas en cuatro actos, aunque *El trato* en uno de los manuscritos tenga cinco. *El trato de Argel* es una obra de construcción endeble cuyo principal interés estriba hoy en su valor documental respecto a los cinco años de cautiverio que sufrió Cervantes en Argel. Pero *El cerco de Numancia* es con mucho su mejor obra. Desde luego no se trata en modo alguno de un poema dramático perfecto, pues Cervantes no era un gran poeta. Como él mismo confiesa con ironía en el prólogo a las *Ocho comedias,* un librero le dijo que le hubiese comprado sus nuevas obras para darlas a la imprenta, de no haberle dicho el director de una compañía teatral «que de mi prosa se podía esperar mucho, pero del verso, nada». En la *Numancia* abundan los versos flojos y los ripios. No obstante, el argumento, aunque se trata de un modo no muy hábil y algo intrincado, mantiene nuestro interés durante toda la obra. Trata del asedio de la ciudad española de Numancia por Escipión el Africano: hay pocos rasgos de caracterización individual, pero no son necesarios, ya que el protagonista es el conjunto de la comunidad numantina. Antonio Buero Vallejo ha subrayado acertadamente la importancia que tiene la esperanza en la tragedia[33]. Y el

32. Cervantes, *Comedias y entremeses,* ed. cit., I, págs. 7-8. El prólogo entero se reimprimió, con algunos errores, en *Preceptiva,* págs. 142-146.

33. Véase A. B. V., «La tragedia», en *El teatro,* ed. G. Díaz-Plaja, Barcelona, 1958, págs. 74-78, y también su «comentario» a la primera edición en Alfil de su tragedia *Hoy es fiesta,* Madrid, 1957, págs. 99-109.

secreto del éxito de la *Numancia* de Cervantes es precisamente que aborda el tema de la esperanza humana, que puede frustrarse, pero que también es indomable. En realidad, la obra presenta una serie de esperanzas, cada una de las cuales se va perdiendo hasta la última, que termina en un terrible triunfo.

Al principio Cervantes parece haber tomado a mal la fama de Lope de Vega, y haber expresado su resentimiento en los célebres comentarios que hace el cura en el capítulo cuarenta y ocho de la primera parte del *Quijote*:

> En materia ha tocado vuestra merced, señor canónigo [...], que ha despertado en mí un antiguo rencor que tengo con las comedias que agora se usan, tal, que iguala al que tengo con los libros de caballerías; porque habiendo de ser la comedia, según le parece a Tulio, espejo de la vida humana, ejemplo de las costumbres e imagen de la verdad, las que ahora se representan son espejos de disparates, ejemplos de necedades e imágenes de lascivia. Porque, ¿qué mayor disparate puede ser en el sujeto que tratamos que salir un niño en mantillas en la primera escena del primer acto, y en la segunda salir ya hecho hombre barbado? Y ¿qué mayor que pintarnos un viejo valiente y un mozo cobarde, un lacayo retórico, un paje consejero, un rey ganapán y una princesa fregona? ¿Qué diré, pues, de la observancia que guardan en los tiempos en que pueden o podían suceder las acciones que representan, sino que he visto comedia que la primera jornada comenzó en Europa, la segunda en Asia, la tercera se acabó en África, y aun si fuera de cuatro jornadas, la cuarta acabara en América, y así se hubiera hecho en todas las cuatro partes del mundo?

Y la diatriba sigue aún. Sin embargo, el cura y su compañero el canónigo no representan necesariamente las opiniones de su creador, sino que es posible que expresen más bien su dilema ante la estética del nuevo sistema dramático[34]. En todo caso,

34. Véase Wardropper, «Cervante's Theory of the Drama», *MP*, LII, 1955, págs. 217-221.

Cervantes llegó a superar cualquier tipo de resentimiento que pudiese sentir hacia Lope, y en 1615 le dedicó grandes y generosos elogios. Lo cierto es que Cervantes escribió sus *Ocho comedias* en tres actos y en lo que parece haber sido una tentativa más bien modesta y algo torpe dentro del estilo lopesco. Como reconoce en una de ellas, *El rufián dichoso,* los tiempos cambian, los procedimientos artísticos cambian con ellos, y el hecho de que la mente humana sea ágil («el pensamiento es ligero») justifica plenamente el romper con las unidades clásicas de tiempo y de lugar[35]. Pero las *Ocho comedias* no son gran teatro: las más interesantes son las tres que se inspiran en los recuerdos del propio Cervantes sobre su cautiverio en África (*Los baños de Argel, El gallardo español, La gran sultana*) y la picaresca *Pedro de Urdemalas,* aunque ninguna de ellas tiene el dramatismo de la *Numancia.* Entre las obras tardías de Cervantes, las mejores son sin duda sus entremeses humorísticos e irónicos, excepto dos, todos en prosa; y de éstos, cuatro destacan de una manera clara: dos obritas sobre conflictos matrimoniales, *El juez de los divorcios* y *El viejo celoso,* y otras dos notablemente divertidas, *La cueva de Salamanca* y *El retablo de las maravillas*[36].

La última fecha importante dentro de la historia del teatro del siglo XVI es 1596. Hasta qué punto la mayor parte de los dramaturgos españoles de finales de este siglo estaban familiarizados con la teoría dramática clásica de Aristóteles y Horacio, no lo sabemos. La loa de Argensola para su *Alejandra* menciona a Aristóteles, cuya *Poética* no se publicó en traducción española hasta el siglo XVII, aunque podía leerse en una versión latina de 1536 y, a partir de 1570, en la traducción italiana de Castelvetro. En 1591 y 1592 se publicaron dos traducciones españolas del *Ars poetica* de Horacio, la primera

35. Véase *Preceptiva,* págs. 139-142.

36. Sobre el teatro de Cervantes, véase bibliografía, pág. 231, y también los estudios de Wardropper sobre las comedias en *Suma cervantina,* ed. J. B. Avalle-Arce y E. C. Riley, Londres, 1971.

en Madrid y la segunda en Lisboa[37]. Es posible que la mayoría de los trágicos supieran poco acerca de las teorías clasicistas y se limitaran simplemente a imitar a Séneca, pero es más probable que, teniendo en cuenta las estrechísimas relaciones culturales que había en esta época entre España e Italia, no sólo conocieran los textos de los dos grandes teóricos, sino también muchos de los comentarios italianos sobre ellos. Sea como fuere, en 1596 se publicó en Madrid el primero de los grandes comentarios españoles sobre Aristóteles y Horacio, la *Philosophia antigua poética,* de Alonso López Pinciano, obra extensa, elocuente y juiciosa, escrita en la característica manera del Renacimiento, en forma de diálogo. Sin duda el libro provocó fructíferos debates entre los jóvenes dramaturgos[38].

37. Véase Duncan Moir, «The Classical Tradition in Spanish Dramatic Theory and Practice in the Seventeenth Century», en *Classical Drama and its Influence. Essays presented to H. D. F. Kitto,* ed. M. J. Anderson, Londres, 1965, págs. 191-228.

38. El tratado del Pinciano es preferible leerlo en la edición de Alfredo Carballo Picazo, 3 vol., Madrid, 1953. Véanse Shanford Shepard, *El Pinciano y las teorías literarias del Siglo de Oro,* Madrid, 1962; Margarete Newels, *Die dramatischen Gattungen in den Poetiken des Siglo de Oro,* Wiesbaden, 1959, *passim.*

Capítulo 3

EL TEATRO DE LOPE DE VEGA

La comedia española del siglo XVII, una forma artística esmerada y convincente que podía ser el vehículo de muchas y muy diversas clases de obras teatrales, fue el resultado final de las experiencias técnicas y poéticas efectuadas por muchos dramaturgos a finales del siglo XVI. Pero las características básicas formales (tres actos y un variado sistema polimétrico) y la costumbre de que la obra tuviese, tanto si era comedia, tragedia o tragicomedia, como mínimo un personaje de «gracioso» de bastante relieve, y a menudo una intriga secundaria cómica o grave, que encajara en el tema principal de la comedia, se fijaron y establecieron como normas debido a que un dramaturgo de éxito prodigioso, Lope de Vega y Carpio, llegó a utilizar habitualmente estos recursos. Los poetas del siglo XVI fueron perfilando esta forma dramática; Lope, aprovechando sus experiencias, la perfeccionó y le dio autoridad. Después de su muerte, su sistema polimétrico sería gradualmente simplificado y modificado, pero la forma en sí de la comedia, el molde dramático español por excelencia, permaneció intacto hasta ya bien avanzado el siglo XVIII.

Lope Félix de Vega Carpio, hijo de un bordador, nació en Madrid el 25 de noviembre, o quizá el 2 de diciembre, de 1562[1]. Fue un niño precoz que empezó a cultivar la poesía a muy

1. Véase Warren T. McCready, «Lope de Vega's Birth Date and Horoscope», *HR,* XXVIII, 1960, págs. 313-318.

corta edad, y más tarde dijo que escribió una comedia a los doce años. Estudió en el colegio de los jesuitas llamado popularmente Colegio de los Teatinos, y parece ser que también, mientras estaba al servicio del obispo de Ávila, en la universidad de Alcalá. En 1583 se incorporó como voluntario a la breve expedición naval destinada a someter a Felipe II la isla portuguesa de Terceira, en las Azores, y posteriormente regresó a Madrid para escribir poesía y teatro para los corrales. En 1587 se le encarceló bajo la acusación de haber escrito y hecho circular composiciones injuriosas para la familia de la actriz Elena Osorio, hija de un representante teatral y casada con un actor, aunque, a pesar de su estado, Lope y otro amante habían compartido sus favores. Lope fue condenado a ocho años de destierro de Madrid y a dos del reino de Castilla. Partió para el destierro en febrero de 1588 y raptó a una joven de familia noble, doña Isabel de Urbina, con quien se casó por poderes el día 10 de mayo. Sin embargo, la felicidad conyugal no parece haberle retenido durante mucho tiempo junto a su esposa, ya que este mismo día se alistó voluntario en la Armada Invencible, y antes de terminar el mes embarcaba en Lisboa. Sobrevivió a la destrucción de la Armada por los ingleses y volvió a España para completar el tiempo que le quedaba de destierro en el reino y ciudad de Valencia. En 1590, pudiendo ya regresar a Castilla, siguió los ejemplos de Juan del Encina y de Garcilaso y buscó la protección de la familia de Alba. Fue nombrado secretario del duque y vivió en Toledo y Alba de Tormes hasta 1595, año en el que su antiguo enemigo, el padre de Elena Osorio, intercedió ante los jueces logrando que terminara el destierro de Madrid. Lope podía, pues, entonces, volver a la capital después de sólo siete años de ausencia, durante los cuales parece ser que su esposa había muerto después de darle dos hijas, ambas muertas muy jóvenes.

Con su retorno del destierro los escándalos no terminaron. En 1596 se le procesó por vivir amancebado con una tal Antonia Trillo, aunque ignoramos el resultado de esta causa. Pasó a ser secretario del marqués de Malpica y en 1598, el año en que entró al servicio del marqués de Sarria y publicó su novela pastoril *La Arcadia* y su poema sobre sir Francis Drake *La Dragontea,* volvió a casarse. Su segunda esposa, doña Juana de Guardo, hija de un rico carnicero, aportó al matrimonio una cuantiosa dote y le dio un hijo al que quiso mucho, Carlos Félix, y dos hijas. No obstante, probablemente incluso antes de esta boda, Lope sostenía ya una relación amorosa con la actriz Micaela de Luján, La Camila Lucinda de sus versos. En 1604, el año en que se publicó su novela *El peregrino en su patria,* así como también la primera de las muchas «partes» o volúmenes de doce obras de sus comedias, se trasladó a Toledo, donde sostuvo dos casas, la de su esposa y la de su amante, quien le daría un hijo, Lope Félix, y, en 1605, una hija que sería con el tiempo sor Marcela de San Félix en la orden de las trinitarias descalzas. No sabemos cuándo murió Micaela de Luján o cuándo se produjo la separación con Lope.

En 1610, cuando era secretario del duque de Sessa, a cuyo servicio iba a estar durante todo el resto de su vida, Lope volvió a Madrid. Por esta época, a pesar de sus aficiones galantes, empezaba a orientarse hacia la vida religiosa. El año anterior había ingresado en la Congregación de Esclavos del Santísimo Sacramento. En 1611 se hacía miembro de la orden tercera de San Francisco. En 1612 dedicaba su novela religiosa *Pastores de Belén* a su hijo Carlos Félix, y publicaba también en Salamanca un libro religioso, *Cuatro soliloquios.* Pero poco después, ante la desesperación de Lope, moría Carlos Félix. A esta tragedia no tardó en seguir otra. En 1613 murió doña Juana al dar a luz a una niña, Feliciana. Al año siguiente el fervor religioso de Lope llegó a su punto culminante y se ordenó de sacerdote.

A pesar de sus buenas intenciones y de su nuevo estado, este hombre del Renacimiento supremamente natural y espontáneo era incapaz de renunciar a las mujeres por mucho tiempo. Antes de que hubieran transcurrido dos años desde su ordenación, se inicia el último gran amor de su vida, con doña Marta de Nevares Santoyo, esposa de un negociante. Lope se dedicaría a ella y la protegería aun después de haberse vuelto ciega y tal vez loca, hasta su muerte en 1632. Ésta fue la Amarilis a la que cantó en numerosos poemas y en la famosa égloga *Amarilis* (1633).

Los últimos años de Lope se ensombrecieron con una serie de desdichas que no pudieron contrarrestar ni el éxito de su novela dramática autobiográfica *La Dorotea* (1632) ni su gran fama y prestigio (en 1627 el Papa le había hecho caballero de la Orden de San Juan). Amarilis había muerto. En 1634 su hijo Lope Félix murió ahogado en un naufragio. En este mismo año, su hija preferida, Antonia Clara, fue raptada por un cortesano que luego la abandonó. El gran poeta y dramaturgo murió, abrumado por el peso de los desengaños y del dolor, el 27 de agosto de 1635. Su protector, el duque de Sessa, dispuso unos funerales principescos que duraron nueve días, durante los cuales la nobleza y el pueblo llenaron las calles de Madrid para rendir un homenaje póstumo a un genio impar.

El talento de Lope era polifacético y de un vigor extraordinario[2]. Su asombrosa vitalidad como hombre y su carácter acentuadamente extravertido se refleja, no sólo en sus poemas y obras en prosa, sino también, de un modo evidente, en su teatro, que siempre tiene fuego y pasión (incluso en las numerosas obras de compromiso que escribió). A menudo hace aparecer a un personaje llamado Belardo o cualquier otro nombre convencional que obviamente representa al propio Lope y que puede proporcionarnos mucha información acerca de su vida y de sus amores en el momento en que se estaba componiendo cada obra[3]. La espontaneidad y la naturalidad son los rasgos más peculiares del genio de Lope. Cervantes le llamó «monstruo de naturaleza», y mucho después de la muerte de Lope, fray Manuel de Guerra y Ribera llamó a Calderón «monstruo del ingenio». Las comparaciones modernas entre los dos gran-

2. Para su poesía y prosa, véase Jones, *op. cit.*
3. Véase S. Griswold Morley, «The Pseudonyms and Literary Disguises of Lope de Vega», *University of California Publications in Modern Philology*, XXXIII, 1951, págs. 421-484.

des dramaturgos a menudo tienden injustamente a hacer que Lope parezca ingenuo y con unos valores intelectuales de segundo orden. Aunque es completamente cierto que era capaz —y con frecuencia así lo demostró— de pensar y de escribir muy ingenuamente y que compuso muchas obras mediocres que parecen haber sido improvisadas despreocupadamente en un par de días, Lope fue una de las mayores inteligencias de una época que se jactaba de su agudeza intelectual, y sus mejores obras revelan a menudo que a una vasta cultura se añaden la sutileza y la profundidad. Para sus contemporáneos fue el Fénix intelectual, «el Fénix de España», «el Fénix de los ingenios».

En su larga carrera dramática, que puede considerarse iniciada en serio en la penúltima década del siglo XVI, y que se prolonga hasta muy poco antes de su muerte en 1635, Lope compuso un número sorprendentemente elevado de obras. En el prólogo de la primera edición de su novela *El peregrino en su patria* (1604) él mismo daba una lista de 219 comedias que había escrito hasta aquella fecha. En listas posteriores el número va aumentando, hasta que por fin, en la *Égloga a Claudio,* impresa póstumamente, afirma haber escrito «mil y quinientas fábulas». Finalmente, en su *Fama póstuma,* su patrocinado Juan Pérez de Montalbán dijo que de su maestro se habían representado mil ochocientas comedias y más de cuatrocientos autos sacramentales. Ante estas cifras, los especialistas modernos se muestran escépticos. Muchas obras cuyos títulos figuran en las listas de Lope se han perdido. Por otra parte, en textos impresos y en manuscritos de los siglos XVII y XVIII se le atribuyen muchas obras que en realidad no son de Lope. El descuido, la ignorancia, la duda, las conjeturas y también los motivos interesados de dramaturgos mercenarios, «autores de comedias» e impresores desaprensivos que sabían, en una época en la que «¡Es de Lope!» era una expresión coloquial muy común equivalente a «¡Es magnífico!», que cualquier obra atribuida a Lope se vendería, fuese cual fuera su verdadero autor..., todo eso ha contribuido a la incertidumbre actual acerca del número exacto de obras de Lope cuyos textos se nos han conservado. Hoy día los especialistas suelen estar de acuerdo con Morley y Bruerton en que tenemos los textos (genuinos y corrompidos, en manuscrito e impresos) de unas 314 comedias que son sin duda alguna de Lope; y que de 187 que se le han atribuido, 27 son probablemente suyas, 73 pueden serlo y 87 seguramente no lo son[4]. *El sufrimiento premiado,* una excelente comedia sentimental, según convincentes argumentos de Dixon[5] también ha de atribuirse a este autor. Algunas obras notables y muy conocidas que siempre se habían dado como suyas, por ejemplo *La estrella de Sevilla,* no parecen serlo en realidad[6].

Las obras teatrales del siglo XVII a menudo son difíciles de datar, y la cronología tal vez sea el problema mayor con el que han de enfrentarse los estudiosos de la historia del teatro de los Siglos de Oro. Los autores no siempre firmaban o databan sus manuscritos y en las obras impresas es frecuente que no se indique la fecha ni el lugar de publicación; y cuando se dan unas fechas (las de las *Partes* pueden servir de ejemplos), por lo común sólo pueden considerarse como *termini ad quos* de composición. En el caso de las comedias de Lope de Vega, un trabajo inestimable es el llevado a cabo por Morley y Bruerton, quienes analizaron la evolución del uso que hace el dramaturgo de diferentes tipos de estrofas en sus obras indiscutiblemente auténticas y fechables, junto con otras pruebas

4. S. Griswold Morley y Courtney Bruerton, *Cronología de las comedias de Lope de Vega...,* Madrid, 1968.

5. Ed. por Victor Dixon, Londres, 1967. Véase también Victor Dixon, «El auténtico *Antonio Roca* de Lope», en *Fichter,* págs. 175-188.

6. Véase J. L. Broks, «*La estrella de Sevilla;* "admirable y famosa tragedia"», *BHS,* XXXII, 1955, págs. 8-20; Morley y Bruerton, *op. cit.,* páginas 463-465. Otra obra de Lope cuya paternidad ha sido puesta en tela de juicio es *La fianza satisfecha* (la fuente de *A. Bond Honoured* de John Osborne [Londres, 1966]); véanse Daniel Rogers, «"Not for insolence, but seriously": J. O.'s Adaptation of *La fianza satisfecha*», *Durham University Journal,* LX, 1968, páginas 146-170; Morley y Bruerton, *op. cit.,* págs. 466-467. En su edición de esta comedia, publicada por la Cambridge University Press, 1971, W. M. Whitby y R. R. Anderson defienden enérgicamente la paternidad de Lope.

pertinentes, con objeto de dar unas fechas aproximadas e hipotéticas a las comedias que no podían datarse por otros criterios (y también para eliminar del corpus de su obra las comedias que, desde el punto de vista estilístico, no pudieran considerarse como suyas)[7]. Su método no es infalible, pero nos proporciona la más útil de las guías para el conocimiento de la evolución del arte dramático de Lope, al tiempo que unas fechas verosímiles y aproximadas para cada una de las obras cuya fecha de composición no es segura.

Lope escribió mucho sobre sus principios dramáticos[8]. Cualquier estudio serio de sus obras debe ir precedido del estudio de su *Arte nuevo de hacer comedias en este tiempo,* que escribió para la Academia de Madrid y que publicó en 1609. Este poema de 389 versos no es el manifiesto de un joven, pues cuando lo compuso Lope llevaba ya muchos años escribiendo teatro. Tampoco es una orientación completamente segura e infalible para todos los pormenores de su arte dramático: por ejemplo, lo que dice aquí sobre su sistema polimétrico es muy fragmentario e incompleto, sobre todo si se tiene en cuenta que este sistema sufrió cambios considerables entre la penúltima década del siglo y 1635. A pesar de todo, el *Arte nuevo,* irónico y elíptico en su estilo, nos permite saber lo que Lope pensaba y sentía en 1609 acerca del arte de escribir para ese público tan variado desde el punto de vista social que se apretujaba en los corrales. El poema, que tiene algo en común con el *Art poétique* de Boileau, nos muestra a un Lope bien inserto en la gran tradición clásica del teatro europeo. Lope, Tirso de Molina, Calderón y otros grandes dramaturgos españoles del siglo XVII, evidentemente no siempre respetaron las unidades neoclásicas de tiempo y lugar en la comedia (aunque Lope escribió como mínimo seis obras regulares, y Calderón y otros «ingenios» respetaron estas normas más a menudo de lo

7. *Op. cit.*
8. Véase Luis C. Pérez y F. Sánchez Escribano, *Afirmaciones de Lope de Vega...,* Madrid, 1961.

que se ha supuesto), pero a su manera eran clasicistas[9]. El *Arte nuevo* nos hace ver asimismo que Lope, que a la hora de escribir para el teatro siguió y perfeccionó la tendencia de los dramaturgos del siglo XVI de introducir escenas y episodios cómicos dentro de obras graves, en teoría defiende este uso, que parece proceder de Giambattista Guarini y tal vez de otros defensores italianos del género de la tragicomedia. El *Arte nuevo* es en parte una defensa de la «comedia nueva» de Lope contra sus atacantes neoclásicos, pues en España la nueva dramaturgia suscitó polémicas estéticas, a veces no poco violentas, que empezaron como mínimo en 1605 y que parecen haberse prolongado durante la mayor parte del resto del primer cuarto del siglo, hasta que los neoclásicos renunciaron a sus ataques por escrito[10]. Pero el poema es también una guía práctica, escrita por un experto, y destinada a los dramaturgos que aspirasen a complacer a un público, tan exigente desde el punto de vista teatral, como era el de Madrid en 1609.

Después de saludar a los miembros de la Academia en los primeros versos del *Arte nuevo,* Lope dice irónicamente que a cualquiera de ellos le resultaría fácil escribir un arte dramático popular, pero que a él le será más difícil, ya que ha escrito obras sin respetar los preceptos de los neoclasicistas. En su juventud estudió los libros pertinentes, y escribió unas cuantas obras regulares:

> mas luego que salir por otra parte
> veo los monstruos, de apariencias llenos,

9. Véase Duncan Moir, «The Classical Tradition...». Sobre las unidades en Calderón y otros autores, véase Duncan Moir, «Las comedias regulares de Calderón: ¿unos amoríos con el sistema neoclásico?», que se publicarán en las *Actas* del Second Colloquium of British and German *calderonistas,* que tuvo lugar en la Universidad de Hamburgo en julio de 1970.

10. Véanse Duncan Moir, «The Classical Tradition...»; Joaquín de Entrambasaguas, «Una guerra literaria del Siglo de Oro. L. de V. y los preceptistas aristotélicos», en sus *Estudios sobre Lope de Vega,* I, Madrid, 1946, págs. 63-580, y II, Madrid, 1947, págs. 7-411. Por lo que se refiere a las defensas del sistema de Lope, véase *Dramatic Theory in Spain,* ed. H. J. Chaytor, Cambridge, 1925; *Preceptiva,* págs. 125-204.

adonde acude el vulgo y las mujeres
que este triste ejercicio canonizan,
a aquel hábito bárbaro me vuelvo,
y, cuando he de escribir una comedia,
encierro los preceptos con seis llaves;
saco a Terencio y Plauto de mi estudio,
para que no me den voces, que suele
dar gritos la verdad en libros mudos,
y escribo por el parte que inventaron
los que el vulgar aplauso pretendieron,
porque, como las paga el vulgo, es justo
hablarle en necio para darle gusto[11].

Da una breve definición de comedia y tragedia y de sus elementos básicos (sin insistir en que la tragedia deba tener un final infeliz). Habla de la influencia de Lope de Rueda en la formación de la nueva dramaturgia y a continuación trata de los orígenes de los diferentes géneros en la antigüedad clásica. Para el teatro clásico recomienda el estudio del famoso comentario sobre la *Poética* de Aristóteles (Florencia, 1548), del italiano Francesco Robortello, y su tratado sobre la comedia que se imprimió formando parte del mismo volumen.

Luego Lope pasa a lo que es el fin más práctico de su poema: dar consejos con objeto de escribir nuevas obras para los corrales. En primer lugar, el autor ha de elegir su tema sin preocuparse por si escribe o no escribe una comedia en la que figuren reyes; recuerda a sus lectores que, a pesar de todo lo que los teóricos digan sobre la separación de las clases sociales entre tragedia y comedia, Plauto incluyó al dios Júpiter en su comedia *Amphitruo*. A continuación viene uno de los pasajes decisivos del *Arte nuevo*:

Lo trágico y lo cómico mezclado,
y Terencio con Séneca, aunque sea

11. Chaytor, *op. cit.*, págs. 14-29, da el texto completo del *Arte nuevo* con útiles notas; también *Preceptiva*, págs. 125-136. Por «apariencias» Lope entiende inesperados descubrimientos de algo que impresiona al espectador gracias al uso de telones u otros medios semejantes.

como otro Minotauro de Pasife,
harán grave una parte, otra ridícula,
que aquesta variedad deleita mucho;
buen ejemplo nos da naturaleza,
que por tal variedad tiene belleza.

En estos versos Lope no está recomendando a sus discípulos que se limiten a componer tragicomedias; algunas de sus mejores obras son en rigor tragedias, con muy pocos elementos cómicos, e incluso a veces sin ninguno. Lo que en realidad está haciendo es utilizar uno de los argumentos de Guarini en defensa de *Il pastor fido* y el género de la tragicomedia con objeto de justificar el uso de paréntesis cómicos, de personajes, escenas e intrigas secundarias de carácter bufo en obras españolas graves, así como el cultivo de la tragicomedia, si los autores querían escribirlas. Lope no podía dejar de conocer las largas polémicas que se habían sostenido en Italia sobre la licitud y la permisibilidad de la tragicomedia pastoril de Guarini *Il pastor fido,* que fue con mucho la obra del Renacimiento europeo más famosa e influyente, y también la que con mayor frecuencia se tradujo y se adaptó. *Il pastor fido* se había compuesto entre 1580 y 1585. Hubo críticos que opinaron que era una monstruosa violación del principio de la distinción de géneros, y que la tragicomedia como género ni existía ni debía existir. Guarini y otros escritores defendieron la obra y el género de un modo apasionado pero razonable, y en la edición corregida y definitiva del opúsculo que escribió sobre el tema, el *Compendio della poesia tragicomica* (publicado en 1601; reimpreso junto con la obra en 1602), Guarini arguía que la mezcla de elementos trágicos y cómicos en el teatro se justificaba porque también existían en la naturaleza muchas mezclas admirables de cosas diversas y contrarias[12]. Lo que Lope parece estar haciendo en el *Arte nuevo* es aprovechar la teoría

12. Para extractos del *Compendio,* véase A. H. Gilbert, ed. cit., páginas 504-533. Para la controversia en Italia véase Weinberg, *op. cit.,* II, págs. 1.074-1.105; Herrick, *op. cit.,* págs. 135-142.

de Guarini para justificar su propio teatro, que, por otra parte, también pudo sufrir la influencia de la popularidad de *Il pastor fido* en Italia y España.

La verdadera intención didáctica de Lope en el *Arte nuevo* parece ser decir a los dramaturgos jóvenes: «escribid la clase de obras que queráis, comedias, tragedias, tragicomedias o lo que os plazca; pero, cuando las escribáis, respetad ciertos principios dictados por el sentido común». Insiste en la observancia de la unidad de acción, pero no trata de hacer cumplir las unidades neoclásicas de tiempo y lugar. De la de lugar no dice nada. Sobre la de tiempo dice que la acción de la comedia debería abarcar el menor tiempo posible, excepto en obras históricas, que pueden exigir un largo lapso de tiempo. Defiende burlonamente esta libertad alegando el temperamento de sus compatriotas:

> porque, considerando que la cólera
> de un español sentado no se templa
> si no le representan en dos horas
> hasta el Final Jüicio desde el Génesis,
> yo hallo que, si allí se ha de dar gusto,
> con lo que se consigue es lo más justo.

No obstante, recomienda una nueva unidad de tiempo de su propia invención: que, a ser posible, lo que sucede en cada acto no exceda de los límites de un solo día.

Lope continúa aconsejando a los autores que primero escriban sus argumentos en prosa y que los dividan en tres actos, de acuerdo con las nociones clásicas de prótasis (exposición), epítasis (nudo) y catástrofe (desenlace):

> pero la solución no la permita
> hasta que llegue a la postrera escena,
> porque, en sabiendo el vulgo el fin que tiene,
> vuelve el rostro a la puerta y la espaldas
> al que esperó tres horas cara a cara,
> que no hay más que saber que en lo que para.

Dice que la escena nunca debería dejarse vacía, pues el público se impacienta si no oye ni ve que ocurra nada y que las pausas retrasan la marcha de la representación. Insiste en la importancia de la verosimilitud en las palabras que se ponen en boca de los diferentes tipos de personajes. También habla brevemente del decoro:

> Las damas no desdigan de su nombre,
> y, si mudaren traje, sea de modo
> que pueda perdonarse, porque suele
> el disfraz varonil agradar mucho.

Previene a los escritores para que eviten improbabilidades, imposibilidades y sucesos ilógicos en sus intrigas, y sugiere que la trama argumental debe hacer esperar a los espectadores que los hechos van a suceder de una manera distinta a la que en realidad sucederán. Luego hace un breve resumen del empleo de las diferentes estrofas que han de ajustarse a diversos tipos de situaciones:

> Acomode los versos con prudencia
> a los sujetos de que va tratando;
> las relaciones piden los romances,
> el soneto está bien en los que aguardan,
> las décimas son buenas para quejas,
> aunque en octavas lucen por extremo;
> son los tercetos para cosas graves,
> y para las de amor las redondillas[13].

Señala la utilidad de los recursos de la retórica tradicional en el diálogo dramático. Sobre todo aconseja el empleo de procedimientos que muevan al auditorio a adivinar lo que va a suceder, sin que logren saber lo que en realidad sucederá. Sobre

13. La evolución del sistema polimétrico de Lope ha sido estudiada en detalle por Morley y Bruerton, *op. cit.*, y por Diego Marín, *Uso y función de la versificación...*, Valencia, 1962. Véase también P. N. Dunn, «Some Uses of Sonnets in the Plays of L. de V.», *BHS*, XXXIV, 1957, págs. 213-222.

la elección de argumentos hace dos sugerencias, ambas muy agudas:

> Los casos de la honra son mejores,
> porque mueven con fuerza a toda gente;
> con ellos las acciones virtüosas,
> que la virtud es dondequiera amada.

Recomienda a los poetas que sus obras no sean demasiado largas, y, reconociendo la función política del teatro de su tiempo, les aconseja que sean prudentes cuando manejen la sátira:

> en la parte satírica no sea
> claro ni descubierto, pues que sabe
> que por ley se vedaron las comedias
> por esta causa en Grecia y en Italia;
> pique sin odio, que si acaso infama,
> ni espere aplauso ni pretenda fama.

Hace unas cuantas observaciones sobre la escenificación y la indumentaria, finge burlarse de sí mismo por ser anticlásico, y luego demuestra claramente un justificado orgullo por sus propias obras:

> Sustento, en fin, lo que escribí y conozco
> que, aunque fueran mejor de otra manera,
> no tuvieran el gusto que han tenido,
> porque a veces lo que es contra lo justo
> por la misma razón deleita el gusto.

Pero el deleite no es el único fin de la «comedia nueva». Y Lope, que escribió sus obras, no sólo para divertir al pueblo y a los nobles, sino también para enseñarles verdades útiles, termina el *Arte nuevo* afirmando la función didáctica del teatro español. En esta declaración de principios, diez versos están en latín y tratan de la comedia como espejo de la vida y del hecho de expresar ideas graves en medio de burlas. Los últimos tres versos están en castellano y dicen:

Oye atento, y del arte no disputes,
que en la comedia se hallará de modo
que, oyéndola, se pueda saber todo[14].

Deleitar aprovechando, la frase que constituye el título de uno de los libros de Tirso de Molina, expresa concisamente la doble función que tenía el teatro en la opinión de los dramaturgos y teóricos responsables en la España del siglo XVII. Por lo común se aceptaba, de acuerdo con la noción clásica, que el aspecto deleitoso de la literatura y del teatro era lo esencial, y su elemento didáctico accidental, pero este último elemento está presente en la gran mayoría de las obras de los Siglos de Oro, en mayor o menor medida según los casos particulares. En consecuencia, generalmente el tema o las ideas expuestas en una obra es algo importante, y en muchas obras puede llegar a ser sumamente importante. En un estudio tan instructivo como polémico, Parker dice que la estructura del teatro español de esta época está regida por cinco principios:

> (1) la primacía de la acción sobre la caracterización de los personajes; (2) la primacía del tema sobre la acción, con la consiguiente mengua de la verosimilitud realista; (3) la unidad dramática en el tema y no en la acción; (4) la subordinación del tema a un propósito moral por medio del principio de la justicia poética, que no se representa tan sólo por la muerte del malvado; y (5) la elucidación del propósito moral por medio de la casualidad dramática[15].

14. Sobre el *Arte nuevo,* véase M. Romera-Navarro, *La preceptiva dramática de Lope de Vega,* Madrid, 1935; Ramón Menéndez Pidal, «Lope de Vega. El *Arte nuevo y la Nueva biografía*», en su *De Cervantes y Lope de Vega,* Colección Austral, 120, Madrid, 1940, etc. págs. 69-143; Joseph-S. Pons, «L'"Art nouveau" de Lope de Vega», *BH,* XLVII, 1945, págs. 71-78.

15. Véanse A. A. Parker, *The Approach to the Spanish Drama of the Golden Age,* Diamante, VI, Londres, 1957, pág. 27; R. D. F. Pring-Mill, introducción a Lope de Vega, *Five Plays,* trad. de Jill Booty, Nueva York, 1961; Parker, en una nota a su artículo «Towards a Definition of Calderonian Tragedy», *BHS,* XXXIX, 1962, págs. 225-226, contesta a una de las objeciones de Pring-Mill, y la réplica de éste puede verse en Pring-Mill, «Los calderonistas de habla inglesa y *La vida es sueño:* Métodos del análisis temático-estructural», en *Litterae hispanae et lusitanae,* ed. Hans Flasche, Munich, 1968, págs. 369-413.

Es dudoso que en muchas de las obras de Lope (y especialmente en la primera parte de su producción) exista esta primacía del tema sobre la acción. Lope, que era un lector voraz, parece sencillamente haber tropezado (cuando no las inventaba) con historias susceptibles de dar obras interesantes y haberse puesto a escribir estas obras de acuerdo con los principios que juzgaba más adecuados. Sin embargo, en muchas de las comedias de su madurez, le vemos ya orientándose hacia lo que encontramos en la mayor parte de las obras calderonianas, un teatro de ideas en el cual tanto la acción como la caracterización de los personajes están determinadas por las exigencias del tema.

En el estilo y en las técnicas de Lope hay un perfeccionamiento continuo, y parece que consciente, entre *Los hechos de Garcilaso de la Vega y el moro Tarfe* (Morley y Bruerton: 1577-¿1583?), su única obra en cuatro actos, y las últimas obras maestras, como *El castigo sin venganza* (1631). Las primeras obras de Lope muestran a menudo la miopía dramática que ya hemos observado en otros ejemplos del teatro del siglo XVI. Algunas de ellas están muy lejos de seguir sus propias normas de 1609 acerca de la construcción perfecta y la ausencia de fragmentos episódicos y desligados. En estas obras no faltan escenas brillantes ni chispazos de vigorosa poesía, pero también hay áridos desiertos de mediocridad. Varias de sus obras primerizas son asimismo moralmente reprensibles. Bances Candamo observó esto a propósito de *Los donaires de Matico* (M. y B.: antes de 1596), que contiene escenas francamente procaces, y donde una princesa de León se comporta de un modo notoriamente plebeyo[16]. No obstante, en su madurez Lope compuso obras mejores y más sutiles, a la par que su habilidad dramática fue haciéndose cada vez más segura. Desarrolló la figura del «gracioso», el criado cómico que es, en un sentido, una parodia humorística de su amo, y, en otro, un completo contraste respecto a él, pero cuya filosofía a ras de tierra

16. Véase Bances Candamo, *op. cit.*, págs. LXXX-LXXXI, 29-30.

llega a constituir un admirable y continuo contrapunto a las elevadas ideas del hombre a quien sirve[17]. Lope también desarrolló la intriga secundaria hasta llegar a convertirla en un complemento significativo de la intriga principal[18], y, por último, mejoró muchísimo la estructura dramática de sus comedias, su eficacia como poemas dramáticos variados pero coherentes, y su contenido didáctico.

La temática de las obras de Lope de Vega es muy diversa. En su producción el grupo más numeroso pertenece al género de las comedias amorosas llamadas «de capa y espada», que Bances Candamo definió del modo siguiente:

> Las [comedias] de capa y espada son aquéllas cuyos personajes son sólo caballeros particulares, como Don Juan o Don Diego, etc., y los lances se reducen a duelos, a celos, a esconderse el galán, a taparse la Dama, y, en fin, a aquellos sucesos más caseros de un galanteo[19].

La comedia de capa y espada es, pues, una variante de la tradición de la comedia que va desde Plauto y Terencio hasta la comedia burguesa y doméstica de nuestra época. Nunca ajeno al amor, ni siquiera en sus años de sacerdote, Lope destaca en estas frívolas comedias de intriga que a veces, conviene no olvidarlo, pueden ocultar bajo su aparente ligereza unos principios de moral práctica muy serios. Una de las mejores obras de este tipo que escribió es *La dama boba* (1613), sobre la vieja idea de que el amor puede volver listo al más tonto. Gran parte de su encanto radica en la caracterización sicológica de las dos hermanas, Nise la sabihonda, y Finea, la muchacha ignorante y necia que llega a adquirir buen juicio y

17. Véanse José F. Montesinos, «Algunas observaciones sobre la figura del donaire en el teatro de L. de V.», *Homenaje ofrecido a Menéndez Pidal*, I, págs. 469-504; Charles David Ley, *El gracioso en el teatro de la Península (siglos XVI-XVII)*, Madrid, 1954.

18. Véase Diego Marín, *La intriga secundaria en el teatro de Lope de Vega*, Toronto y México, 1958.

19. *Theatro de los theatros*, ed. cit., pág. 33.

perspicacia[20]. Otra magnífica comedia de capa y espada es *Los melindres de Belisa* (M. y B.: 1606-1608), que se mofa de una muchacha extremadamente remilgada, Belisa, que no encuentra a su gusto a ninguno de los pretendientes que aspiran a su mano. La obra satiriza también a su madre, una viuda todavía joven, que no comprende que aún será víctima de una pasión amorosa. Madre e hija se enamoran, a pesar del orgullo que sienten por su condición burguesa, de un hombre al que creen esclavo: en realidad la comedia es una sátira ingeniosa y regocijada del esnobismo. En *La discreta enamorada* (M. y B.: 1606-1608 [probablemente 1606]) la joven y audaz Fenisa finge que consiente casarse con un viejo para lograr que el hijo de éste se enamore de ella. Finalmente, no sólo conquista a su joven enamorado, sino que consigue incluso que su futuro suegro se case con la madre de Fenisa. Con un poco más de idealización de la que aparece en estas obras, pero siendo a pesar de todo una excelente comedia de intriga, está *Amar sin saber a quién* (M. y B.: 1616-1623), que comienza con un duelo, una muerte y la detención de un inocente. *El acero de Madrid* (M. y B.: 1606-1612 [probablemente 1608-1612]), en la cual la heroína finge estar enferma para que su galán, fingiendo a su vez ser médico, pueda visitarla a todas horas, explota de un modo muy divertido esta situación irregular. Otras comedias de capa y espada de Lope notablemente entretenidas son *El sembrar en buena tierra, Quien todo lo quiere, La noche toledana* y *Las bizarrías de Belisa,* tal vez la última obra que compuso. Dentro de este género, vemos a Lope en su vertiente más divertida, tratando de un modo hábil, ligero, pero a menudo satírico, las costumbres, los tabúes y los prejuicios de su propia clase social. No sólo los «caballeros de capa y espada», sino también los plebeyos debían de gozar con estas comedias.

Lope escribió también interesantes comedias amorosas que caen fuera de las estrictas limitaciones de clase de la comedia

20. Para una buena edición de esta obra, véase Rudolph Schevill, *The Dramatic Art of Lope de Vega,* Berkeley, 1918.

de capa y espada, ya que sus principales personajes son de una condición social superior a la de los estratos más bajos de la nobleza. Bances Candamo hubiera incluido dichas obras en la categoría de lo que él llamaba «comedias de fábrica»[21]. La más conocida de este grupo de obras lopescas es una muy brillante, *El perro del hortelano* (M. y B.: 1613-1615), que trata de los conflictos con que se enfrenta Doña Diana, condesa de Belflor, que se enamora perdidamente de su secretario, el plebeyo Teodoro, quien ni siquiera sabe quiénes fueron sus padres. El código del honor exige de ella que ahogue su creciente pasión, ya que las convenciones sociales nunca le permitirían casarse con un hombre semejante. Pero no puede sofocar su amor. En este estado de indecisión y ansiedad, es, en las palabras del refrán que da título a la obra, «el perro del hortelano, que no come ni deja comer». A diferencia de los imaginarios conflictos de honor que tienen madre e hija en *Los melindres de Belisa,* el dilema de Diana es bien real y doloroso. Los nobles que aspiran a su mano traman dar muerte a Teodoro. La comedia se ensombrece y Lope trata su tema y sus personajes con delicadeza y con auténtica comprensión humana, pero también con ironía. Por fin, después de que el criado de Teodoro, Tristán (uno de los «graciosos» más brillantemente presentados de todo el teatro de Lope), valiéndose de una descarada mentira, convence a todos, excepto a Diana, de que su amo es conde, y después de que Teodoro haya dicho a la dama que él ha de partir porque no está dispuesto a aceptar una vida de engaños, Diana le dice que para ella esta afirmación es prueba suficiente de su nobleza y que está dispuesta a casarse con él. Al casarse con la condesa, el fingido conde se convierte en un conde verdadero. El desenlace de la obra es extrañamente ambiguo e irónico. Se deja entender con toda claridad que Diana sabe muy bien que su aceptación de la nobleza de Teodoro es una excusa para salvar las apariencias. Como ha comentado Pring-Mill, el uso de una solución fingida forma parte del co-

21. Véase más adelante, pág. 200.

mentario de Lope a las convenciones del honor; «dado que este honor, en el sentido de opinión pública, se satisface con una impostura, y que semejante concepción del honor puede satisfacerse con una impostura, ello significa que tal concepción del honor es en sí misma algo hueco»[22]. En esta obra, tanto la caracterización de los personajes como la intriga son magníficas. Otra comedia muy atractiva dentro de este grupo es *La hermosa fea* (M. y B.: 1625-1632 [probablemente 1630-1632]), en la que un príncipe conquista el amor de una dama altanera fingiendo que la desdeña y que la encuentra muy fea[23]. Otras notables comedias, interesante la primera por lo intrincado de su tema argumental, son *El sufrimiento premiado*[24], *La moza de cántaro* (M. y B.: escrita originariamente antes de 1618 y parcialmente revisada en 1625) y, a pesar de su procacidad, *Los donaires de Matico*.

Sobre todo en la primera parte de su carrera, Lope escribió también obras amorosas siguiendo la moda pastoril, como era de esperar en una época en la que lo pastoril, en su doble vertiente novelesca y poética, era extremadamente popular. Ninguna de las obras de este género que escribió para los corrales tiene un interés especial. *El verdadero amante* es la más conocida de estas comedias, ya que Lope afirmaba que la había escrito a la edad de doce o trece años; sin embargo, Morley y Bruerton suponen que probablemente la compuso mucho más tarde, entre 1588 y 1595. En ella abundan los materiales de relleno y su construcción es muy rudimentaria. A Nicolás Fernández de Moratín no le faltaba razón al afirmar en el siglo XVIII que en esta obra hay una «excelente y pestilente versificación». Mucho más interesante es *Belardo el furioso*

22. Pring-Mill en Lope de Vega, *Five-Plays,* págs. XXVIII. Véase también R. O. Jones, «*El perro del hortelano* y la visión de Lope», *Fi,* X, 1964, páginas 135-142.

23. Morley y Bruerton, *op. cit.,* pág. 478, se preguntan si esta comedia es de Lope, debido a que se imprimió póstumamente en la *Parte XXIV* de sus obras, Zaragoza, 1641. No parece ser un argumento suficientemente sólido como para dudar de su paternidad.

24. Véase anteriormente, pág. 83 y n. 5.

(M. y B.: 1586-1595), que como ya indica su título, es una parodia pastoril del *Orlando furioso* de Ariosto, en la que hoy nos llama más la atención en la obra es que el personaje de Belardo es sin lugar a dudas un seudónimo del propio Lope. Que *Belardo el furioso* sea en realidad una burla autobiográfica es lo que salva a la comedia de quedar totalmente oscurecida por la multitud de obras mejores que escribió su autor. La mejor de las comedias pastoriles que compuso Lope para los corrales es en realidad *La Arcadia,* escrita mucho después que las otras (M. y B.: 1610-1615; probablemente 1615), adaptación dramática de una novela pastoril que llevaba el mismo título y que es del propio Lope.

También extrajo argumentos de novelas y poemas caballerescos. Una vigorosa comedia de este género es *La mocedad de Roldán* (M. y B.: 1599-1603), que nos habla del origen familiar, nacimiento, primeras hazañas y amor del futuro héroe Roldán. *Los celos de Rodamonte* (M. y B.: antes de 1596) trata también de Roldán, pero es una obra muy inferior, basada en fragmentos del *Orlando innamorato* de Boiardo y del *Orlando furioso* de Ariosto. Escrita con mucha más habilidad que cualquiera de las dos comedias ya mencionadas es *El marqués de Mantua* (M. y B.: 1598-1603; probablemente 1600-1602), que se inspira en los romances sobre la muerte a traición de Valdovinos, quien muere en brazos del marqués después de revelarle que es pariente suyo. Esta obra está espléndidamente escrita. El lirismo de las escenas de amor entre Valdovinos y su amada, la infanta Sevilla, y el que impregna las premoniciones del funesto destino que espera al héroe, contrasta con enérgica eficacia con las heroicas tonalidades poéticas de la última parte de la obra, del solemne juramento que hace el marqués de tomar venganza de aquel crimen, y del juicio y sentencia de muerte del traidor Carloto. La tensión se prepara y acumula hábilmente de un modo continuo y amenazador a medida que la obra avanza. Ésta es una hermosa y noble tragedia basada en la leyenda, y dentro del contexto de este estudio, nos sirve como tránsito desde la comedia y el teatro ligero de intriga a otros aspectos del arte de Lope, sus obras graves.

Acerca de la supuesta incapacidad de Lope de Vega en el género de la tragedia se han dicho multitud de desatinos. Uno de los tópicos predilectos de la historia de la literatura ha sido el de afirmar que los dramaturgos españoles del siglo XVII no habían podido o sabido escribir verdaderas tragedias, visión miope que está siendo hoy día puesta en tela de juicio[25]. Los autores dramáticos del siglo XVII, siguiendo la teoría renacentista entonces vigente, trataron todos los temas históricos con una seriedad que, por lo común, estaban lejos de conceder a las historias inventadas. El propio Lope dijo en el *Arte nuevo*:

> Por argumento la tragedia tiene
> la historia, y la comedia el fingimiento.

Y la división hecha por Torres Naharro entre «comedias a noticia» y «comedias a fantasía» quizá no fue más que la primera piedra, dentro de la teoría dramática española, de una división fundamental que los autores de los Siglos de Oro tuvieron muy presente entre diferentes clases de intriga: de una parte, temas históricos que debían tratarse con una cierta gravedad, y que son en el fondo variantes de la tragedia, tanto si el desenlace era funesto como si no lo era; de otra, temas inventados que admitían un desarrollo ligero y frívolo, y que solían no ser otra cosa que comedias. A fines del siglo XVII Bances Candamo divide la masa de las llamadas «comedias» de los Siglos de Oro en dos categorías principales, «comedias historiales» y

25. Véanse A. A. Parker, «Towards a Definition of Calderonian Tragedy»; Moir, «The Classical Tradition...»; C. A. Jones, «Tragedy in the Spanish Golden Age», *The Drama of the Renaissance. Essays for Leicester Bradner,* ed. E. M. Blistein, Providence, 1970, págs. 100-107; Edwin S. Morby, «Some observations on *tragedia* and *tragicomedia* in Lope», *HR,* XI, 1943, págs. 185-209; Antonio Buero Vallejo, «La tragedia», en *El teatro, Enciclopedia del arte escénico,* ed. G. Díaz-Plaja, Barcelona, 1958; R. R. MacCurdy, «La tragédie néo-sénéquienne en Espagne au XVIIe siècle...»; R. R. MacCurdy, «Lope de Vega y la pretendida inhabilidad española para la tragedia: resumen crítico», en *Fichter,* páginas 525-535.

«comedias amatorias», diciendo de estas últimas que eran «pura invención o idea sin fundamento en la verdad»; de estos dos grupos solamente distingue lo que él llama «fábulas», obras de tema mitológico, aunque para la mayoría de los dramaturgos del siglo XVII la obra mitológica se trataba de un modo serio, como en el teatro griego, igual que una tragedia[26]. Como un criterio útil pero provisional, las obras de los Siglos de Oro a partir de Lope de Vega pueden clasificarse aproximadamente en tragedias/históricas y comedias/inventadas. Pero la división no puede ser tajante, y hay excepciones. La terminología empleada por los dramaturgos y sus editores a veces induce al confusionismo. Lo más frecuente es que usen un término que hoy resulta a menudo desorientador, «comedia», aunque también utilizaban la palabra «tragicomedia» para designar lo que llamaríamoos con más propiedad tragedia con un final feliz (*tragedia di lieto fine*) y «tragedia» para aludir a la tragedia que tiene un desenlace funesto.

Esto no son sutilezas gratuitas: aquí los términos son importantes, porque orientan nuestra estimativa y por consiguiente nuestra respuesta. Deberíamos ser especialmente prudentes en el uso de lo que Styan ha llamado con justicia «el espúreo término "tragicomedia", que invita a medir una obra simultáneamente con dos criterios muy distintos, sin tener en cuenta que ambos pueden ser inadecuados»[27]. Fuera lo que fuese lo que Guarini y los dramaturgos y teóricos del siglo XVII pensaran de la cuestión, «tragicomedia» es un concepto difícil de definir de un modo satisfactorio. Al igual que Shakespeare, los autores dramáticos españoles del siglo XVII suelen incluir, aunque no siempre lo hagan, elementos cómicos en sus tragedias. En las obras mejores, ello significa por lo común un descanso en dos sentidos, simultáneamente un descanso emocional (relajación temporal de una tensión acumulada) e intelectual o ar-

26. Sobre la clasificación de Bances Candamo, véase *op. cit.*, págs. LXXXVIII-XC, 33-36.

27. J. L. Styan, *The Dark Comedy. The Development of Modern Comic Tragedy*, 2.ª ed., Cambridge, 1968, pág. VI.

tístico (incorporación de una perspectiva cómica a un tema desarrollado desde un punto de vista trágico). También es digno de notarse que aunque estos dramaturgos trataban los temas históricos de un modo grave, no dejaban de tomarse libertades, cambiando detalles para acomodarse mejor a sus propósitos didácticos. Esta libertad de cambiar y adaptar no debe tomarse a la ligera, desdeñándola como una «licencia poética» en el sentido trivial de la expresión. Los «ingenios» del siglo XVII solían alterar los pormenores históricos porque creían, siguiendo a Aristóteles (*Poética,* IX y XXV), que la verdad histórica o particular es inferior a la verdad universal o poética[28]. Las modificaciones que introducían en los detalles de sus fuentes merecen atención porque a menudo era algo hecho de un modo muy consciente para sugerir cuestiones concretas de orden moral, filosófico o político. Lope parece que conocía bien esta doctrina aristotélica, y la aplicó con gran habilidad en varias tragedias excelentes. Lope fue muy diestro en la comedia; pero llegó a sobresalir en la tragedia.

En los Siglos de Oro, la Biblia era indiscutiblemente historia, y Lope escribió muchas obras excelentes sobre temas bíblicos y vidas de santos. Estas obras fueron muy populares. «Comedias a lo divino» y «comedias de santo» a menudo se prestaban a impresionantes efectos escénicos, y las obras religiosas figuraban entre las comedias más notoriamente espectaculares que se representaban en los corrales. Los moralistas opinaban que tales obras eran especialmente escandalosas, ya que a menudo quienes las representaban eran actores profesionales de vida poco ejemplar. A pesar de todo, Lope y otros grandes dramaturgos del siglo XVII al escribir estas obras lo hacían movidos por una intención manifiestamente piadosa, ya que las consideraban como medios de instruir en la doctrina

28. Véase A. A. Parker, «History and Poetry: the Coriolanus theme in Calderón», *Hispanic Studies in Honour of I. González-Llubera,* Oxford, 1959, páginas 211-224; F. Bances Candamo, *op. cit.,* págs. LXXXVI-LXXXVIII, 35, 82; S. H. Butcher, *Aristotle's Theory of Poetry and Fine Art,* 4.ª ed., Nueva York, 1951, págs. 34-37, 96-107, 163-197.

práctica del cristianismo y frecuentemente incluso en ciertas profundidades teológicas. Los corrales podían así enseñar los principios esenciales del cristianismo a algunos espectadores que no iban regularmente a la iglesia. En un país en el cual la gran masa de la población era analfabeta, el teatro popular era sin duda alguna una de las tres grandes fuerzas educativas, siendo las otras dos los cuentistas públicos y la Iglesia.

Las comedias bíblicas de Lope abarcan una gama muy amplia de temas. La costumbre y el decoro imponían una importante limitación a la temática de estas obras. Se consideraba que el personaje de Jesucristo adulto no podía representarse dignamente en los corrales, y por lo tanto las comedias bíblicas, aunque podían utilizar cualquier episodio del Antiguo Testamento, del Nuevo sólo se admitía que dramatizasen el naci miento y la infancia de Cristo. Con todo, Su vida posterior se juzgaba adecuada para tratarse en los autos de Corpus Christi, cuyas representaciones se vigilaban de un modo mucho más severo que las obras interpretadas en los corrales. Lope compuso un extenso ciclo de obras sobre temas procedentes del Génesis y demás libros del Antiguo Testamento. Probablemente fue Lope quien escribió una interesante obra inspirada en los cuatro primeros capítulos del libro del Génesis, *La creación del mundo y primera culpa del hombre,* explicando el concepto del pecado original, sus consecuencias y sus implicaciones morales respecto a la vida cristiana. Como ha demostrado Glaser, el dramaturgo alteró sistemáticamente el texto bíblico para acomodarlo a las exigencias de sus intenciones artísticas y doctrinales, y presenta la tragedia de Caín y Abel como una consecuencia directa de la corrupción de Adán y Eva[29]. Otra impresionante obra que se inspira en el Génesis, ésta atribuible con toda certeza a Lope, es *El robo de Dina* (M. y B.: 1615-1622), sobre la violación de Dina por Siquem

29. Véase Glaser, «La creación del mundo y primera culpa del hombre», *AION, Sez. Rom.,* IV, 1962, págs. 29-56. Morley y Bruerton ponen en duda que Lope fuese el autor de esta obra porque en ella no hay décimas, que son muy importantes en la versificación lopesca a partir aproximadamente de 1596.

y la terrible venganza de los hijos de Jacob. Se trata de un drama intenso y emotivo, con contrastes muy bien intuidos en la caracterización de los personajes. En palabras de Glaser,

> Lope [...] concibe la historia contada por el Génesis como un choque entre una actitud cortesana ante la vida y otra de carácter rural, oposición en torno a la cual construye algunas de sus mejores obras durante el período que coincide poco más o menos con el de la composición de *El robo de Dina.* Los dos sistemas de valores que se enfrentan en el drama bíblico son muy semejantes a los que encontramos en *Fuenteovejuna, Peribáñez y el comendador de Ocaña* y *El mejor alcalde, el rey,* aunque deliberadamente aquí la oposición se presenta de un modo menos agudo, y al recurrir con frecuencia a los elementos sobrenaturales, casi indispensables en una obra religiosa, el conflicto esencial tiende a hacerse más borroso[30].

Pero quizá la más bella de todas las obras bíblicas de Lope es su dramatización del Libro de Ester, *La hermosa Ester* (1610), cuyo manuscrito autógrafo se encuentra en el Museo Británico. Esta obra nos muestra al dramaturgo en su mejor logro de sensibilidad, y entre todas sus comedias muy pocas nos dejan como ésta tan satisfechos estética y espiritualmente, desde el doble punto de vista poético y dramático[31]. Entre las restantes obras de Lope de tema bíblico, son excelentes *Los trabajos de Jacob* (M. y B.: 1620-1630) y *La historia de Tobías* (M. y B.: 1606-1615; probablemente hacia 1609).

De las «comedias de santo» hay tres que destacan. La más sugestiva e impresionante de ellas es *La buena guarda* (1610: autógrafo fechado), que no tiene nada que ver con un santo canonizado. Es una dramatización sencilla pero emocionante (y muy divertida) de la leyenda de la monja que huye con su

30. Véase Glaser, «Lope de Vega's *El robo de Dina*», *RJ,* XV, 1964, páginas 315-334.

31. Sobre esta obra, véase Glaser, «Lope de Vega's *La hermosa Ester*», *Sef,* XX, 1960, págs. 110-135.

amante. Para recompensar su devoción a la Virgen, su ausencia pasa inadvertida, ya que un ángel en representación de la Virgen asume la apariencia de la fugitiva y ocupa su lugar hasta su regreso. Esta obra es una de las mejores entre las muchas que la literatura española ha dedicado al culto de la Virgen María, y, sin duda, la más divertida de todas. *La buena guarda,* aun siendo primordialmente una obra grave, es un buen ejemplo de la capacidad de los españoles ilustrados para tomarse la religión al mismo tiempo en broma y en serio.

La segunda «comedia de santo» de Lope que tiene un interés especial es *El divino africano* (M. y B.: h. 1610). Se trata de una dramatización de la conversión de san Agustín, basada en el relato que hace él mismo en las *Confesiones,* y de sus posteriores milagros. Al final aparece en el Cielo pisando victoriosamente a la Herejía. Menéndez Pelayo opinaba que los dos primeros actos de la obra eran excelentes, pero ponía objeciones al tercero, pues creía que Lope hubiera debido limitarse a la historia de la conversión, ampliada a tres actos[32], procedimiento que, muy posiblemente, no hubiera satisfecho ni a Lope ni a su público. Su punto de vista era que una gran conversión tiene que dar como fruto grandes milagros, y cuando consideramos la obra desde esta perspectiva advertimos su perfecta coherencia tanto desde el doble punto de vista dramático y doctrinal.

La tercera de las «comedias de santo» lopescas que podemos considerar descollantes tiene un interés que desborda en mucho los límites usuales del teatro religioso. Se trata de *Lo fingido verdadero* (M. y B.: h. 1608), que Lope dedicó a su gran discípulo Tirso de Molina. El argumento se refiere a la conversión y martirio, bajo el emperador romano Diocleciano, del actor san Ginés, que los «representantes» y los «ingenios» del teatro de los Siglos de Oro consideraban como su santo

32. Marcelino Menéndez Pelayo, *Estudios sobre el teatro de Lope de Vega,* I, Santander, 1949, pág. 333. Los *Estudios* son una aportación inestimable, aunque muy discutibles desde el punto de vista crítico.

patrón. Pero la obra presenta también la ascensión de Diocleciano de soldado a emperador y la caída de diversos emperadores que reinaron antes que él. Algunos críticos (y especialmente los que quieren indicar que el *Saint Genest* del dramaturgo francés Rotrou es superior a la obra de Lope, que es su fuente principal) han opinado que esta comedia está construida de un modo muy irregular. Sobre todo el primer acto, con las muertes de los emperadores y la ascensión de Diocleciano, del que se ha dicho que no encajaba con el tema principal del drama[33]. Pero estas opiniones se fundan en una noción errónea. El tema central de *Lo fingido verdadero* es la idea filosófica y religiosa del gran teatro del mundo: «todo el mundo es un escenario» en el cual todos los hombres son actores que representan sus cortos papeles durante la vida hasta que son llamados ante Dios para que Él les juzgue según su interpretación[34]. A la luz de esta idea, el primer acto, con sus emperadores que caen uno tras otro en rápida sucesión, como los muñecos de pimpampum en las ferias, tienen una obvia vinculación con el resto de la obra y sirve para subrayar sus enseñanzas morales más importantes. En realidad el drama tiene una construcción magistral. Sus dos casos de «teatro dentro del teatro», perturbados por la sensibilidad de Ginés y su tendencia a dejarse dominar por el papel que representa, están magníficamente concebidos. La obra es vigorosa, aumenta progresivamente de emoción y avanza a un ritmo trepidante. Es superior tanto a la obra de Rotrou (que tiene una intriga secundaria floja y vinculada de un modo apenas significativo con su tema principal) como al famoso auto de Calderón *El gran teatro del mundo*. Pero en *Lo fingido verdadero* no hay sólo la idea de que «todo el mundo es un escenario». En sus dos per-

33. Véase, por ejemplo, Jean Rotrou, *Le véritable Saint Genest*, ed. R. W. Ladborough, Cambridge, 1954, pág. XIV.

34. Véase Antonio Vilanova, «El tema del gran teatro del mundo», *BRABLB*, XXIII, 1950, págs. 157-188 y, sobre todo, 172-174. Véase también Alan S. Trueblood, «Rôle-playing and the Sense of Illusion in Lope de Vega», *HR*, XXXII, 1964, págs. 305-318.

sonajes principales, Diocleciano y Ginés, presenta dos tipos de actor completamente diferentes, y en este contraste el dramaturgo sugiere ideas sobre el arte de la interpretación que son tan sutiles como penetrantes.

Lope escribió otras obras también excelentes, inspiradas asimismo en la historia antigua. La mejor de ellas es *Contra valor no hay desdicha* (M. y B.: 1620-1632; probablemente 1625-1630), sobre el encumbramiento del grandioso y arrogante Ciro de Persia, según Heródoto. Esta comedia está construida con una gran habilidad y nos muestra a Lope en el pináculo de su madurez como poeta dramático. Otra tragedia interesante y vigorosa, aunque no tiene la magistral construcción de las obras antes citadas, es *Roma abrasada* (M. y B.: 1594-1603; probablemente 1598-1600) que trata de Nerón. Séneca, cuya tradición dramática había ejercido una profunda influencia sobre las características de *Roma abrasada,* aparece aquí como personaje. En la obra no faltan brillantes fragmentos poéticos.

Lope escribió también sobre otros temas inspirados por sucesos históricos extranjeros de épocas posteriores. En *La imperial de Otón* (M. y B.: 1595-1601; probablemente octubre de 1598), trató con majestuosidad y una excelente caracterización sicológica de la rebelión de Otón de Bohemia contra el recién elegido emperador Rodolfo. Y hay otra gran obra de Lope sobre acontecimientos de la Europa oriental sucedidos en su propia época, *El gran duque de Moscovia y emperador perseguido* (M. y B.: ¿1606?). En estas y parecidas obras el entretenimiento se combina con reflexiones sobre los derechos y deberes sociales que pueden ser provechosas tanto para los poderosos como para los humildes.

Lope sentía una especial inclinación a extraer lecciones para el presente de la historia pasada de España y Portugal. Escribió numerosas obras sobre temas históricos españoles. En general lo que predicaba era la integridad moral, la fidelidad, el espíritu patriótico, el respeto a la autoridad legítimamente constituida y la esencia y responsabilidades de la nobleza y la realeza[35].

En el breve espacio de que se dispone aquí es imposible hacer un resumen completo de las obras de Lope sobre la historia peninsular y de sus relaciones con la sociedad española y sus problemas desde el penúltimo decenio del siglo XVI hasta 1635. Su temática abarca desde el período visigótico (por ejemplo, *La vida y muerte del rey Bamba,* M. y B.: 1597-1598; *El postrer godo de España,* M. y B.: 1599-1603, quizá 1599-1600) hasta la misma época de Lope, aunque él y sus contemporáneos no podían representar en escena al monarca reinante, y tenían que ser muy prudentes en el modo como trataban a sus inmediatos antecesores. Las fuentes de estas obras históricas, al menos de las que tienen temas anteriores al Renacimiento, son crónicas, leyendas y los romances de tradición oral.

Entre estos dramas, uno de los más bellos es *El bastardo Mudarra* (1612, autógrafo), sobre la trágica leyenda de los Siete Infantes de Lara[36]. Esta obra tiene la riqueza de una trilogía de tragedias griegas compendiada en tres actos. Nos cuenta la totalidad de la leyenda en una intriga escrupulosamente unitaria que se desarrolla por medio de una magnífica poesía heroica y lírica. En el amargo e irónico primer acto, Lope nos muestra los orígenes de la sórdida querella familiar que va a conducir a la matanza de los infantes. Sobre todo, la rencorosa Doña Lambra está espléndidamente caracterizada al incitar a su esposo, Ruy Velázquez, a vengar la afrenta que ella considera un terrible agravio:

> Ponerte fuera mejor,
> en vez del acero limpio,
> aquestas sangrientas tocas
> y aquesta cofia de piños;

35. Véase Menéndez Pelayo, *Estudios,* III-VI. Las intenciones políticas de las comedias de Lope requieren aún más estudios.

36. Véase Eva Rebecca Price, «The Romancero in *El bastardo Mudarra*», *HBalt,* XVIII, 1935, págs. 277-292, 301-310.

crenchas en vez de penachos
rojos, blancos y amarillos;
chapines en vez de espuelas,
y por pendones moriscos
arcas de afeite y color,
y una rueca en vez de filo;
por rótulo tus infamias,
y entre ellas, que Gonzalillo,
el menor de los de Lara,
te ha muerto dos deudos míos,
y con un halcón terzuelo,
que le arrebató atrevido
de la mano a un escudero
que de las montañas vino,
delante del conde, en Burgos,
te cruzó ese rostro lindo,
vertiendo sangre, a su golpe,
boca, narices y oídos.
Vete, y no me veas más,
ni vuelvas a Barbadillo,
pues que sufres en tus barbas
las afrentas que te han dicho.

La segunda jornada alcanza una patética culminación en la escena en que Gonzalo Bustos se lamenta ante las cabezas de sus siete hijos, en una bella glosa del verso de Garcilaso «Ay, dulces prendas, por mi mal halladas». En el tercer acto, que transcurre unos dieciocho años más tarde, el bastardo Mudarra se entera de quién es su padre y de la traición que causó la muerte de sus hermanastros. El joven, que es la viva imagen del benjamín de los siete infantes (probablemente el mismo actor representaba ambos papeles), sale de Córdoba y se dirige a Castilla para tomar una terrible venganza de Ruy Velázquez y de Doña Lambra y llevar su consuelo al anciano Gonzalo Bustos, quien, hallándose ya ciego (lo cual es significativo dentro del simbolismo del honor de la obra) recobra la vista ante la aparición de su hijo y la reparación de su honor gracias a una sangrienta venganza. La obra es una gran tragedia familiar.

Otra impresionante tragedia histórica de Lope es *Las paces de los reyes y judía de Toledo* (M. y B.: 1604-1612, probablemente, 1610-1612). Esta obra trata de los desastrosos e imprudentes amores de Alfonso VIII de Castilla con una judía, Raquel, que le absorben de tal modo que descuida el adecuado gobierno de su reino; la reina, Doña Leonor, exasperada por la infidelidad de Alfonso y por el desgobierno, incita a los nobles leales a asesinar a Raquel, y después de la muerte de la judía, el rey y la reina vuelven a reconciliarse —símbolo de la restauración de la concordia dentro del estado—. Algunos críticos han considerado imperfecta la construcción de *Las paces de los reyes,* juzgando que el primer acto, sobre las «mocedades» de Alfonso, es superfluo y queda desligado del resto de la obra, ya que el rey no conoce a Raquel hasta la segunda jornada. No obstante, como en el caso de *Lo fingido verdadero,* hay una importante razón temática que justifica la inclusión de este primer acto, a simple vista improcedente. En él vemos las cualidades positivas de Alfonso como gobernante, y comprendemos así que poseía grandes virtudes políticas, que era capaz de crear concordia dentro del Estado —concordia que se perturbará con su desastroso proceder después de que haya conocido a la judía—. La clara exposición de este proceso en tres fases, armonía-inarmonía-restauración de la armonía, dentro de la obra es mucho más importante que una construcción defectuosa de la trama, cuya justificación artística queda así establecida. Un tema como éste, tan emotivo e impresionante, y tan vinculado con los problemas centrales del gobierno en una monarquía, hizo que el argumento de *Las paces de los reyes* fuese utilizado en varias ocasiones más por otros dramaturgos. En el siglo XVII Mira de Amescua y Diamante llevaron a cabo importantes versiones dramáticas de esta misma historia. En el siglo XVIII volvemos a encontrar el tema en la mejor obra política de la época, la *Raquel* de García de la Huerta. Y su influencia traspasa incluso las fronteras, ya que la obra de

Lope fue adaptada por Grillparzer en su famoso drama *Die Jüdin von Toledo*[37].

Una de las tragedias mejores y también más sombrías de Lope está inspirada en un episodio de la historia de Portugal. Se trata de *El duque de Viseo* (M. y B.: 1604-1610; probablemente 1608-1609). En ella encontramos también advertencias para gobernantes y reyes. Su tema es la dificultad de administrar justicia cuando tan a menudo las apariencias pueden ser engañosas. El duque, inocente de toda traición, y a pesar de ser un verdadero modelo de fidelidad y patriotismo, se ve perdido por una conjunción de circunstancias, entre ellas las sospechas que inspira al rey de Portugal, la envidia y una serie de coincidencias fatales. Estamos ante una gran tragedia profundamente emotiva[38].

El caos político de España en el siglo XV, antes de que se restableciera el orden en el reinado de los Reyes Católicos, ofreció a Lope y a sus contemporáneos temas para muchas obras sobre la necesidad de la fidelidad, la justicia y la concordia dentro del Estado. Entre estas obras figura la *Fuenteovejuna* de Lope (M. y B.: 1611-1618; probablemente 1612-1614), la más famosa de todas las que escribió y una de sus obras maestras. La fuente de su trama argumental es un fragmento de una crónica de las tres órdenes militares de Santiago, Calatrava y Alcántara, aunque el primer impulso del proceso creativo de la obra quizá se debió a una reflexión de Lope sobre una frase proverbial muy conocida, «Fuenteovejuna lo hizo», o bien a uno de los *Emblemas morales* (Madrid, 1610) de Sebastián de Covarrubias Horozco[39]. La obra cuenta las

37. Véase Arturo Farinelli, *Lope de Vega en Alemania,* Barcelona, 1936, págs. 156-180.

38. Véase la edición de Francisco Ruiz Ramón, Alianza, 26, Madrid, 1966.

39. Véase Duncan Moir, «Lope de Vega's *Fuenteovejuna* and the *Emblemas morales* of Sebastián de Covarrubias Horozco (with a few remarks on *El villano en su rincón*)», en *Fichter,* págs. 537-546. Estudios capitales sobre la obra son M. Menéndez Pelayo, *Estudios,* V, págs. 171-182; C. E. Aníbal, «The historical elements of Lope de Vega's *Fuenteovejuna*», *PMLA,* XLIX, 1934, págs. 657-718; Wardropper, «*Fuenteovejuna: el gusto* and *lo justo*», *SPh,* LIII, 1956, páginas 159-171; Pring-Mill, introducción a Lope de Vega, *Five Plays,* págs. XXII-XXVI,

perturbaciones causadas en el Estado y en la aldea de Fuenteovejuna por Fernán Gómez de Guzmán, un malvado comendador mayor de la Orden de Calatrava, la revuelta de los aldeanos, su pacto de no revelar la identidad de las personas que dieron muerte al tirano, el fracaso de los jueces de los Reyes Católicos, que ni siquiera apelando al tormento consiguen pruebas de la identidad de los responsables, y el perdón final de los aldeanos por el rey Fernando, ya que los culpables no han podido ser identificados por la ley.

En esta obra Lope trata de expresar varias ideas importantes. Una de ellas, en modo alguno la menos importante, se refiere al honor. Los conflictos de honor proporcionaron multitud de situaciones dramáticas al teatro de los Siglos de Oro. No sabemos con exactitud hasta qué punto el teatro reflejaba las preocupaciones reales y los problemas reales de la sociedad española del siglo XVII. El gran número de obras sobre el honor que se escribieron puede dar una impresión falsa de una sociedad obsesionada por una abstracción; y sin embargo es evidente que en esta sociedad existían auténticos problemas de clase, de honra y de dignidad personal. La afirmación que hace Lope en el *Arte nuevo* de que las obras que tratan conflictos de honor «mueven con fuerza a toda gente» sin duda refleja unas preocupaciones reales en el público para el que él escribía. El «código del honor» que se manifiesta en estas obras quizá nunca existió, al menos como tal y en todos sus detalles, en la vida cotidiana de los españoles del siglo XVII, pero estaba compuesto por temores, prejuicios, valoraciones sociales y situaciones legales que sí tenían plena realidad.

El honor, en el sentido estricto de la palabra, es respeto, estima o veneración que se concede a la virtud, al mérito o a una dignidad elevada. Por extensión, honor es una muestra de gratitud que se da a un hombre porque posee estas cualidades. Y el sentido del honor propio es el conocimiento de hasta qué

---

y «Sententiousness in *Fuente Ovejuna*», *TDR,* VII, 1962, págs. 5-37; y ensayos en *El teatro de Lope de Vega,* ed. J. F. Gatti, Buenos Aires, 1962.

punto los demás, y también uno mismo, ha de tener con nosotros el debido respeto. La legislación española, desde la época de los visigodos en adelante, daba abundantes motivos para preocuparse acerca del honor propio. El hombre deshonrado, como decía la ley medieval, «aunque no haya culpa, muerto es cuanto al bien y a la honra de este mundo». En otras palabras, una persona deshonrada, tanto si el deshonor se debía a una culpa suya como si era inocente de él, aunque físicamente siguiera vivo, podía considerarse socialmente muerto. Podía sin embargo recuperar el honor perdido, ya fuera por medios legales, ya por efusión de sangre, ya que dar muerte a quien había quitado la honra, era un procedimiento legalmente aceptable para reivindicarse desde el punto de vista social. Un hombre podía verse deshonrado de muchas maneras; por ejemplo, cuando alguien le acusaba de mentir (el «mentís» se tomaba muy en serio, como una negación de la integridad propia), o bien le abofeteaba, o le tiraba de la barba, o por la infidelidad o violación de la esposa o de la hija. Se aceptaba legalmente que los vínculos familiares implicaban la obligación de vengar el deshonor que se había hecho a cualquier miembro de la familia. El deshonor público debía vengarse públicamente, pero diversas obras teatrales sobre este tema insisten de un modo sensato en que el deshonor que no se ha hecho público debe vengarse secretamente. La ley condonaba la muerte de la esposa infiel y de su amante, y también tendía a condonar los homicidios cuando el adulterio no se había probado pero existían fundadas sospechas. Semejante legislación no dejaba de tener sus motivos razonables, pues los legisladores pensaban en la utilidad de un sistema que daba el honor y lo quitaba como una fuerza cohesiva y consolidativa de la sociedad, y como un freno para el vicio.

Pero el sistema podía caer en graves abusos, y tal vez Lope y otros dramaturgos responsables del siglo XVII se ocupaban más a menudo de estos conflictos por los posibles y probables abusos de este código del honor que por el código mismo. En obras como los vigorosos dramas *Los comendadores de Cór-*

doba (M. y B.: 1596), que termina en un baño de sangre, y *La locura por la honra* (M. y B.: 1610-1612), Lope parece aprobar calurosamente el hecho de dar muerte a la esposa infiel y a su cómplice o cómplices, pero seguramente el dramaturgo consideraba preferible que el marido engañado buscase soluciones menos enérgicas, como la paliza que el caballero de *El castigo del discreto* (M. y B.: 1598-1601) da en la oscuridad a su mujer, quien cree que está siendo golpeada por el galán al que ella adoraba hasta aquel momento[40]. Existía una oposición evidente entre la moral cristiana y el principio según el cual un marido podía matar a la esposa pecadora. Y de hecho es muy posible que la verdadera opinión de Lope acerca de cómo solucionar el problema de la infidelidad de una esposa aparezca en su auto sacramental *La adúltera pecadora,* obra que sin duda alguna tiene un alcance tan social como religioso. Y, de una manera cautelosa y sutil, los dramaturgos del siglo XVII atacan otros abusos del código del honor, tales como el arrebato pasional, los celos injustificados, etc.

Lo que se condena en *Fuenteovejuna* es la convicción aristocrática de que los plebeyos no pueden tener sentido del honor. Fernán Gómez se mofa de los aldeanos:

> ¿Vosotros honor tenéis?
> ¡Qué freiles de Calatrava!

Existían ciertos precedentes medievales de carácter legal y teórico que explican esta actitud despectiva respecto a los plebeyos y la idea de que el honor era una prerrogativa exclusiva de la nobleza. En las *Siete Partidas* de Alfonso el Sabio, por ejemplo, se recomienda a los reyes «amar e honrar» a sus nobles, tanto grandes como modestos, a los sabios, a los ciudadanos (hoy diríamos los burgueses) y a los mercaderes; pero

40. Menéndez Pidal, «Del honor en el teatro español», en *De Cervantes y Lope de Vega,* Austral, 120, Madrid, 1940, etc., págs. 145-173 y, sobre todo, 164-167. Véase también el ensayo de William L. Fichter, «Conjugal honor in the Theatre of Lope de Vega», en su edición de *El castigo del discreto,* Nueva York, 1925, págs. 27-72.

cuando llega al estrato inferior de la sociedad, la ley abandona los términos «amar e honrar» por los de «amar e amparar»:

> E amar e amparar deben otrosí a los menestrales e a los labradores, porque de sus menesteres e de sus labranzas se ayudan e se gobiernan los Reyes, e todos los otros de sus señoríos, e ninguno non puede sin ellos vivir.

¡Su trabajo era imprescindible, pero sin honor! El prejuicio antiplebeyo perdura en obras doctrinales del siglo XVI. Por ejemplo, fray Antonio de Guevara afirmaba que

> La culpa de un rústico en él se acaba, mas la del hidalgo redunda en su generación toda, porque amancilla la fama de los pasados, desentierra las vidas de los muertos, pone escrúpulo en los que agora viven y corrumpe la sangre de los que están por venir.

Sin embargo, entre fines del siglo XVI y mediados del XVII, vemos que se ha producido un cambio en la mentalidad de los intelectuales españoles más conscientes respecto al derecho de los plebeyos a un sentido del honor y de la dignidad. El cambio se admite ya abiertamente hacia 1640 por el erudito Diego Saavedra y Fajardo, quien, al componer un comentario a la ley de Alfonso X en su libro de emblemas *Idea de un príncipe político-cristiano,* afirmó que el rey ha de honrar no sólo a los nobles y grandes ministros, «sino también a los demás vasallos»; en otras palabras, que ha de honrar a todos sus súbditos virtuosos. En el gran teatro del mundo todos los hombres son fundamentalmente iguales; sus rangos o condiciones sociales son totalmente ajenos a su ser esencial. Para los pensadores del siglo XVII la nobleza estribaba más en la virtud que en la posición social. García Valdecasas ha resumido esta óptica de un modo conciso y perspicaz:

> (1) La nobleza consiste tan sólo en la virtud. Donde haya o pueda haber virtud habrá o podrá haber nobleza. Todas las demás condiciones son secundarias.

(2) Un linaje noble no implica nobleza; sólo implica la obligación de ser noble, y, en el mejor de los casos, un margen de confianza: de alguien que es de noble estirpe esperamos una conducta noble.
(3) La virtud se prueba con obras, como el árbol se conoce por sus frutos. En consecuencia todos los hombres son hijos de sus propios hechos.
(4) Las obras consisten en acciones decididas, no en su resultado o éxito[41].

Éste es el punto de vista de Lope de Vega en *Fuenteovejuna,* uno de cuyos objetivos principales es convencernos de que todo hombre o mujer virtuosos, por humilde que sea su posición en la vida, tiene derecho a tener honor y dignidad, a respetarse a sí mismo y a ser respetado por los otros. ¿Quiénes son los nobles según el espíritu en esta obra? Los Reyes Católicos, el regenerado Maestre de Calatrava y los aldeanos de Fuenteovejuna. ¿Quién es el villano principal? El comendador, Fernán Gómez. En las imágenes poéticas de esta obra, que se entretejen de un modo delicado pero colorista, abundan las sutiles alusiones a estas ideas. El comendador llama a Frondoso perro («¡Perro! ¡Villano!»), y Frondoso lo es en el sentido en que el perro es un símbolo de la fidelidad. Pero quien es un perro en el mal sentido de la palabra, un ser ruin, es Fernán Gómez de Guzmán. Las metáforas animales que encontramos en el curso de toda *Fuenteovejuna,* como en un bestiario, deberían ser cuidadosamente estudiadas, ya que son muy significativas. Y el tema del honor de *Fuenteovejuna* no es tan ajeno a las preocupaciones de nuestra época. Los conflictos de honor no son algo exclusivo del siglo XVII o de los países mediterráneos[42].

41. Alfonso García Valdecasas, *El hidalgo y el honor,* 2.ª ed., Madrid, 1958, págs. 9-10.

42. Sobre el honor véanse asimismo Américo Castro, «Algunas observaciones acerca del concepto del honor en los siglos XVI y XVII», *RFE,* III, 1916, págs. 1-50, 357-386, y *De la edad conflictiva,* 2.ª ed., Madrid, 1961; G. Correa, «El doble aspecto de la honra en el teatro del siglo XVII», *HR,* XXVI, 1958, págs. 99-107; C. A. Jones, «Spanish Honour as Historical Phenomenon, Con-

Pero *Fuenteovejuna* no trata tan sólo del honor. Trata también de fuerzas aún más vitales y cohesivas dentro de la sociedad y del universo: la confianza y el amor verdadero. Para este aspecto temático de la obra es capital la discusión entre Barrildo y Mengo en el primer acto sobre la naturaleza del amor. Las palabras de Barrildo

> Sin amor, no se pudiera
> ni aun el mundo conservar

son en realidad el núcleo de los argumentos que Lope nos presenta en el drama. El comendador representa la antítesis del verdadero amor que mantiene unido el universo entero y todo lo que contiene, macrocosmos y microcosmos, en perfecta armonía. Y lo que descubren los aldeanos de *Fuenteovejuna* a medida que avanza la obra, es que hay que confiar unos en otros, y fundir sus intereses individuales y su amor propio en un amor armonioso para con sus semejantes y la comunidad entera. La obra está bellamente ideada y construida desde el doble punto de vista poético y dramático. Abunda en rasgas irónicos y enérgicos, y conoce un majestuoso crescendo que la conduce a dos momentos culminantes, desde el punto de vista emotivo el de la muerte del comendador, desde el punto de vista intelectual el perdón concedido a los aldeanos. Estamos fundamentalmente ante una obra de inspiración cristiana. En torno al comendador hay imágenes diabólicas. Cuando muere sentimos un exultante triunfo religioso. Cuando los aldeanos son perdonados se nos reafirma así la misericordia de Dios, cuyos principales representantes en el Estado son el rey y la reina. He ahí gran teatro, la obra de un verdadero genio.

---

vention and Artistic Motive», *HR,* XXXIII, 1965, págs. 32-39; *Honour and Shame. The Values of Mediterranean Society,* ed. J. G. Peristiany, Londres, 1965. A este libro pertenece el ensayo de J. Caro Baroja, «Honor y vergüenza (examen histórico de varios conflictos populares)», que puede verse en *La ciudad y el campo,* Madrid, 1966, págs. 63-130.

Es posible que *Fuenteovejuna* tienda a eclipsar otras obras admirables sobre temas del honor campesino que escribió Lope. Un estudio comparativo de estas obras y de las ideas que en ellas se exponen puede ser muy provechoso, como ha demostrado el importante libro de Salomon[43]. No obstante, para apreciar debidamente estas obras como teatro, y ésta debería ser nuestro primer objetivo, es aconsejable leer o ver representar cada una de ellas por separado, independientemente de las demás. Sólo entonces podremos paladear su maestría y participar en su emoción. Pero ante todo quizá sea necesaria una advertencia: al leer estas obras el lector no debe confundir la ficción con la realidad. El hambre y la suciedad de la vida real no tienen cabida en estos dramas. La visión que presentan de la vida campesina es arcádica. Proceden de la tradición de la poesía clásica pastoril, y sobre todo del *Beatus ille* de Horacio, del cual encontramos con frecuencia diversas versiones entre sus mejores fragmentos poéticos. En su caracterización y sus temas sociales, no son obras realistas o naturalistas, sino que están acentuadamente idealizadas. Como Salomon ha dicho agudamente, estas obras muestran de un modo simultáneo «un reflet du réel, une négation du réel et une idéalisation du réel»[44]. Es posible que, como conjunto, con su exaltación de las virtudes de la vida campesina contrapuestas a la ruindad y al vicio de la vida ciudadana, Lope escribiera estas obras para los corrales de la capital con fines propagandísticos, formando parte de una campaña destinada a persuadir a los inmigrantes que afluían a Madrid para que volviesen a los campos semidespoblados de Castilla[45]. Pero fueran cuales fuesen sus metas políticas inmediatas, en cuanto teatro no pueden dejar de impresionarnos.

43. Noël Salomon, *Recherches sur le thème paysan dans la «comedia» au temps de Lope de Vega,* Burdeos, 1965.

44. *Ibid.,* pág. 914.

45. Monsieur Aubrun sugirió esta posibilidad en una conferencia inédita pronunciada, con el título de «*Fuenteovejuna* y la realidad histórica española de hacia 1612», en el King's College de Londres, el 14 de marzo de 1963.

Entre estos dramas descuella asimismo *El mejor alcalde, el rey* (M. y B.: 1620-1623), que pertenece también al grupo de las crónicas históricas. Trata del conflicto en que se ve un campesino gallego (de noble linaje, pero venido a menos), cuando su señor, un gran noble que se cree omnipotente en sus dominios, se apodera de su prometida en el curso de la ceremonia de la boda, y en su castillo de barón trata en vano de seducirla. Sancho, el campesino, pide ayuda al propio rey de León en persona. El rey manda al barón una carta ordenándole que ponga en libertad a la muchacha, pero Don Tello, lleno de arrogancia, no hace ningún caso. Sancho reclama por segunda vez al rey, y éste va a enfrentarse con el rebelde ofensor en cuya casa entra diciendo que es el alcalde de Castilla. Don Tello ha forzado a Elvira. Pero la última fuente de la justicia y el honor en León está muy cerca. El desenlace de la obra es a un tiempo un impresionante *coup de théâtre* y un irónico comentario sobre el código del honor. Después de haber revelado su verdadera identidad, el rey ordena a Don Tello que tome la mano de Elvira y hace que se casen allí mismo. Y a continuación el soberano ordena a sus acompañantes que ejecuten a Don Tello. En pocos segundos, una moza campesina desesperada, pobre, deshonrada y por lo tanto no matrimoniable, se convierte en la viuda rica y honorable de un gran noble, que al casarse con Sancho le aportará honor. Con una construcción sencilla pero muy cuidada, con una expresión poética enriquecida con el mismo género de metáforas animales que encontramos en *Fuenteovejuna,* y con un excelente tipo de gracioso, Pelayo, el porquero que todo lo ve en términos de puercos, *El mejor alcalde, el rey* es una de las más interesantes obras de Lope. El drama expresa vívidamente tres grupos de ideas importantes: (1) el ideal de la monarquía como última fuente de honor y justicia en el Estado, y de la responsabilidad personal del monarca en lo que se refiere a hacer justicia a todos sus súbditos (tal vez un comentario irónico al inaccesible e irresponsable Felipe III); (2) la necesidad dentro de la sociedad de dar honor, los reyes a sus súbditos, los señores a sus vasallos; (3) el derecho de toda persona de buena voluntad a la dignidad, al respeto propio y al respeto de los demás.

Por su parte, *Peribáñez y el comendador de Ocaña* (M. y B.: 1605-1612; probablemente 1605-1608) es una de las obras lopescas más líricas y conmovedoras. *Peribáñez* no es una tragicomedia (como algunos la llaman), sino lo que los teóricos neoclasicistas de la época de Lope hubieran llamado una tragedia doble: la tragedia de un labrador de alma noble, Peribáñez, *primus inter pares,* a quien atormenta el descubrimiento de que su joven esposa, a pesar de su virtud, está siendo cortejada por el comendador, y la tragedia del joven comendador en el fondo digno y honrado (no es el caso de Fernán Gómez), que al enamorarse de la hermosa Casilda acarrea su propia muerte a manos de Peribáñez, el plebeyo a quien él acaba de ennoblecer para conseguir sus fines. El valor poético de esta obra es extraordinario; también lo es la caracterización psicológica de Peribáñez, quien de una manera sutil pero impresionante cambia de actitud y de lenguaje cuando deja de ser el noble labrador y se convierte en el labrador ennoblecido[46].

Otra excelente obra sobre la vida campesina y sus virtudes es *El villano en su rincón* (M. y B.: 1611), que presenta el estupendo tipo de Juan Labrador, el campesino digno y sentencioso que se conforma con su suerte y que demuestra una virtud tan firme, que el rey, que ha puesto a prueba su fidelidad de varias maneras, y que envidia su estoicismo, su sosiego y su integridad, termina por ordenarle que acepte un alto y honorífico cargo en la corte. La obra, como ha indicado Bataillon, empieza como una ilustración dramática del tema tradicional del *Menosprecio de corte y alabanza de aldea,* pero más tarde cambia de orientación y termina como una especie de auto sacramental a lo profano ilustrando no el poder de

46. Véase E. M. Wilson, «Images et structure dans *Peribáñez*», *BH,* LI, 1949, págs. 125-159; Victor Dixon, «The Symbolism of *Peribáñez*», *BHS,* XLIII, 1966, págs. 11-24.

Dios, sino la omnipotencia de su representante en la tierra, el rey[47].

Aún falta hablar de las dos mejores tragedias de Lope. Una de ellas es *El caballero de Olmedo* (M. y B.: 1615-1626; probablemente 1620-1625), una obra inquietante que se inspira en un drama anterior del mismo título (quizá de Cristóbal de Morales), en *La Celestina,* de la que es uno de sus más importantes descendientes dramáticos, y en un estribillo popular que se emplea con gran efecto dramático en la tercera jornada:

> Que de noche le mataron
> al caballero,
> la gala de Medina,
> la flor de Olmedo.

Se trata de un drama indiscutiblemente bello y vigoroso, aunque algunos hayan opinado que es desigual de tono y que «empieza como comedia y termina como tragedia». Incluso ha llegado a decirse que Lope no prepara suficientemente y con la debida antelación a su público para la muerte de Don Alonso y que este desenlace se produce casi como por sorpresa. Pero si nos fijamos atentamente en las imágenes poéticas de la obra, veremos que éstas conducen de un modo inevitable a otras conclusiones. El público de Lope, al conocer ya la canción, aludida por el propio título, seguramente esperaría una tragedia. Además, los espectadores cultos por lo menos, cuando cerca del comienzo del acto segundo, el gracioso llama a Don Alonso Calisto y a Inés Melibea, comprenderían que la obra estaba inspirada en *La Celestina,* y que lógicamente debía tener un desenlace tan infeliz como el de su modelo. Pero incluso un lector sensible de nuestra época, aun ignoran-

47. Véase Marcel Bataillon, «*El villano en su rincón*», *BH,* LI, 1949, páginas 5-38, y en su *Varia lección...,* Madrid, 1964. Véase también Bruce W. Wardropper, «La venganza de Maquiavelo: *El villano en su rincón*», en *Fichter,* págs. 765-772; A. Rodríguez, «Los cantables de *El villano en su rincón*», *ibid.,* págs. 639-645.

do la canción y *La Celestina,* ya en los comienzos de la obra ha de sentir una cierta inquietud ante las insinuaciones y los presagios que hay en el texto. Don Alonso prepara con mucha claridad su propia tragedia con una serie de actos arrebatados e imprudentes. Desde su mismo principio en el drama la poesía se refiere cada vez más a los temas de muerte y destrucción, y, bajo el punto de vista expresivo, se acumulan continuamente las imágenes de violencia y los contrastes de vida y muerte, de amor y guerra. El lenguaje de la obra no sólo opone repetidamente la vida y la muerte, sino que empareja una y otra vez amor y muerte. Como tragedia construida con gran habilidad, *El caballero de Olmedo* es una gran obra; como poema dramático de carácter rigurosamente unitario e inquietante, tiene un valor insuperable[48].

Poco antes de su muerte Lope de Vega escribió una tragedia excepcionalmente sombría, irónica y conmovedora, *El castigo sin venganza* (1631: autógrafa). La obra está basada en una *novella* de Bandello que trata de un suceso histórico. En el drama de Lope hay tres protagonistas: el libidinoso duque de Ferrara, su hijo bastardo Federico y una noble joven, Casandra, con la que el duque se casa por razones de estado. Ninguno de estos tres personajes resulta atractivo; sin embargo, casi a pesar nuestro, podemos comprender sus motivos y simpatizar hasta cierto punto con ellos por lo que hacen. Esta vez Lope nos presenta la sordidez moral que ocultan las vistosas apariencias de una gran corte. El duque descuida a su

48. Sobre esta obra véanse I. I. Macdonald, «Why Lope?», *BHS,* XII, 1935, págs. 337-352; Parker, *The Approach...,* págs. 10-12; Pring-Mill en *Five Plays,* págs. XXVIII-XXXI; Marcel Bataillon, *«La Célestine» selon Fernando de Rojas,* París, 1961, págs. 238-250; Everett W. Hesse, «The Rôle of the Mind in Lope's *El Caballero de Olmedo*», *Sym,* XIX, 1965, págs. 58-66; Diego Marín, «La ambigüedad dramática en *El caballero de Olmedo*», *Hisp,* 24, 1965, págs. I-II; Frank P. Casa, «The Dramatic Unity of *El caballero de Olmedo*», *N,* L, 1966, págs. 234-243; Lloyd King, «The Darkest Justice of Death' in Lope's *El caballero de Olmedo*», *FMLS,* V, 1969, págs. 388-394; E. Nagy, *Lope de Vega y «La Celestina»,* México, 1968; Willard F. King, «*El caballero de Olmedo:* Poetic Justice or Destiny», en *Fichter,* págs. 367-379; F. Rico, «*El caballero de Olmedo:* amor, muerte, ironía», en *PSA,* 139, octubre 1967, págs. 38-56.

joven esposa para frecuentar el trato de rameras; luego el Papa le requiere para que vaya a una guerra santa. A su regreso a Ferrara, en su opinión se ha enmendado de su vicio fatal y ahora está decidido a ser fiel a su esposa. Pero una carta anónima le informa de que Casandra se ha vengado de sus antiguos desdenes cometiendo lo que es, técnicamente hablando, un incesto con Federico. Lope ha hecho lo posible por magnificar al duque, convirtiéndole en digna figura central de una tragedia. Cuando el duque reflexiona sobre el contenido de la carta, tiene como una rápida visión, la *anagnórisis* trágica, que le permite comprender súbitamente su propia culpa y la responsabilidad que le incumbe en lo que ha ocurrido:

> El vicioso proceder
> de las mocedades mías
> trujo el castigo, y los días
> de mi tormento, aunque fue
> sin gozar a Bersabé
> ni quitar la vida a Urías.

El duque se asegura secretamente de que la denuncia responde a la verdad, y luego, obrando como él cree que ha de hacerlo el supremo magistrado de Ferrara, y no como un esposo y un padre deshonrados, planea el castigo sin venganza. Valiéndose de un engaño, obliga a Federico a dar muerte a Casandra sin que el joven sepa a quien da muerte, y a continuación Federico es ejecutado públicamente por haber asesinado a la duquesa. El duque queda como condenado a vivir, sabiendo que ha matado al ser que más amaba, su propio hijo[49].

Además de escribir para los corrales, Lope compuso también obras mitológicas y de otros géneros para la Corte, a me-

49. Véanse E. M. Wilson, «Cuando Lope quiere, quiere», *CHA,* 161-162, 1963, págs. 265-298; T. E. May, «L. de V.'s *El castigo sin venganza:* The Idolatry of the Duke of Ferrara», *BHS,* XXXVII, 1960, págs. 154-182; Victor Dixon y A. A. Parker, «*El castigo sin venganza:* Two Lines, Two Interpretations», *MLN,* LXXXV, 1970, págs. 157-166.

dida que los teatros cortesanos se desarrollaron rápidamente durante los reinados de Felipe III y Felipe IV hasta llegar a constituir, a mediados del siglo XVII, el principal centro dramático de toda España, para el cual con los años se escribieron muchas más obras de las que se componían para los teatros públicos[50]. Entre las obras cortesanas de Lope destaquemos *El vellocino de oro,* sobre el tema de Jasón, de la que en 1622 se hizo una costosísima representación en el palacio de Aranjuez; *El amor enamorado,* sobre el mito de Dafne, que se representó en la Corte en 1635; y la comedia pastoril *La selva sin amor,* con partes recitadas y otras cantadas, que se representó ante el rey y la reina en 1629, y que ha sido llamada la primera ópera española[51]. En estas lujosas representaciones se derrochaba dinero, tanto por parte de los nobles como procedente de la bolsa real, con espectaculares y costosos efectos visuales que los corrales nunca hubieran podido permitirse. Tal vez haya que lamentar que Lope muriese cinco años antes de la inauguración, en 1640, del teatro técnicamente más avanzado que hubo en España, el Coliseo, en la nueva residencia real del Buen Retiro, construida por Felipe IV en las afueras de lo que entonces era Madrid. A diferencia de los corrales, el Coliseo tenía telón de boca y decorados pintados a la moda italiana, con un escenario dotado de perspectiva gracias a las bambalinas, telones y demás elementos intercambiables que se deslizaban sobre rieles.

Lope de Vega no tuvo la oportunidad, como la tuvo Calderón, de desarrollar plenamente sus habilidades para el teatro cortesano en el escenario del Coliseo. Debemos recordarle como el mayor genio de los corrales, como el autor que divertía y aleccionaba a su público, y, con obras como *La adúltera perdonada, La venta de la Zarzuela, La siega* y *El pastor lobo y cabaña celestial,* como uno de los grandes creadores del auto sacramental precalderoniano para Corpus Christi, esa comedia

50. Sobre la evolución de los teatros cortesanos y de los géneros dramáticos hasta 1640, véase Shergold, *History,* págs. 236-297.

51. *Ibid.,* págs. 272-274, 225-226, 285, 275-276.

alegórica y devota reducida a un acto, según la ha descrito Flecniakoska[52]. Lope, como dramaturgo, bien merece la descripción que Moltalbán hace de él en su *Fama póstuma*:

> fénix de los siglos, príncipe de los versos, Orfeo de las ciencias, Apolo de las musas, Horacio de los poetas, Virgilio de los épicos, Homero de los heroicos, Píndaro de los líricos, Sófocles de los trágicos y Terencio de los cómicos.

En lo que se refiere a brillantez poética, soltura y originalidad inventiva, el teatro de los Siglos de Oro ya no volvería a tener otro autor de su talla.

52. Flecniakoska, *La formation de l'«auto»...*, pág. 443, y «Les rôles de Satan dans les "autos" de Lope de Vega», *BH*, LXVI, 1964, págs. 30-44. Véase también Wardropper, *Introducción al teatro religioso...*, págs. 275-292.

Capítulo 4

LA ESCUELA DE LOPE DE VEGA

Indudablemente, el número de dramaturgos que escribieron sus obras bajo la influencia de la «comedia nueva» de Lope de Vega fue muy considerable[1]. Los últimos años del siglo XVI y la primera mitad del XVII constituyeron un período en el cual los corrales llegaron a su apogeo, proporcionando así a los españoles una gran fuente de entretenimiento y de instrucción, cuya boga sólo puede compararse adecuadamente con la que conoce el cine en nuestro siglo. El paso de las obras por los corrales era muy rápido: su público estaba ávido de novedades y se cansaba en seguida cuando una comedia duraba más de unos pocos días en escena, por buena que fuese. Existía por lo tanto en este período, e incluso posteriormente (todavía en la segunda mitad del siglo XVII, cuando la mayoría de los autores de talento descubrieron que era más conveniente y provechoso escribir para los teatros cortesanos), una enorme demanda de nuevas comedias y entremeses.

Los dramaturgos respondieron a ella con entusiasmo. Hasta la obra más chapucera podía llegar a representarse durante un par de días si el público dejaba de asistir o exigía algo mejor, y desde luego el afán de lucro no dejaba de contar para

1. Puede tenerse una idea aproximada de su número leyendo a Cayetano Alberto de la Barrera, *Catálogo bibliográfico y biográfico del teatro antiguo español desde sus orígenes hasta mediados del siglo XVIII*, Madrid, 1860; reimpreso en Londres, 1968; Madrid, 1969.

muchos de los llamados «ingenios». De esta época han sobrevivido incontables obras mediocres junto con otras muchas de gran calidad.

Sloman ha comentado:

> La historia del teatro español en el último decenio del siglo XVI y en los dos primeros decenios del XVII es en buena parte la historia de cómo evoluciona una comedia que en principio carece de unidad de acción y que llega a conseguir una perfecta unidad. Las obras de la última fase de Lope tienen unidad dramática, al igual que las mejores de Tirso de Molina y de sus contemporáneos. Pero la mayoría de las comedias escritas, digamos entre 1590 y 1610, tienen una construcción muy floja y descuidada[2].

La mejoría, al menos en parte, puede atribuirse a las demandas de un tipo de público cada vez más exigente. Pero, sin duda alguna, los continuos debates sobre los principios del arte dramático contribuyeron a esta evolución, así como la publicación de una serie de tratados sobre el modo de escribir poesía y teatro dentro de los cuales el *Arte nuevo* de Lope ocupa un lugar descollante, pero que también comprenden dos libros importantísimos de teóricos clasicistas, las *Tablas poéticas* (Murcia, 1617) de Francisco Cascales, y la *Nueva idea de la tragedia antigua, o ilustración última al libro singular de Poética de Aristóteles Stagirita* (Madrid, 1633), de Jusepe Antonio González de Salas[3]. Los escritos sobre teoría dramática de Lope y la misma evolución de su teatro contribuyeron en gran modo a inspirar a otros poetas a escribir buenas obras; ésta es la razón de que sea lícito hablar de la escuela dramática de Lope de Vega, aunque no hay que olvidar que sin duda el maestro aprendió mucho de los discípulos, quizá tanto como ellos aprendieron de él.

2. Albert E. Sloman, *The Dramatic Craftsmanship of Calderón. His Use of Earlier Plays,* Oxford, 1958, págs. 278-279.

3. Véase Moir, «The Classical Tradition...», págs. 193-208, y E. C. Riley, «The Dramatic Theories of Don Jusepe Antonio González de Salas», *HR,* XIX, 1951, págs. 183-203.

Otro importante factor en el desarrollo del teatro popular español de este período fue el orgullo nacional. Los «ingenios» eran plenamente conscientes de la grandeza de España como una potencia internacional y colonizadora, y al parecer estaban también convencidos de que España había producido un teatro que superaba al de los antiguos griegos y romanos, así como al de la moderna Italia. Su justificado orgullo en este aspecto fue un estímulo más para escribir obras cada vez mejores y aparece elocuentemente expresado por varios escritores, entre los que destacan Tirso de Molina en sus *Cigarrales de Toledo* (1621) y el jurista Francisco de Barreda en su interesantísima «Invectiva a las comedias que prohibió Trajano y apología por las muestras» que publicó en su libro *El mejor príncipe Trajano Augusto* (Madrid, 1622)[4]. El orgullo nacional es bien visible en la apología que hace Barreda de la «comedia nueva» de su tiempo:

> Salga hoy al teatro la más graciosa, la más aliñada, la más hermosa comedia de Plauto, la más elegante de Terencio, reducida a nuestra lengua, y tendrá tantos acusadores como ojos la miraren. Acusaránla todos con el ceño de desabrida y mal aliñada, de poco entretenida, porque ha llegado tiempo en que el atrevimiento dichoso de los ingenios de España, adorno de este siglo, la ha engalanado nuevamente, la ha hecho discreta y entretenida, y como abeja que labra dulcísimo panal de la quinta esencia de las flores la ha labrado con los esmaltes de todo género de agudeza, sacando de la filosofía natural lo más sublime; de la moral, lo más prudente; de las historias, la más conforme; de las fábulas descortezadas, lo más provechoso; de la elocuencia, lo más puro. Todo con apacible estilo, desnudo de la severidad y aspereza con que nos la dejaron los antiguos. Finalmente, ha aventajado a las comedias antiguas con las suyas. De manera que ya no parecen aquéllas, sino diseños o sombras de éstas.

4. Véase *Preceptiva*, págs. 182-187, 191-200, y Moir, «The Classical Tradition...», págs. 199-200.

Para Luis de Morales Polo, la comedia española era «un convite que el entendimiento hace al oído y a la vista»[5]. Sería difícil disentir de esta opinión.

El teatro español de la primera mitad del siglo XVII estaba íntimamente mezclado con los problemas políticos contemporáneos[6]. Tras la muerte en 1598 de Felipe II, que había consagrado su vida casi con un exceso de escrupulosidad a los deberes del Estado, sus sucesores, empezando con el indolente Felipe III, delegaron las tareas del gobierno en favoritos. El favorito, llamado «privado» o «valido», bajo los débiles monarcas del siglo XVII llegó a ejercer un gran poder: Olivares fue durante muchos años quien rigió prácticamente España Sin embargo, el sistema de validos nunca fue popular en la España del siglo XVII. Los problemas de si el rey tenía derecho a elegir un favorito, si era beneficioso para él que lo tuviera, y cuáles podían ser las funciones propias de un favorito real, se debatieron apasionadamente en el curso de este siglo De hecho estamos ante los problemas políticos cruciales de esta época[7], y el teatro popular de la primera mitad del siglo llevó estos debates sobre «la privanza» a la escena, dando así origen a un considerable número de obras que trataban de la ascensión y la inevitable caída de los validos reales. El propio Lope de Vega quizá fue el iniciador de este tipo de obras con *Los Guzmanes de Toral* (M. y B.: 1599-1603, suponiendo que la obra sea efectivamente de Lope) o con *Las mudanzas de fortuna* (M. y B.: 1597-1608). Las obras de Damián del Poyo tituladas *La próspera fortuna de Ruy López d'Ávalos el bueno* y su continuación *La adversa fortuna de Ruy López...* se representaron en los corrales ya en 1605, y Lope y sus contem-

5. Luis de Morales Polo, *Epítome de los hechos y dichos del Emperador Trajano,* Valladolid, 1654, pág. 61*r,* en M. Menéndez Pelayo, *Historia de las ideas estéticas en España,* II, Santander, 1947, pág. 316 n.

6. Este punto se demostró cumplidamente en la tesis doctoral inédita de sor Mary Austin Cauvin, O. P., *The «Comedia de privanza» in the Seventeenth Century,* Universidad de Pennsylvania, 1957.

7. Véase Francisco Tomás Valiente, *Los validos en la monarquía española del siglo XVII (estudio institucional),* Madrid, 1963.

poráneos siguieron escribiendo muchos agudos comentarios dramáticos sobre diversos aspectos de la privanza. Obras de este género que merecen una atención especial son *El arpa de David, No hay dicha ni desdicha* y *La segunda de don Álvaro* (*La adversa fortuna de don Álvaro de Luna*), de Antonio Mira de Amescua; *Privar contra su gusto,* de Tirso de Molina; *Cumplir con su obligación,* de Juan Pérez de Montalbán; *El conde don Pero Vélez* y *El gran Jorge Castrioto,* de Luis Vélez de Guevara, y *Ganar amigos, Los favores del mundo, La amistad castigada* y *Los pechos privilegiados,* de Juan Ruiz de Alarcón y Mendoza. Incluso Quevedo contribuyó a este importantísimo subgénero dramático con una comedia dramáticamente mediocre, pero interesante desde el punto de vista político, *Cómo ha de ser el privado.* Las «comedias de privanza» parecen abundar de un modo especial en el período comprendido entre 1604 y 1635, el año de la muerte de Lope, pero siguieron componiéndose mucho después de esta última fecha. Una de las comedias de este tipo más interesantes, aunque el tema aparece de una manera hábilmente velada, es la obra maestra de Bances Candamo, *El esclavo en grillos de oro* (1692).

Valencia fue uno de los grandes centros de esta comedia en expansión, y a finales del siglo XVI y comienzos del XVII floreció la escuela teatral valenciana, que dio, entre otras, dos figuras de dramaturgos menores pero bien dotados, Gaspar de Aguilar (1561-1623) y el doctor Francisco Tárrega, que fue canónigo de la catedral de Valencia. Pero el mejor de los autores valencianos, y uno de los de más talento de entre los de la generación y la escuela de Lope, fue Guillén de Castro y Bellvís (1569-1631), quien empezó escribiendo en su ciudad natal y más tarde se trasladó a Madrid. Sus obras más famosas son las dos que escribió bajo el título de *Las mocedades del Cid, Primera parte* y *Segunda parte,* inspiradas en los ciclos de romances que trataban las leyendas del gran héroe nacional, y que se publicaron en 1618.

La primera de estas dos obras presenta con dignidad y

viveza el conocido episodio apócrifo de la riña que por el momento impide que Rodrigo, que acaba de ser nombrado caballero, se case con la bella Doña Ximena. El padre de la joven, el Conde Lozano, abofetea públicamente al padre de Rodrigo, Don Diego, movido por la envidia al ver que éste ha sido designado tutor del hijo del rey. Don Diego es demasiado anciano para vengarse por sí mismo y confía a Rodrigo la misión de vengarle. Rodrigo se siente dividido entre el deseo de limpiar el honor de la familia y su amor por la hija del hombre a quien ha de dar muerte. No obstante, se sobrepone a sus sentimientos y mata al conde. A pesar de su amor por Rodrigo, Ximena pide que se le juzgue; pero, aunque él suplica a su amada que le mate con sus propias manos, la joven es incapaz de asestar el golpe mortal. En el curso de una intriga bien ideada que desarrolla con habilidad las torturas mentales y emocionales de la pareja protagonista, Rodrigo da muerte al paladín de Ximena, quien finalmente accede a casarse con él. Esta obra fue la fuente de *Le Cid* (1636) de Corneille y la crítica francesa tiende a menudo a subestimar la obra de Castro con objeto de dar aún más realce a la de Corneille. Sin embargo es probable que los estudiosos más imparciales se sientan más inclinados a reconocer las excelencias de ambas dentro de las diferentes tradiciones dramáticas que les dieron origen. La primera parte de *Las mocedades del Cid* es un excelente drama de carácter épico, en el que abundan pasajes de una magnífica poesía dramática y lírica. La *Segunda parte* queda un tanto oscurecida por la anterior, pero no defrauda a quien le dedica su tiempo[8].

Otras obras notables de Guillén de Castro son otro vigoroso drama épico, *El conde Alarcos;* tres comedias basadas en obras de Cervantes: *Don Quijote de la Mancha, La fuerza de la sangre* y *El curioso impertinente,* y una impresionante tragedia familiar, *El amor constante,* que termina con una justi-

8. Sobre la técnica poética de Castro, véase E. Juliá Martínez, «La métrica en las producciones dramáticas de Guillén de Castro», *AUM,* III, 1934, páginas 62-71.

ficación del tiranicidio que armoniza perfectamente con las teorías políticas de los pensadores españoles del siglo XVI, aunque los dramaturgos políticos de mediados del siglo XVII se abstienen prudentemente de proponer el regicidio como una solución lícita para los problemas políticos de una nación[9]. En conjunto, Guillén de Castro ofrece un intenso dramatismo y conflictos psicológicos y emotivos, pero tiene también su vertiente ligera, y era capaz asimismo de escribir deliciosas comedias de capa y espada llenas de ingenio como *El Narciso en su opinión* y *Los mal casados de Valencia.*

Diego Jiménez de Enciso (1585-¿1634?) fue otro «ingenio» que descolló en temas de gran intensidad dramática. La obra suya más famosa en su tiempo fue *Los Médicis de Florencia,* de la que Pérez de Montalbán, en su *Para todos* (1632), dijo que «ha sido pauta y ejemplar para todas las comedias grandes». Se trata de una tragedia noble y grandiosa sobre el cobarde y traicionero asesinato de Alejandro de Médicis por su primo Lorenzo. Otro excelente drama de Enciso es *El príncipe don Carlos,* uno de los primeros intentos de dramatizar la tragedia del perturbado hijo de Felipe II, su tentativa de unirse a la rebelión de Flandes contra su padre y la Corona española, la obligada decisión del rey de recluirle en sus aposentos, y su muerte ocurrida durante esta reclusión en 1568. Muchos críticos opinan que ésta es la obra maestra de Enciso. Es un drama magistralmente concebido, que alcanza una particular intensidad en sus contrastes de caracterización psicológica, y un buen ejemplo de la aplicación del principio aristotélico de la superioridad de la verdad universal o poética sobre la verdad histórica. Al final, cuando todo el mundo cree que Don Carlos ha muerto, revive milagrosamente gracias a san Diego de Alcalá, tiene una visión de los descendientes de su padre hasta el primer matrimonio de Felipe IV, y, llamando al rey, jura humildemente que se arrepiente de sus culpas y

9. Sobre esta obra, véase José María Roca Franquesa, «Un dramaturgo de la Edad de Oro: Guillén de Castro: Notas a un sector de su teatro», *RFE,* XXVIII, 1944, págs. 378-427.

que en el futuro enmendará su vida. *El príncipe don Carlos* ilustra de un modo particularmente claro la afirmación de Bances Candamo de que «la historia nos expone los sucesos de la vida como son, la comedia nos los exorna como debían ser, añadiéndole a la verdad de la experiencia mucha más perfección para la enseñanza»[10]. El drama de Enciso sobre Don Carlos y su padre es sin duda la mejor de las numerosas obras teatrales que posteriormente se escribieron sobre este tema en diversos países de Europa. En dignidad y en finura de caracterización *El príncipe don Carlos* es mejor que el *Don Carlos* de Schiller y sólo se ve superado por la ópera de Verdi[11].

Otro autor digno de mención dentro de este período es el protegido y biógrafo de Lope de Vega, el doctor Juan Pérez de Montalbán (1602-1638). Hoy día Montalbán es conocido sobre todo por la *Fama póstuma* y por la miscelánea de prosa, poesía y teatro, a la manera del *Decamerón* de Boccaccio, el *Para todos,* que se publicó en 1632 y que a partir de entonces se reimprimió numerosas veces, llegando a ser uno de los libros españoles más populares del siglo XVII, tanto en España como en otros países[12]. La vida de Montalbán fue trágica. Poco después de cumplir treinta años, ante la desesperación de sus amigos y admiradores, sufrió una enfermedad mental que le redujo a un estado de infantilismo. En 1637, cuando se publicó la *Segunda parte* de las comedias de Montalbán, debía ya de encontrarse demasiado enfermo para vigilar su preparación para la imprenta y tres de las obras que figuran en el libro no parecen ser suyas[13]. Las obras de Montalbán

10. *Op. cit.,* pág. 82. Véase también anteriormente, pág. 100 y n. 28.

11. Sobre Enciso, véase Cotarelo y Mori, «Don Diego Jiménez de Enciso y su teatro», *BRAE,* I, 1914, págs. 209-248, 385-415, 510-550.

12. Véase Victor Dixon, «Juan Pérez de Montalbán's *Para todos*», *HR,* XXXII, 1964, págs. 36-59. El libro contiene una interesantísima serie de comentarios sobre dramaturgos contemporáneos titulada *Memoria de los que escriben comedias en Castilla solamente.*

13. Véase Dixon, «Juan Pérez de Montalbán's *Segundo tomo de las comedias*», *HR,* XXIX, 1961, págs. 91-109. Una de las obras que se incluyen equivocadamente en esta recopilación es *El sufrimiento premiado,* de Lope (véase, anteriormente, págs. 83, 96). El mejor estudio sobre Pérez de Montalbán es la tesis

que hoy son más conocidas son las que Mesonero Romanos reimprimió en el siglo XIX[14]. Montalbán escribió tres obras sobre Felipe II, y la mejor, y una de las mejores de toda su producción dramática, es *El segundo Séneca de España, y príncipe don Carlos,* para la cual escribió una segunda parte. Una de sus comedias más animadas es un drama novelesco, *No hay vida como la honra,* que al parecer fue extraordinariamente popular en su época. También escribió una obra muy elogiada, *De un castigo dos venganzas,* insólito drama de honor en el cual la esposa adúltera y su amante mueren, no a manos del marido, sino de una mujer desdeñada por el amante; esta comedia tal vez es una parodia de una obra de su antiguo amigo, más tarde enemigo suyo, Jerónimo de Villaizán y Garcés[15]. Montalbán compuso también, como era de esperar en un teólogo, buenos autos sacramentales. Uno de ellos es el *Auto Escanderbech,* «refundición a lo divino» de una de sus propias «comedias de privanza», *El príncipe Escanderbey.* Otro es el *Auto de Polifemo,* que, al igual que el *Escanderbech,* fue atacado por otro de sus enemigos, Quevedo. Los ataques de Quevedo al *Auto de Polifemo* son malignos e injustos: la obra es una alegoría de concepción muy hábil, que tiene notables valores tanto desde el punto de vista dramático como poético[16].

Uno de los contemporáneos de Lope que alcanzaron más éxito, y también uno de los más próximos a él en espíritu poético y dramático, fue Luis Vélez de Guevara (1579-1644). Hoy

---

inédita de Dixon, *The Life and Works of Juan Pérez de Montalbán, with Special Reference to his Plays,* Cambridge, 1959-1960. Véase también George W. Bacon, «The *comedias* of Dr. Juan Pérez de Montalbán», *RH,* XVII, 1907, págs. 46-65, y «The Life and Dramatic Works of Dr. Juan Pérez de Montalbán», *RH,* XXVI, 1912, págs. 1-474.

14. BAE, LV, págs. 477-604.

15. Véase Dixon, «Juan Pérez de Montalbán's *Para todos*». Para Villaizán, véase Dixon, «Apuntes sobre la vida y obra de Jerónimo de Villaizán y Garcés», *Hisp,* 13, 1961, págs. 5-22.

16. Véase Glaser, «Quevedo versus Pérez de Montalbán: the *Auto del Polifemo* and the Odyssean Tradition in Golden-Age Spain», *HR,* XXVIII, 1960, págs. 103-120.

día se le recuerda sobre todo por su novela satírica *El diablo cojuelo*[17], pero fue también un fecundo dramaturgo, que trató con preferencia temas históricos y heroicos, con frecuencia vistos con el mismo espíritu satírico que admiramos en su novela, y con un sentido dramático particularmente intenso. La más famosa de sus obras, *Reinar después de morir,* es una impresionante dramatización de la tragedia y coronación póstuma de Inés de Castro[18]. Una de las cualidades más atractivas de Vélez de Guevara como dramaturgo es su vigorosa utilización del melodrama, de la atrocidad y de la violencia, lo que es perceptible tanto en aquella como en su tragedia *La serrana de la Vera,* basada en una comedia de Lope que lleva el mismo título. La protagonista del drama de Vélez es Gila, un extraordinario ejemplo de un interesante tipo de personaje del teatro de los Siglos de Oro, la «mujer varonil». Gila es una campesina feminista que posee una desusada fuerza muscular y que se rebela contra la idea del matrimonio porque opina que éste degrada a su sexo. Pero su deseo de encumbrarse hace que sea fácilmente seducida por un capitán que le da promesa de matrimonio. Abandonada por el seductor, Gila jura entonces vengarse de él, se hace bandolera y mata a dos mil hombres antes de que por fin caiga en sus manos el capitán y ella le arroje por un precipicio. A pesar de todo, a su arrogante feminismo no se le permite triunfar en el desenlace, ya que Gila es condenada y ejecutada[19]. Otras obras excelentes de Luis Vélez de Guevara son *El rey en su imaginación, La luna de la sierra, Más pesa el rey que la sangre, El privado perseguido, El ollero de Ocaña* y *El diablo está en Cantillana.*

Otros dos discípulos de Lope de Vega, menos importan-

17. Véase Jones, *op. cit.*
18. Véase, anteriormente, pág. 61.
19. Sobre esta obra, véase Melveena McKendrick, «The *bandolera* of Golden-Age Drama: a Symbol of Feminist Revolt», *BHS,* XLVI, 1969, págs. 1-20. Sobre Luis Vélez de Guevara en general, véanse Cotarelo y Mori, «Luis Vélez de Guevara y sus obras dramáticas», *BRAE,* III, 1916, págs. 621-652; IV, 1917, págs. 137-171, 269-308, 414-444; F. E. Spencer y R. Schevill, *The Dramatic Works of Luis Vélez de Guevara,* Berkeley, 1937.

tes, pero con todo no carentes de interés, fueron Luis de Belmonte Bermúdez (¿1587-1650?) y el infortunado escritor de origen judío Felipe Godínez. A Belmonte se le recuerda principalmente por un excelente drama religioso que probablemente escribió, *El diablo predicador,* en el que Lucifer desempeña un papel poco habitual. Esta obra es una refundición de otra anterior, titulada *Fray Diablo,* y que se ha atribuido a Lope[20]. La tradición también atribuyó a Belmonte otra obra, *La renegada de Valladolid,* que en realidad compuso con la colaboración de Moreto y Martínez de Meneses[21]. Godíñez, cuyas mejores obras son dramas religiosos, sobre todo con temas del Antiguo Testamento (*Los trabajos de Job, o la paciencia en los trabajos; Judit y Olofernes; Amán y Mardoqueo*), fue juzgado por la Inquisición, acusado de seguir practicando en secreto la religión judía[22].

Un dramaturgo de mucho más talento que los anteriores fue Juan Ruiz de Alarcón y Mendoza (¿1581?-1639). Natural de México y jorobado, no encajó fácilmente en la sociedad española, que era tan dada a la patriotería como propensa a mofarse de los defectos físicos. Hombre de gran inteligencia, orgulloso y sin duda a menudo amargado por las burlas de los que rivalizaban con él para conseguir la fama literaria en Madrid, en muchas de sus obras demostró ser un agudo crítico de la sociedad española, en especial de los ambientes de la nobleza. Sus obras poseen una acentuada gravedad y unas inten-

20. Véase la introducción a la traducción francesa de Léo Rouanet, *Le Diable Prédicateur,* París y Toulouse, 1901; Morley y Bruerton, *Cronología,* páginas 468-469.

21. Véase Juliá Martínez, *La renegada de Valladolid, BRAE,* XVI, 1929, págs. 672-679. La obra es una dramatización de un pliego de cordel; véase E. M. Wilson, «Samuel Pepys's Spanish Chap-books», *TCBS,* II, 3, 1965, número 23/163, págs. 237-238.

22. Sobre Belmonte, véase W. A. Kincaid, «Life and Works of Luis de Belmonte Bermúdez (¿1587?-¿1650?)», *RH,* LXXIV, 1928, págs. 1-260. Sobre Godínez, Adolfo de Castro, «Noticias de la vida del Dr. Felipe Godínez», *MRAE,* VIII, 1902, págs. 277-283; Menéndez Pelayo, *Historia de los heterodoxos españoles,* IV, Santander, 1947, pág. 323; Cecil Roth, *A History of the Marranos,* Nueva York, 1959; reimpresión de la ed. de 1932, págs. 383, 397.

ciones morales que no siempre encontramos en las de sus contemporáneos. Muchas de sus comedias son dramas de tesis destinados a combatir vicios sociales. Su objetivo era evidentemente despertar las conciencias dormidas, pero a veces su teatro no acierta a gustar, a pesar de la calidad de su versificación. Sus obras corren el riesgo de parecer pedantes, y en este caso no logran el objetivo de «deleitar aprovechando». Es posible que la seriedad de Alarcón le hiciera desdeñar estos atractivos.

La comedia más célebre de Alarcón es *La verdad sospechosa,* que empieza de un modo divertido, se va ensombreciendo progresivamente y termina con una clara nota de amargura. El argumento trata de las andanzas de un embustero habitual, y, finalmente, tras una regocijante sucesión de vicisitudes, asistimos a su fracaso, ya que se ve obligado a casarse con una joven a la que no ama. Lo que más nos llama la atención en esta obra, sobre todo cuando la comparamos con una comedia mucho menos ásperamente moralizadora, *Le menteur,* en la que Corneille se inspiró en el autor español, es la gravedad de la censura de Alarcón. Para él mentir es negar la nobleza y el honor; y cuando leemos *La verdad sospechosa* empezamos a comprender mucho mejor que antes el ideal que hay detrás del tradicional «mentís» como causa de deshonra. En la obra, encolerizado por la conducta de su hijo, el padre del mentiroso de noble condición, nos da en unos versos sarcásticos e impresionantes una elocuente formulación de los verdaderos principios del honor:

Don Beltrán ¿Sois caballero, García?
Don García Téngome por hijo vuestro.
Don Beltrán ¿Y basta ser hijo mío
para ser vos caballero?
Don García Yo pienso, señor, que sí.
Don Beltrán ¡Qué engañado pensamiento!
Sólo consiste en obrar
como caballero, el serlo.
¿Quién dio principio a las casas

nobles? Los ilustres hechos
de sus primeros autores.
Sin mirar sus nacimientos,
hazañas de hombres humildes
honraron sus herederos.
Luego en obrar mal o bien
está el ser malo o ser bueno.
¿Es así?

Don García Que las hazañas
den nobleza, no lo niego;
mas no neguéis que sin ellas
también la da el nacimiento.

Don Beltrán Pues si honor puede ganar
quien nació sin él, ¿no es cierto
que por el contrario, puede,
quien con él nació, perdello?

Don García Es verdad.

Don Beltrán Luego si vos
obráis afrentosos hechos,
aunque seáis hijo mío,
dejáis de ser caballero.
Luego si vuestras costumbres
os infaman en el pueblo,
no importan paternas armas,
no sirven altos abuelos.

Pero García no aprende esta lección, y en consecuencia es merecida pero severamente castigado con una vida de pesadumbre y de frustración de sus deseos.

En *Las paredes oyen* Alarcón fustiga la maledicencia, uno de los vicios perpetuos de las sociedades cerradas. Se ha dicho no sin razón que esta comedia contiene al menos en parte un autorretrato del autor en el personaje de Don Juan, un jorobado pobre pero noble, que acaba por triunfar sobre su rival en amor, Don Mendo, el apuesto y rico maldiciente, porque la dama a cuya mano ambos aspiran prefiere el hombre verdaderamente honorable al vicioso. En *Los pechos privilegiados* el dramaturgo presenta su ideal de lo que debería ser el privado de un rey, fiel a su monarca incluso en las circunstancias más difíciles... un ideal que no siempre se realizaba en el siglo XVII. *La prueba de las promesas,* basada en un cuentecillo medieval, cuenta con ingenio satírico la historia de un hombre que no cumplía la palabra dada.

Todas las obras de Alarcón tienen una construcción muy cuidada y todas son de carácter moral y reflexivo. Las que no censuran defectos morales, presentan ideales aristocráticos de integridad moral. *Ganar amigos* es el ejemplo más adecuado de ese tipo de obras: aquí las ofensas se perdonan porque el ofendido comprende la inconmovible integridad de su ofensor. Y Alarcón no siempre era áspero y destemplado en sus juicios. En *No hay mal que por bien no venga,* un hombre perezoso y otro perpetuamente endeudado descubren que en el fondo de su corazón son en realidad idealistas y patriotas. El temperamento de Alarcón no era lírico ni sentimental, y nunca nos eleva a las cumbres de emoción que percibimos en muchas obras de Lope. Pero era un gran idealista; y su ferviente idealismo y el esmero de su arte dramático nos anuncia el teatro acentuadamente idealista y de construcción tan cuidada que es propio de la segunda mitad del siglo XVII.

Antonio Mira de Amescua (¿1574?-1644) es otro dramaturgo que prefigura el teatro de años posteriores, pero de una manera completamente distinta a la de Alarcón. En la mayor parte de sus comedias está lejos de mostrar la cuidadosa escrupulosidad de oficio del mejicano; la verdad es que sus intrigas suelen ser desordenadas, aunque exuberantes y con abundancia de situaciones efectistas. A pesar de todo, Mira de Amescua, que como otros muchos dramaturgos del siglo XVII fue clérigo y como varios otros doctor en teología, empezó a mostrar en muchas de sus obras una riqueza de contenido temático y simbólico que apunta ya hacia la unidad temática, compleja pero coherente, de las mejores obras de la escuela calderoniana. La masa de la producción dramática de Mira de Amescua aún no ha sido estudiada con suficiente comprensión. La incoherencia de la acción, en las obras de un autor dramático inteligente del siglo XVII (y Mira de Amescua era sin duda alguna muy inteligente), puede ser deliberada, con objeto de provocar una reflexión acerca de los motivos que han inducido al dramaturgo a presentar las cosas de este modo; y la incoherencia de la acción puede ser también una invitación a buscar una oculta coherencia de tema. Mira de Amescua también anticipa el estilo de la escuela calderoniana al mezclar en su teatro el lenguaje poético directo de la escuela de Lope, con la expresión más complicada, gongorina, que acabará culminando en las obras de madurez de Calderón.

La mejor obra de Mira de Amescua, *El esclavo del demonio,* es un magnífico ejemplo de cómo una intriga enormemente complicada, con una extraordinaria riqueza y diversidad de incidentes, puede apuntar de un modo claro y coherente a una serie de cuestiones de orden moral y doctrinal. Escrito antes de 1612, este drama es un importante precedente de las grandes obras religiosas de años posteriores, tales como *El condenado por desconfiado,* de Tirso de Molina, y *La devoción de la Cruz* y *El mágico prodigioso,* de Calderón. Es una vigorosa e impresionante contribución española a las leyendas que comprenden la tradición de Fausto en la literatura europea. Don Gil, el ascético canónigo de Coimbra, que predica a los demás

> Busca el bien, huye el mal, que es la edad corta,
> y hay muerte y hay infierno, hay Dios y hay gloria,

cae en el pecado de la lujuria, goza a una muchacha, Lisarda, fingiendo que es su amante, y se rebela contra su propio ascetismo, huyendo con ella a las montañas, donde ambos se hacen bandoleros. En el curso de sus andanzas, Don Gil ve a la hermana de Lisarda, Leonor, se enamora de ella, y hace un pacto con el Demonio para convertirse en su esclavo a cambio de que pueda poseer a Leonor. Pero lo que Gil estrecha entre sus brazos no es Leonor, sino un esqueleto. Entonces se queda aterrado, creyéndose perdido, pues por fin comprende verdaderamente lo que significa para él ser esclavo del Demonio. Pero su ángel de la guarda le salva, y de este modo puede predicar sobre su penitencia y la misericordia de Dios, y el alma de Lisarda se salva también[23].

Entre otras obras interesantes de este dramaturgo, hay dos que tienen una importancia especial. Se trata de *La próspera fortuna de don Álvaro de Luna,* que se imprimió por vez primera en la *Segunda parte* de Tirso de Molina, pero que en estos últimos tiempos se ha atribuido a Mira de Amescua con argumentos convincentes, y una obra que escribió con toda certeza, *La adversa fortuna de don Álvaro de Luna* (*La segunda de don Álvaro*), continuación de la obra anterior. Son dos excelentes tragedias que constituyen al mismo tiempo notables ejemplos de las «comedias de privanza» destinadas a aconsejar a los reyes y a sus favoritos[24]. Aunque es más conocido por sus comedias religiosas y sus autos sacramentales (*Pedro Telonario, La jura del príncipe*), por la aguda intuición del enfrentamiento entre el amor divino y los impulsos de la carne, de la inevitabilidad de la caída del hombre que ha sido encumbrado por la suerte, este dramaturgo predominantemente grave, era capaz de escribir de un modo ligero y componer ágiles y deliciosas comedias como *La Fénix de Salamanca, No hay burlas con las mujeres* y *La tercera de sí misma.*

Como ha demostrado Flecniakoska, el auto sacramental conoció un gran desarrollo en el período que va hasta la muerte de Lope en 1635. Tomó de la comedia procedimientos métricos y dramáticos, se hizo más refinado y más hábil en su contenido alegórico y doctrinal, y cada vez más efectivo en la manera como el argumento de cada obra conducía lógicamente a la exaltación de la Eucaristía en la gozosa festividad del Cor-

23. Sobre esta obra, véase el prólogo de Ángel Valbuena a su edición en CC, 70, Madrid, 1943; Melveena McKendrick, *art. cit.*

24. Véase Margaret Wilson, «*La próspera fortuna de don Álvaro de Luna:* an Oustanding Work by Mira de Amescua», *BHS,* XXXIII, 1956, págs. 25-36. Sobre Mira de Amescua, véanse también Cotarelo y Mori, «Mira de Amescua y su teatro», *BRAE,* XVII, 1930, págs. 467-505, 611-658; XVIII, 1931, páginas 7-90; Claude E. Anibal, *Mira de Amescua* (edición de *El arpa de David* y otras notas), Columbus, Ohio, 1925; Flecniakoska, «*La jura del príncipe,* auto sacramental de Mira de Amescua, et l'histoire contemporaine», *BH,* LI, 1949, págs. 39-44.

pus Christi[25]. Una notable aportación a este desarrollo fue la del poeta religioso José de Valdivieso (?-¿1638?), algunos de cuyos autos son extremadamente bellos (por ejemplo, *El hospital de los locos, La amistad en el peligro, El peregrino*)[26]. En una época tan exuberantemente creativa como ésta, no es sorprendente que las formas dramáticas menores también tuvieran un notable desarrollo. El entremés sobre todo alcanzó su apogeo en la primera mitad del siglo XVII. En el reinado de Felipe III se produjeron dos innovaciones radicales en este género: la utilización habitual del verso en vez de la prosa y la boga del «entremés de figuras», que se caracterizaba por sus personajes caricaturescos. Asensio escribió en un estudio decisivo:

> En los días de Felipe III se desplaza el centro de gravedad del entremés. Mientras Lope de Rueda se concentra sobre la visión cómica de un personaje en acción, procurando armonizar la vida del personaje y el despliegue de la acción, sus seguidores se interesaron con exceso por el movimiento y la sorpresa que culmina en el chasco o burla final. A comienzos del XVII empieza a dominar el retratismo, la pasión de describir y clasificar la fauna social vieja y nueva. La anécdota se convierte en mero pretexto para un desfile de entes ridículos que, con vocablo nacido en el tablado y apropiado para la calle, se llamaban «figuras». Unas heredadas, otras remozadas, la mayoría brotadas recientemente en el suelo de la corte y aun de la aldea, se infiltran hasta en aquellas piezas que aspiran a la continuidad y encadenamiento narrativo[27].

De este modo, incluso en la fase inicial, el «entremés de figuras» preparó al público para las «comedias de figurón» más

25. Véase Flecniakoska, *La formation de l'«auto»*, págs. 429-449.
26. Véase Wardropper, *Introducción al teatro religioso*, págs. 293-320.
27. Eugenio Asensio, *Itinerario del entremés desde Lope de Vega a Quiñones de Benavente, con cinco entremeses inéditos de D. Francisco de Quevedo*, 2.ª ed. revisada, Madrid, 1971, pág. 77. Ahora disponemos ya también de un excelente estudio con antología, muy manejable, de las obras cortas del siglo XVII, *Ramillete de entremeses y bailes nuevamente recogido de los antiguos poetas de España: siglo XVII*, ed. Hannah E. Bergman, CCa, 21, Madrid, 1970.

sustanciales que llegarían a ser inmensamente populares en años posteriores de este mismo siglo[28]. Un buen ejemplo de este tipo de entremés es *El toreador don Babilés,* de don Francisco Bernardo de Quirós, que ofrece una ingeniosa caricatura de un caballero atolondrado y pretencioso que intenta ganar fama lidiando toros; por fin es vergonzosamente arrollado por un novillo en el escenario.

En general, con su rápida sucesión de divertidas y animadas bromas, situaciones bufas hábilmente esbozadas y personajes risibles, los mejores entremeses de la escuela de Lope debían de cumplir a la perfección su objetivo de mantener al público contento, si no tranquilo, mientras se esperaba la jornada siguiente del espectáculo principal. El ritmo de estos intermedios es notablemente vivo. Presentan, además de los «figurones» más evidentemente exagerados, toda una galería de divertidos personajes de repertorio: el sacristán bobo con su mal latín y sus pretensiones de llegar a ser un galán cortesano, el rufián o soldado jactancioso pero cobarde de la tradición plautina, el alcalde crédulo y necio que es completamente incapaz de juzgar debidamente un pleito, el cómico «vejete», el estudiante pobre pero astuto, etc. El entremés fue cultivado con fortuna por muchos dramaturgos, entre ellos Quevedo, quien tenía el genio satírico necesario para brillar en esta modalidad dramática. Sin embargo, el más hábil y original de todos estos sainetistas fue Luis Quiñones de Benavente (¿1593?-1651), que compuso una asombrosa variedad de obritas y bailes, ciento cincuenta de los cuales se nos han conservado. Entre sus mejores piezas figuran *Las alforjas,* donde un estudiante consigue gracias a su ingenio la mano de su amada, *El Martinillo,* un entremés cantado que tuvo varias continuaciones y que trasciende a la importancia de sus personajes presentando una gran parte de la sociedad humana como candidatos seguros para el manicomio, y *La maya,* una divertida y animada fantasía sobre las fiestas de mayo.

28. Véase más adelante, págs. 202, 203, 208, 212.

Capítulo 5

TIRSO DE MOLINA

Una gran discípulo de Lope de Vega merece un capítulo aparte. Nos referimos a fray Gabriel Téllez (¿1581?-1648), que escribió con el seudónimo de Tirso de Molina. En un momento dado se aventuró la teoría de que era hijo ilegítimo del duque de Osuna, pero la mayoría de los especialistas responsables la han rechazado[1]. Hacia el año 1600 Tirso ingresó en la Orden de la Merced, que se había fundado con el propósito de rescatar a los cautivos cristianos de los musulmanes. Después de su noviciado fue fraile de la orden, recibió una sólida formación teológica, y los mercedarios le fueron confiando gradualmente cargos cada vez de mayor responsabilidad: en 1616 fue enviado por su orden a Santo Domingo, en una visita oficial y, dos años más tarde, estaba de regreso en España solicitando el título de «presentado» (teólogo que ha seguido su carrera y está esperando el grado de maestro), alegando entre otros argumentos que había dado diversos cursos de teología en Santo Domingo. Vivió durante un tiempo en Toledo y hacia 1621 volvió a su ciudad natal, Madrid, donde publicó su famoso libro *Cigarrales de Toledo* (prosa, verso,

1. Esta teoría fue propuesta por doña Blanca de los Ríos, a quien debemos la edición clásica de las obras del dramaturgo (3 vols., Madrid, 1947-1958). Su interpretación y las fechas que propone son muy discutibles. La teoría sobre el origen de Tirso se basaba en su interpretación de unas palabras tachadas e indescifrables en la partida bautismal de un hijo ilegítimo, Gabriel, nacido en Madrid en 1584, que tal vez no tuviera nada que ver con Tirso.

teatro). En 1625 una Junta de Reformación de las Costumbres, creada durante el gobierno del conde duque de Olivares, discutió «el escándalo que causa un fraile mercedario que se llama maestro Téllez, por otro nombre Tirso, con comedias que hace profanas y de malos incentivos y ejemplos», y el resultado de sus deliberaciones fue recomendar a Felipe IV que se enviara a Tirso a alguna casa alejada de su orden y que se le prohibiera escribir comedias y versos profanos. Es probable que esta recomendación nunca llegara a ponerse en práctica. Al año siguiente los mercedarios nombraron a Tirso prior del convento de Trujillo, en Extremadura, muy lejos de Madrid. En Trujillo vivió hasta 1629, de allí tal vez pasó a Toledo, y en 1631 terminó la composición de un libro que era claramente una intencionada parodia a lo divino de los *Cigarrales de Toledo* y en cierto modo como una réplica a las acusaciones de la Junta. Este nuevo libro, titulado *Deleitar aprovechando,* era una recopilación de obras estrictamente religiosas: historias piadosas, tres autos sacramentales y poesía devota. Se publicó en 1635, tres años después de que Tirso hubiera sido nombrado cronista oficial de la orden de la Merced y «definidor» de la orden en la provincia de Castilla, cargo que le obligaba a acompañar al principal de la orden en misiones relativas a la disciplina de sus miembros y sus casas. Así enaltecido, Tirso regresó a Madrid en 1634, y en los dos años siguientes, con la ayuda de un sobrino suyo, publicó cuatro volúmenes de obras teatrales. Fue atacado, o creyó ser atacado, por un enemigo dentro de su propia orden en 1640, cuando fray Marcos Salmerón, visitador oficial de los mercedarios en Madrid, ordenó que ninguno de los frailes guardara en su celda libros profanos de poesía o teatro y que ninguno de ellos «escriba versos algunos de coplas, en forma de sátira o cartas, aunque sean en prosa, contra el gobierno público ni contra otras personas». Tirso, que al parecer no siguió estas normas al pie de la letra, fue temporalmente desterrado a Soria, aunque al fin se le permitió volver a Madrid. En 1645 fue nombrado prior del convento de Soria, en 1647 se trasladó a Almazán, en la misma provincia, y allí murió al año siguiente[2].

Tirso fue un poeta lírico y dramático de gran sensibilidad, con una soltura de estilo semejante a la de Lope de Vega[3]. Fue también un brillante dramaturgo. Y algunos críticos, ateniéndose a los cánones del realismo y del naturalismo, le han considerado como el mejor dramaturgo español de los Siglos de Oro. Este juicio es discutible, pero fue sin duda alguna uno de los tres autores dramáticos más importantes de la España del siglo XVII, un fecundo talento superado en calidad sólo por Lope de Vega y Calderón. No tuvo el espontáneo genio creador de Lope; Lope era un genio, Tirso no. Pero Tirso superó a Lope por su inteligencia sutil y experimentada, una disciplina intelectual de un género que Lope nunca llegó a poseer. Por caminos distintos de los de Mira de Amescua y Alarcón, su obra es un puente entre la primitiva «comedia nueva» y el drama de intrincado desarrollo propio de Calderón y de su escuela. En su técnica dramática, Tirso tiende a construir sus intrigas de un modo bastante más cuidadoso que Lope, subrayando la estructura de la obra y combinando la intriga secundaria con la principal, cuando no inventa una doble intriga de importancia similar, de una manera hábilmente controlada y significativa. También tendió a alejarse del tipo de obra, muy común en Lope, en la que no hay un personaje central único, sino un grupo de varias figuras sobresalientes, que tienen una importancia dramática más o menos semejante, para aproximarse al tipo de teatro calderoniano que suele girar en torno a un protagonista, o como máximo dos, dejando a los demás agonistas en un segundo plano. Tirso era un escritor muy bien dotado para la sátira ingeniosa, y no se retuvo de emplearla libremente. Sin embargo, como ha dicho Paterson,

2. Para los detalles de su vida, véase Alexandre Cioranescu, «La biographie de Tirso de Molina. Points de repère et points de vue», *BH,* LXIV, 1962, páginas 157-189; Tirso de Molina, *La venganza de Tamar,* ed. A. K. G. Paterson, Cambridge, 1969, págs. 1-4.

3. Véase Tirso de Molina, *Poesías líricas,* ed. Ernesto Jareño, CCa, 17, Madrid, 1969.

> la sátira sólo tiene una función reducida en el teatro de Tirso; más bien se limita a reforzar un tema más hondo que recorre de parte a parte sus obras: la oposición entre los hábitos mentales artificiales o inadecuados y la verdadera entereza[4].

Estas palabras, que son perspicaces, pueden hacer pensar al lector que existe un estrecho parecido entre las obras de Tirso y las de Alarcón. En cierto modo, se da efectivamente este parecido. Pero hay también una gran diferencia entre el teatro de Tirso y el de Alarcón: el calor humano y la implacable comprensión de la fragilidad del hombre que empapan las obras de Tirso, pero que no son tan frecuentes en las comedias del mejicano. Buen juicio, sutileza intelectual y profunda comprensión de lo humano son las mayores virtudes de Tirso como dramaturgo.

Tirso es conocido sobre todo por dos obras verdaderamente magistrales, *El burlador de Sevilla* y *El condenado por desconfiado,* aunque parte de la crítica ha negado que ambas fueran suyas. No obstante, abundando en la opinión de la mayor parte de los tirsistas, creemos que las dos son de su pluma. Por sus temas, su acción y su estilo poético y dramático encajan perfectamente dentro del conjunto del teatro de Tirso.

El burlador de Sevilla es la principal fuente de una gran tradición literaria internacional, la del mito de Don Juan, a la que pertenecen numerosas obras de gran altura, a menudo extraordinariamente diferentes, desde la España del siglo XVII hasta la Inglaterra de nuestros días[5]. Sin embargo, *El burlador de Sevilla* no fue la primera obra que se escribió sobre Don Juan. *El burlador* se imprimió en el siglo XVII como obra de

4. *La venganza de Tamar,* ed. cit., pág. 8.

5. Sobre el mito, véase, sobre todo, Georges Gendarme de Bévotte, *La légende de Don Juan,* 2 vols., París, 1911; Leo Weinstein, *The Metamorphoses of Don Juan,* Stanford, Calif., 1959; y el interesantísimo número de *La Table Ronde* (núm. 119, noviembre de 1957) dedicado a *Don Juan: thème de l'art universel;* la bibliografía de E. W. Hesse «Influencia del tema de Don Juan», en *Tirso de Molina. Ensayos sobre la biografía y la obra del P. M. F. G. T. por Revista Estudios,* Madrid, 1949, págs. 850-889.

Tirso, pero no figura en ninguno de los libros que él mismo publicó; se incluyó en un volumen titulado *Doce comedias nuevas de Lope de Vega y otros autores* (Barcelona, 1630). Pero también en el curso del mismo siglo, en una edición sin fecha, se imprimió una obra titulada *Tan largo me lo fiáis* y atribuida a Calderón, drama que es otra versión del mismo tema de *El burlador,* y en la que más de la mitad de los versos coinciden con los de *El burlador.* Los especialistas han dedicado mucho tiempo al estudio de la estrechísima relación que existe entre *El burlador* y *Tan largo* y a los problemas que plantean su relación y las disparidades entre las dos comedias. Debido a su estilo, *Tan largo* evidentemente no puede atribuirse a Calderón, aunque hace poco tiempo se ha reimpreso como obra suya. Pero entonces, ¿quién es su autor? ¿Y de quién es *El burlador*? ¿Y cuál de las dos obras se escribió antes? Sloman ha comparado minuciosamente sus textos y ha llegado a la conclusión de que tanto *El burlador* como *Tan largo,* debido a lo corrompido de sus textos en muchos aspectos (y sobre todo en la versificación), son dos versiones, *Tan largo* la más antigua y *El burlador* algo más tardía y más hábil, de un original que se ha perdido[6].

El burlador de Sevilla nos cuenta los atropellos perpetrados por el arrogante y desaprensivo Don Juan Tenorio, hijo del privado del rey de España y sobrino del embajador español en Nápoles. En la corte de Nápoles, Don Juan, fingiendo ser en la oscuridad el amado y futuro esposo de la duquesa Isabela, yace con ella. Cuando descubre que no es su amado, Isabela prorrumpe en gritos y el rey y los cortesanos acuden en su ayuda, pero el tío de Don Juan ayuda a su sobrino a escapar y cree que cumplirá su palabra de dirigirse a Sicilia o a Milán. En vez de esto, Don Juan embarca para España y,

6. Albert E. Sloman, «The Two Versions of *El burlador de Sevilla*», *BHS,* XLII, 1965, págs. 18-33. *Tan largo me lo fiáis* puede leerse ahora en una ediuión más recomendable, la de Xavier A. Fernández (Madrid, 1967), pero en esta edición se atribuye a Calderón; véase una recensión de Sloman en *BHS,* XLVI, 1969, págs. 164-167.

durante el viaje, él y su criado Catalinón naufragan. Los esfuerzos que hace Catalinón para nadar están a punto de ser la causa de que se ahogue Don Juan, que trataba de salvarle, y cuando llegan a una playa, una pescadora, Tisbea, se enamora del inconsciente noble. Tisbea es un personaje interesante, en cierto modo un equivalente femenino de Don Juan. Antes de verle se estaba burlando de todos los pescadores que solicitaban su mano; se jactaba de que ella no estaba sujeta al poder del amor y que triunfaría en su libertad para hacer desdichados a los hombres. Pese a lo cual, es fácilmente seducida por una falsa promesa de matrimonio de Don Juan, quien, como antes violó la santidad de la corte de Nápoles, viola la hospitalidad que Tisbea le ha dado, y, después de poseerla, la abandona. La primera vez que ella le ve, tratando de salvar a Catalinón, Tisbea dice de Don Juan que es como Eneas llevando a Anquises en un mar que «está hecho Troya». Cuando se enamora de él teme que su galán sea como el caballo de Troya. Ahora, abandonada por su seductor, se lamenta de que su choza incendiada es como Troya en llamas, el símbolo de la destrucción de la ciudadela de su honor y del dolor de su alma, y también una sugestiva imagen del fuego infernal en el que arderá por fin Don Juan. En Sevilla, Don Juan, amparándose en la oscuridad, finge ser su licencioso amigo el marqués de la Mota, y así seduce a Doña Ana de Ulloa, la dama de quien está enamorado el marqués. Al escapar después de este engaño, Don Juan da muerte al padre de Doña Ana, Don Gonzalo. Luego seduce a una segunda mujer plebeya, Aminta, tras su boda con un labriego y en lo que hubiera debido ser su noche de bodas. Como en el caso de Tisbea, Don Juan engaña a Aminta con una falsa promesa de matrimonio. Huye nuevamente. Pero ve la estatua de piedra de Don Gonzalo sobre su tumba, le tira de la barba y le invita a cenar. Ante su gran sorpresa, la estatua acude a la cena, y a su término, le invita a su vez para cenar en su compañía en la capilla. Don Juan acepta esta invitación y haciendo honor a su palabra acude a la iglesia donde está sepultado Don Gonzalo. En la capilla, tras un horrible ágape de alacranes, víboras y hiel, la estatua coge la mano de Don Juan, y mientras él pide a gritos confesión, se hunden ambos en el infierno. La obra termina cuando el rey de España restablece el orden en la sociedad casando a las víctimas de Don Juan con parejas apropiadas.

Para poder comprender debidamente *El burlador de Sevilla* hay que prescindir por completo (rehuyendo la inevitable tentación de todo lector imaginativo) de cualquier noción de tipo romántico que tendiera a presentar la figura de Don Juan como atractiva o envidiable, según pudieran sugerirnos muchas versiones posteriores de la leyenda, en la literatura y en la psicología popular. El Don Juan Tenorio de Tirso no es digno de admiración ni Tirso intenta presentarle a su público como atractivo, aparte de un único episodio, aquél en el que Don Juan se esfuerza por salvar a Catalinón de morir ahogado en el mar. El Don Juan de Tirso, si exceptuamos este pasaje, no se muestra en ningún momento como auténticamente valeroso. Para un público español consciente del siglo XVII, el que acepte la invitación a cenar de la estatua y luego acuda al convite, no debían de ser actos de valor, sino de temeridad insensata. Tampoco hay que dar crédito a lo que dice Catalinón de que Don Juan es un hombre honrado en todas las cosas, excepto en lo referente a mujeres. El Don Juan de Tirso no es, dentro de la acción de *El burlador,* ni siquiera el hombre «ocasionalmente honrado» que un crítico moderno ha creído ver en él[7]. Recurre a «reservas mentales» que (aunque hubieran podido parecer aceptables a algunos casuistas eclesiásticos contemporáneos de Tirso) en la obra se presentan como ruines, con objeto de evitar cumplir su palabra; cuando por lo común es un cobarde, sólo parece no serlo ante la estatua, y entonces demuestra ser un necio. El Don Juan «atractivo» probablemente no nació hasta comienzos del siglo XVIII, cuando Antonio de Zamora refundió *El burlador* en una obra

7. Wardropper en «*El burlador de Sevilla:* A Tragedy of Errors», *PQ,* XXXVI, 1957, págs. 61-67.

llamada *No hay plazo que no se cumpla ni deu*
pague, y convidado de piedra. En su Don Juan, T
todo sentimentalismo para tratar a él y a los demás p
de la obra de un modo irónico, con despego: su Don Ju
un necio que, tal vez porque vive en un mundo de necios,
se toma en serio los avisos que le dan una y otra vez otras
personas que, aunque sean también estúpidas, son los portavoces de un Dios esencialmente misericordioso. Don Juan, que confía en su juventud («¿Tan largo me lo fiáis?») y que espera tener una larga vida por delante para poder arrepentirse, descubre súbitamente, demasiado tarde ya, que la vida puede ser muy corta. *El burlador* es, en esencia, una obra religiosa cuyo «mensaje» es una llamada al arrepentimiento inmediato en razón de la incertidumbre del momento final e irremediable.

Pero en la obra hay otras muchas cosas. Don Juan no es únicamente el pecador insensato que no quiere arrepentirse; es también un destructor diabólico. Gran parte de las tensiones de esta obra, de ritmo tan rápido, proceden de los enfrentamientos entre Don Juan, el destructor, y las fuerzas que defienden el orden y la armonía (el rey de España, el padre de Don Juan). *El burlador* es un drama en el que el edificio de la sociedad humana se muestra débil y sucio. Don Juan no deshonra a las mujeres movido por un simple deseo carnal, sino por el placer de deshonrar; y, como ya hemos dicho, a los ojos de sus contemporáneos, el honor era una de las grandes fuerzas cohesivas de la sociedad. Como el comendador de *Fuenteovejuna,* en *El burlador* Don Juan es una imagen del Diablo y, al igual que Fernán Gómez, en la poesía de la obra aparece rodeado por un simbolismo diabólico. Dios triunfa y los representantes de Dios sobre la tierra consiguen restaurar una cierta armonía sobre las ruinas de tanto desastre, pero sólo alcanzan a emparejar a unos necios abrumados por la culpabilidad y la vergüenza. Don Gonzalo, que ha muerto, es el único personaje que ha demostrado una verdadera integridad de carácter en todas las circunstancias. De hecho la obra presenta la fragilidad de la sociedad humana en varios niveles.

Tirso, de un modo muy deliberado, no nos ofrece en *El burlador de Sevilla* ningún personaje lo suficientemente profundo para que podamos llamar a la obra una gran tragedia personal; pero el drama es, sin duda alguna, una grandiosa e impresionante tragedia social[8].

El condenado por desconfiado es una obra de un género muy distinto, aunque desde el punto de vista temático aparezca estrechamente vinculada con *El burlador.* Tirso publicó *El condenado* en su *Segunda parte* (Madrid, 1635). En la dedicatoria de este volumen afirmaba que cuatro obras de las que figuraban en él no eran suyas; semejante afirmación pudo haber sido un medio de defensa propia, y en cualquier caso, no tenemos la menor duda de que él es el autor de *El condenado.*

Al comienzo de la obra, Paulo lleva una vida de ermitaño, apartado de la sociedad de los hombres, que él considera como la puerta del infierno. Su objetivo al ayunar y rezar es salvarse a sí mismo, y temerariamente implora a Dios que le revele si irá al Cielo o al Infierno. Al ver que Paulo duda de su fe y está pecando por orgullo, el Demonio decide tentarle y se le deja ver en figura de ángel. Fingiendo ser un emisario de Dios, dice a Paulo que tendrá el mismo fin que un hombre famoso e intrépido llamado Enrico y que vive en Nápoles. Suponiendo que este hombre tiene que ser un santo, Paulo va a Nápoles para verle. Pero queda aterrado al descubrir que Enrico es un criminal arrogante y sacrílego, aunque lo que dice Enrico del afecto que siente por su anciano padre y de los cuidados que le prodiga, al final de una tirada en la que se enorgullece de multitud de atrocidades que ha cometido, pasa por alto al ermitaño. Paulo, convencido de que Enrico irá al Infierno, y que por lo tanto él también ha de condenarse, decide merecer la

8. Véanse Daniel Rogers, «Fearful Symmetry: The Ending of *El burlador de Sevilla*», *BHS,* XLI, 1964, págs. 141-159, y C. B. Morris, «Metaphor in *El burlador de Sevilla*», *RR,* LV, 1964, págs. 248-255. Véanse también Parker, *The Approach to the Spanish Drama,* págs. 12-14; A. Marni, «Did Tirso employ Countercompassion in his *Burlador de Sevilla*?», *HR,* XX, 1952, págs. 122-133.

condenación haciéndose bandolero, peor que Enrico si es posible, con objeto de vengarse de Dios. En el curso de la obra, Paulo y Enrico cometen terribles crímenes. Dios envía a un pastorcillo para convencer a Paulo de que debe arrepentirse, pero él vuelve a dudar. Cuando, vestido de ermitaño, fracasa en su intento de que Enrico (quien cree que van a matarle de un momento a otro), se confiese, Paulo le deja en libertad y no acepta su consejo de que sea él quien se arrepienta. Enrico es ejecutado por sus crímenes; pero antes su padre le convence para que se arrepienta y confiese sus pecados, y su alma se salva. Pero ni siquiera otra intervención del pastorcillo que habla inspirado por Dios, y la súbita visión del alma de Enrico en la gloria, apartan a Paulo de su vida de crímenes. Muere sin arrepentirse a manos de un escuadrón de campesinos, y su alma va al Infierno. En un sentido, la profecía del Demonio ha resultado verdadera, en otro ha resultado falsa.

El trasfondo intelectual de *El condenado por desconfiado* fue una acalorada y sutil polémica teológica, conocida con el nombre de la controversia *De auxiliis,* y que sostuvieron los molinistas (los jesuitas seguidores de Luis de Molina) contra los bañecianos (los dominicos seguidores de Domingo Báñez) sobre la naturaleza de la Gracia divina, los medios en que puede ayudar al hombre a la salvación y el grado en que los hombres pueden con su libre albedrío cooperar con Dios para conseguir salvarse. Los bañecianos acusaban a los molinistas de atribuir demasiada importancia a la libertad humana, tendiendo así a la herejía pelagiana, según la cual el hombre puede salvarse sin la ayuda de la Gracia divina. Los molinistas decían que los bañecianos tendían a la herejía calvinista, según la cual Dios predestinaba a unas almas al Cielo y a otras al Infierno. La controversia empezó en 1588 y, aunque en 1607 el papa Paulo V impuso silencio a ambos bandos, de hecho la polémica siguió viva hasta bien entrado el siglo XVII, tanto en España como en Francia, donde se enfrentaría el rigor moral del jansenismo (sobre la base social de la *noblesse de robe*) con la postura casuística y aristocratizante del jesuitismo.

Esta controversia dejó un poso de hondas inquietudes en los espíritus de muchos creyentes. Sin duda alguna, los mismos teólogos que protagonizaban la discusión eran inmunes a sus peligros, pero los seglares de menor formación y sutileza mental podían inclinarse, bien a esperar su salvación de un modo excesivamente confiado, con el consiguiente descuido de las normas esenciales de la vida cristiana, bien a un morboso fatalismo y a la desesperación.

Pero, aunque la polémica *De auxiliis* constituye el trasfondo de *El condenado por desconfiado* (como quizá ocurra también en el *Guzmán de Alfarache* de M. Alemán), la obra no trata de especulaciones teóricas sobre la Gracia divina y el libre albedrío. Es más bien un poema dramático intenso y conmovedor destinado a apartar a los seglares de los peligros de una preocupación morbosa por unos misterios impenetrables, orientándoles hacia la práctica de un sano cristianismo. Es, por encima de todo, una obra sobre la vida y la muerte desde el punto de vista de la práctica cristiana.

El condenado por desconfiado tiene dos protagonistas y dos intrigas entrelazadas de igual importancia temática. Aunque algunos críticos se han extrañado del carácter en apariencia inesperado del fin que tienen las existencias del ermitaño y del criminal, la condenación de un hombre inicialmente muy piadoso y la salvación de un criminal tienen como fin evidente el provocar la reflexión sobre la naturaleza de la verdadera devoción y de los medios de que se vale Dios con los hombres. Desde la primera escena de la obra, la ostentosa piedad de Paulo nos tiene que hacer sospechar que en él hay algo falso, y más tarde se nos hace comprender que en Enrico hay también algo más importante que su criminalidad. La obra es una demostración magistral y sutil de un tema predilecto dentro de la literatura de los Siglos de Oro, el de que las apariencias engañan.

El condenado por desconfiado no trata exclusivamente sobre las desastrosas consecuencias de la falta de fe o de la falta de esperanza; es más bien una demostración de la necesidad de las tres virtudes teologales, Fe, Esperanza y Caridad. Por la Fe la mente acepta con firmeza las verdades de la Revelación; la Esperanza nos hace confiar en la ayuda divina para alcanzar la vida eterna; por la Caridad nos unimos a Dios por medio del amor a Él y del amor al prójimo. La Fe y la Esperanza, ambas hasta cierto punto imperfectas, son vivificadas por la Caridad, ya que san Pablo dice: «Ahora permanecen estas tres cosas: la fe, la esperanza, la caridad; pero la más excelente de ellas es la caridad» (I Cor., 13, 13). En *El condenado por desconfiado* vemos cómo Paulo peca contra estas tres virtudes teologales y se condena. También vemos cómo en Enrico, la práctica embrionaria e imperfecta de un aspecto de la caridad llega a dar fruto y fecunda su fe y su esperanza muy rudimentarias, consiguiendo así, con la ayuda de Dios, salvar su alma.

Es discutible que el tema central del teatro —tan profundamente moral— de los Siglos de Oro es la capacidad del libre albedrío humano para superar todos los obstáculos de la vida, por grandes que sean. *El condenado por desconfiado* también subraya hábilmente la importancia crucial de la libertad del hombre en el momento en que se acerca la muerte. Pero las ideas de la obra no se limitan al problema de la salvación. En realidad se nos presentan tres grupos de ideas, morales, psicológicas y teológicas, que aparecen íntimamente entrelazadas. Nos enseña que es un error juzgar a los demás hombres por las apariencias; que una actitud audaz y positiva ante la vida es más fecunda que la cobardía, que sólo puede conducirnos a la frustación de los propios deseos; que una creencia en la predestinación absoluta e irremediable que no tiene en cuenta las buenas obras puede llevarnos a un pesimismo fatalista y a la desesperación; que Dios es un Ser en cuya misericordia podemos confiar si decidimos cooperar activamente con Él y acercarnos a Él con verdadera humildad; que la virtud esencial entre todas las virtudes es la caridad: en ese sentido, la obra ocuparía un término medio entre el principio molinista de la «gracia suficiente» y el rigorismo bañeciano.

El condenado por desconfiado es un sermón en verso profundo y de un alcance muy vasto. Pero es también una obra maestra dramática. Su fuerza dramática estriba principalmente en el imaginativo uso que hace el dramaturgo de la sorpresa en sus dos intrigas paralelas, y, sobre todo, en la admirable caracterización psicológica de Paulo y Enrico, personajes que se contraponen con una maestría admirable. Raras veces el teatro español nos ha ofrecido dos tipos humanos mejor contrastados; porque la auténtica grandeza de la obra está en la comparación entre Paulo, el frío, orgulloso y desconfiado intelectual, y Enrico, el criminal sencillo y arrogante, pero espontáneo, que es capaz de amor[9].

Entre las comedias de Tirso, quizá el grupo más atrayente es el compuesto por obras que tratan temas del Antiguo Testamento. Su habilidad en el tratamiento de estos temas es mucho más sutil que la de Lope cuando se enfrenta con una temática similar. Tirso, teólogo de profesión, selecciona sus fuentes de un modo muy cuidadoso, por lo común manteniéndose en las intrigas principales muy cerca de los relatos bíblicos que son sus fuentes, pero también modificando significativamente muchos detalles para obtener mayor eficacia dramática y temática, a menudo siguiendo las interpretaciones que de estas historias han dado los exégetas judíos y cristianos. Las mejores obras bíblicas de Tirso tienden en consecuencia a tener más valor doctrinal y más significado que las de Lope. La más impresionante de todas las obras de Tirso de este género es *La venganza de Tamar,* intensa dramatización de la historia que cuenta cómo el hijo primogénito del rey David, Amnón, se

9. Sobre la larga tradición intelectual que hay tras las fuentes inmediatas de la obra, véase Menéndez Pidal, «*El condenado por desconfiado*», en sus *Estudios literarios,* Austral, 28, Buenos Aires, 1938, etc., págs. 11-85. Véanse también T. E. May, «*El condenado por desconfiado*», *BHS,* XXXV, 1958, páginas 138-156; Ch. V. Aubrun, «La *comedia* doctrinale et ses histoires de brigands. *El condenado por desconfiado*», *BH,* LIX, 1957, págs. 137-151; Carlos A. Pérez, «Verosimilitud psicológica de *El condenado por desconfiado*», *Hisp,* 27, 1966, págs. 1-21; A. A. Parker, «Santos y bandoleros en el teatro español del Siglo de Oro», *Arbor,* XIII, 1949, págs. 395-416.

enamora de su hermanastra Tamar, la viola y es castigado por su incesto siendo apuñalado en un banquete por los servidores de su hermanastro, el envidioso y ambicioso Absalón, quien está ávido por heredar el trono. La obra, sencilla y directa en su estructura dramática, tiene una profunda emoción, no sólo debido a su rasgo más memorable, la brillante manera como se caracteriza a Amnón, neurótico, indeciso y melancólico, que se va hundiendo gradualmente en un sórdido conflicto que acaba desbordándole, sino también por las tristes y desengañadas revelaciones que aparecen en el drama acerca de la culpabilidad y de los sórdidos motivos de otros miembros de la familia, y del dilema que se plantea a su padre, abrumado por el dolor. *La venganza de Tamar* no es una simple obra moralizadora en la que el bien triunfa sobre el mal. En sus implicaciones morales, la complejidad del drama es mucho mayor, y, como ha dicho Paterson en un agudo y sensible análisis de la comedia y de las ideas que sugiere, «*La venganza de Tamar* es un drama sobre la culpabilidad, la justicia y la misericordia»[10]. La obra suscita inquietantes cuestiones de importancia perenne. Otra magnífica obra de Tirso sobre temas del Antiguo Testamento es *La mejor espigadera,* hábil dramatización del *Libro de Rut,* probablemente concebida no como una ingenua, grata e idílica escenificación de la conversión de Rut, sino para ilustrar el choque entre la *pietas* y la *impietas,* en el sentido más amplio de estos dos términos[11]. Al igual que *El condenado por desconfiado,* esta obra trata de las tres virtudes teologales, y de un modo particular de la suprema virtud de la caridad. Menos notable que estos dos dramas ya

10. Ed. cit., pág. 22. Casi sin introducir ningún cambio, Calderón tomó el acto tercero de la obra de Tirso para constituir la segunda jornada de su menos emotiva refundición de la historia, *Los cabellos de Absalón,* que prolonga el relato hasta la muerte de Absalón. Véase Albert E. Sloman, *The Dramatic Craftsmanship of Calderón,* Oxford, 1958, págs. 94-127. Sobre esta obra véase también A. A. Heathcote, «El elemento cómico en las comedias bíblicas de Tirso de Molina», en *Fichter,* págs. 269-280.

11. Véanse Glaser, «*La mejor espigadera* de Tirso de Molina», *LR,* XIV, 1960, págs. 199-218; Heathcote, *op. cit.*

comentados, pero tratándose con todo de una obra excelente y de tensa emoción, es *La mujer que manda en casa,* donde Tirso llevó a la escena la historia de la licenciosa Jezabel, las desgracias y el martirio de ese «estoico cristiano» que es Nabot, que evita resueltamente todas las celadas que se le tienden, y la terrible muerte de la reina[12].

Algunos críticos exageran las verdaderas dotes de Tirso para crear en sus obras personajes femeninos de fuerte personalidad, y le atribuyen una especial penetración en lo referente a la psicología femenina. En este sentido, afirmaciones típicamente exageradas, aunque hay que reconocer que apuntan hacia la verdad, fueron las que hizo en el siglo XIX Durán:

> Lo cierto es que los hombres de Tirso son siempre tímidos, débiles y juguetes del bello sexo, en tanto que caracteriza a las mujeres como resueltas, intrigantes y fogosas en todas las pasiones que se funden en el orgullo y la vanidad. Parece a primera vista que su intento ha sido contrastar la frialdad e irresolución de los unos con la vehemencia y aun obstinación que atribuyó a las otras en el arte de seguir una intriga, sin perdonar medio alguno por impropio que sea[13].

Pero no puede decirse razonablemente que Nabot es débil e irresoluto en *La mujer que manda en casa,* o que Don Juan en *El burlador* o Enrico en *El condenado* lo son también, ni que todos los personajes femeninos de Tirso tienen una personalidad y un carácter fuertes. A pesar de todo hay obras en las que Tirso juega irónicamente con contrastes de caracteres y actitudes de los sexos, dando a cada uno las características morales y psicológicas que esperamos encontrar en el otro. En vez de representar un triunfo de la naturalidad de la caracterización que los críticos siempre han alabado justamente en Tirso, este intercambio de las características convencionales

12. Véanse Glaser, «Tirso de Molina's *La mujer que manda en casa*», *AION, Sez. Rom.,* II, 1960, págs. 25-42; Heathcote, *op. cit.*

13. Agustín Durán, *Talía española,* Madrid, 1834; véase BAE, V, pág. XI.

suele ser una técnica artística consciente empleada por el dramaturgo para darnos, con más intensidad de lo que le hubiera sido posible usar empleando otros procedimientos, unos atisbos críticos de orden moral, social y político.

Un interesante ejemplo de esta técnica es la más famosa de sus obras sobre un tema histórico español, *La prudencia en la mujer,* que describe los esfuerzos de la reina María, viuda de Sancho IV de Castilla y de León, para conservar el trono para su hijo Fernando, en una época de caos, rebelión y traiciones, para educar al niño en la prudencia digna de un monarca, y, cuando ya es mayor, para devolverle al camino de la justicia y del deber del que unos traidores le habían apartado. Gran parte de la eficacia dramática de la obra estriba en la sorpresa que ya indica su título. El drama es, en realidad, una aguda imagen de la estupidez del antiguo y tenaz prejuicio anti-feminista según el cual la mujer, hija de Eva, es débil, inconstante, necia y carece de la virtud cardinal de la prudencia. En esta obra Doña María es un arquetipo de prudencia, aun cuando, desde el punto de vista moderno, podría parecernos que asume riesgos temerarios e imprudentes. Por contraste, los hombres que se enfrentan con ella, sus oponentes, los grandes nobles que esperan que sea necia y que pugnan por dominarla, para apoderarse del trono y luego denigrar su carácter, se muestran claramente como personalidades débiles e imprudentes, necios y de poca visión. La prudencia de la reina cuenta, claro está, con la asistencia divina; es la virreina de Dios dentro del Estado, y por lo tanto un equivalente, en su función protectora, de la Virgen María. En su interesantísimo estudio sobre esta obra, Ruth Lee Kennedy nos dice que se compuso entre 1621 y 1623, poco después de que Felipe IV subiera al trono a la edad de dieciséis años, y que en esta comedia Tirso «puso un *de regimine principum* en forma dramática», una serie de advertencias al joven rey de España y a sus consejeros acerca de los principios del gobierno bueno y justo y de los peligros que inevitablemente acechan a todos los monarcas y que son especialmente peligrosos para aquellos que no se esfuercen por cultivar, mientras reinan, la previsora y aguda visión de la prudencia[14].

Otra excelente obra de tema histórico compuesta por Tirso que presenta una mujer extraordinaria en contraste con hombres más débiles es *Antona García,* cuya acción tiene lugar durante la guerra de la Beltraneja, en la que se enfrentan Fernando e Isabel con Doña Juana, que aspira al trono. La moza campesina sencilla pero belicosa, que es la heroína de esta obra, es un prodigio de belleza, fuerza y valor, que, en sus hazañas en defensa de los Reyes Católicos, apenas tiene tiempo para dar a luz, en el curso de la tercera jornada, primero a una niña, y un poco más tarde a otra. Se trata de una comedia de aventuras, muy amena y divertida, pero que no carece de finalidad moral. La canción que cantan en la boda de Antona en el primer acto,

> Más valéis vos, Antona,
> que la corte, toda,

prepara al público para violentos contrastes entre la honestidad, la firmeza y la fidelidad de la muchacha, y la doblez de personajes superiores a ella en rango y condición. Carácter similar tendría *La dama del Olivar* (escrita hacia 1614) sobre la que ha llamado la atención el citado libro de N. Salomon: sobre la base de una tradición del pueblo turolense de Estercuel (conocida *in situ* por Tirso) que narra un milagro mariano, el escritor pinta una *jacquerie* rural muy próxima a la lopesca *Fuenteovejuna* y emparentada en las mismas ideas de orden moral y social que ésta proclamaba[15].

Con su soltura, su comprensión y su brío, Tirso destacó también en el teatro de humor, no sólo con episodios cómicos intercalados en sus obras graves, sino también en numerosas

14. Véase Ruth Lee Kennedy, «*La prudencia en la mujer* and the Ambient that Brought it Forth», *PMLA,* LXIII, 1948, págs. 1.131-1.190.

15. Véase la significativa adaptación de este drama hecha por J. A. Hormigón desde presupuestos artísticos y políticos muy de hoy en *La dama del Olivar,* Madrid, 1970, y especialmente el prólogo del adaptador en págs. 8-48.

comedias llenas de ingenio. Una de sus mejores comedias de capa y espada es *Don Gil de las calzas verdes,* en la que Doña Juana, a quien su galán Don Martín abandona por otra dama, decide reconquistarle disfrazándose de hombre, con el nombre de Don Gil, consiguiendo que su rival, Doña Inés, se enamore de ella bajo este disfraz y apartándola así de Don Martín[16]. Otra aplaudida obra del mismo tipo es *Marta la piadosa,* en la que la astuta Marta, para evitar que le obliguen a casarse con un viejo en vez del joven a quien ella ama, finge sentir una profunda devoción y hacer voto de castidad, aunque consigue que su galán entre en la casa de su padre disfrazado de un pobre estudiante enfermo que tiene que enseñarle latín. Pero no todo el mundo disfrutará de esta obra despreocupadamente, ya que *Marta la piadosa* es una comedia agridulce y más bien ácida; por entre su humor se infiltra la desazón de la hiprocresía y el engaño. Obra mucho más ligera y también mucho más divertida es *Por el sótano y el torno.* Tirso escribió asimismo excelentes y finas comedias con personajes de rango superior a los que aparecen en las comedias de capa y espada. En *El vergonzoso en palacio,* un pastor, Mireno, siente un deseo instintivo de llevar una vida noble, y debido a un afortunado incidente, es detenido cuando lleva las ropas del secretario de un duque. En el palacio ducal dice llamarse Don Dionís, y la hija del duque, que se ha enamorado de él, convence a su padre para que le devuelva la libertad y le nombre secretario de ella. Valiéndose de una serie de trucos y ardides, la hija del duque consigue persuadir poco a poco al timidísimo y desconfiado joven de que está enamorada de él. Al final todo acaba bien, porque resulta que, a diferencia de lo que ocurre con el secretario de *El perro del hortelano,* de Lope, el joven es en realidad hijo de un importante noble, y por lo tanto un marido adecuado a su amada. Otra excelente obra de carácter semejante es *El melancólico,* sobre la

16. Véase Everett W. Hesse, *Análisis e interpretación de la comedia,* Madrid, 1968, págs. 43-51.

transformación de un joven campesino que se convierte en señor de Bretaña y que trata de conseguir que la moza a la que ama sea aceptada en la corte. También aquí el final es feliz, pero el contenido satírico de la obra es mayor que en *El vergonzoso*[17].

Tirso escribió también algunos autos sacramentales para el Corpus Christi de gran interés. El más atrayente es *El colmenero divino,* fantasía alegórica de delicado lirismo en la que Cristo está representado por un colmenero que baja al valle para cortejar a la abeja (el alma del hombre), oponiéndose a su rival, el zángano, que representa el poder de la carne. Otro auto de Tirso muy bien ideado es *Los hermanos parecidos,* donde se entrelazan ingeniosamente la historia de la caída de Adán y Eva y la de la muerte de Cristo, vinculando de un modo claro y eficaz las ideas del pecado original y de la redención.

17. Sobre *El melancólico,* véase la introducción de Paterson a su edición de *La venganza de Tamar,* págs. 10-11.

Capítulo 6

CALDERÓN

Don Pedro Calderón de la Barca nació en Madrid el 17 de enero del año 1600. Su padre desempeñaba el puesto de escribano del Consejo y Contaduría mayor de Hacienda, y la familia de su madre era hidalga. Tuvo dos hermanos: Diego, el mayor, fue más tarde abogado; José, el benjamín, demostraría ser con el tiempo un valeroso y competente oficial del ejército. Su abuela materna fundó una capellanía familiar en beneficio de los tres hermanos, y Pedro fue educado con la idea de que cuando tuviese la edad requerida se hiciese cargo de este beneficio eclesiástico. La madre murió en 1610, y el padre volvió a casarse, pero la madrastra sentía poco afecto por los tres jóvenes. En 1615 murió el padre dejando un duro testamento en el que se amenazaba a Diego con desheredarle si seguía cortejando a cierta joven y ordenaba a Pedro que siguiese el camino que él le había trazado[1]. El pleito que los tres hermanos pusieron a la madrastra hizo que este testamento apenas surtiese efecto, y lograron ser criados por un hermano de la madre.

Pedro recibió una excelente educación en el Colegio Imperial de los jesuitas y luego pasó a Salamanca para estudiar derecho canónico. Se vio en un serio aprieto por incumplimiento de pago de alquiler y daños y perjuicios, que signifi-

1. Narciso Alonso Cortés, «Algunos datos relativos a don Pedro Calderón», *RFE*, I, 1915, págs. 41-51.

caron la excomunión (el alquiler debía pagarse a un convento) y el encarcelamiento en la prisión de la universidad. Ignoramos cómo terminó el juicio formado contra él, aunque parece ser que no llegó a graduarse en la universidad. En 1621 los tres hermanos se vieron complicados en un homicidio y, tras refugiarse en la embajada de Austria, tuvieron que indemnizar a los parientes de la víctima, vendiendo —para obtener dinero— el oficio de su difunto padre, que de otro modo hubiese heredado Diego. En este mismo año Pedro entró al servicio de don Bernardino Fernández de Velasco, condestable de Castilla.

Sus composiciones poéticas empezaron a aparecer impresas en 1620. Sus primeras obras dramáticas fechables son de 1623. Fue elogiado por Lope de Vega y se hizo amigo del patrocinado de Lope, el doctor Juan Pérez de Montalbán. Sus relaciones con aquél se rompieron cuando, en 1629, uno de sus hermanos fue herido a traición por un actor que buscó refugio en el convento de las Trinitarias en que había profesado la hija de Lope. Pedro y los alguaciles penetraron siguiendo al culpable en el convento, donde, según dijo en un sermón el predicador Hortensio Paravicino (también trinitario), maltrataron a las monjas. Calderón cometió la imprudencia de hacer una leve parodia de la oratoria de fray Hortensio en su gran drama *El príncipe constante*. El cardenal Trejo y Paniagua, entonces presidente del Consejo de Castilla, le reprochó suavemente el haber atacado a Paravicino citando su nombre y demostró que el sermón había exagerado considerablemente la supuesta vejación a las monjas. A Calderón no se le acusó de haber penetrado en el convento; el supuesto asesino —y no él— era el culpable de violar el santuario de las trinitarias.

Por estos años empezó a adquirir fama de dramaturgo. Sus primeras obras maestras se sucedieron en el curso de la década que empieza en 1630. Sus primeras obras estaban destinadas a los corrales, aunque a menudo se representaban luego en palacio. Una vez terminado el palacio del Buen Retiro, escribió obras especialmente adecuadas a las nuevas condiciones escénicas que sólo se daban en este recinto. Pero, al parecer, no desdeñó los corrales durante esta década, aunque su vinculación al teatro de palacio iba a durar hasta su muerte. Felipe IV reconoció sus méritos iniciando los trámites para su ingreso en la orden de Santiago, y le fue concedido el hábito de caballero en 1637. Dos volúmenes de obras suyas (doce obras en cada uno) se imprimieron en 1636 y 1637.

En 1640 los catalanes se rebelaron contra el gobierno central, y Calderón hizo honor a sus deberes como miembro de la orden sirviendo valientemente en la guerra en las campañas de 1640-1641 y en 1642[2]. En este último año tuvo que abandonar el ejército por motivos de salud. Residió durante algún tiempo en Toledo y después estuvo al servicio del duque de Alba. Los reveses nacionales, unidos al sentido de culpabilidad que tenía el rey motivaron que se restringieran las representaciones teatrales y finalmente el cierre de los teatros durante los períodos octubre de 1644 a Pascua de 1645 y de 1646 a 1649 o 1650. La posibilidad de que estos cierres llegaran a ser permanentes, la decadencia de España como gran potencia, las muertes de la reina, Isabel de Francia, y del heredero de la corona, Don Baltasar Carlos, la muerte de su hermano mayor en 1647, y la de su hermano menor, «hecho pedazos» (dice don Pedro) en el puente de Camarasa en 1645, movieron a Calderón a volver a la primitiva idea de la carrera eclesiástica a la que le destinaban sus padres. Ocupó la capellanía de su abuela y cantó su primera misa en octubre de 1651.

En esta época había pensado seriamente en dejar de escribir para el teatro. La campaña antiteatral de los jesuitas y de otros clérigos durante los años cuarenta debía de parecer un grave problema para un sacerdote recién ordenado. Pero de una parte se le pidió que compusiera autos sacramentales para la celebración del Corpus Christi y que ideara nuevos espec-

2. E. M. Wilson, «Un memorial perdido de don Pedro Calderón», en *Fichter,* págs. 801-817.

táculos cortesanos para el palacio, y, de otra, una petición suya para ocupar un cargo adecuado a su nueva condición le fue negada por un clérigo «que juzgó incompatibles el sacerdocio con la poesía». Planteando su dilema, escribió una esmerada epístola al Patriarca de las Indias[3]: no sabemos qué le contestó el Patriarca, pero a partir de 1651 Calderón escribió autos de Corpus para la ciudad de Madrid y obras dramáticas para el palacio real, liberándose así de escribir directamente para los corrales.

En 1653 —gracias a Felipe IV— Calderón fue nombrado uno de los capellanes de la Capilla de los Reyes Nuevos (es decir, de los reyes de Trastámara) en la catedral de Toledo. Finalmente, debido a su mala salud y a la necesidad de asistir a los ensayos, volvió a Madrid, donde vivió hasta su muerte. Siguió escribiendo dos autos anuales para la ciudad y «comedias de tramoyas» para el palacio, excepto durante los períodos en que estuvieron prohibidas las representaciones profanas o los autos. Gozó del favor de Felipe IV, de la reina Mariana de Austria, de Carlos II de España y de don Juan José de Austria. Su canto del cisne profano fue un drama caballeresco destinado a celebrar la llegada a Madrid en 1681 de la esposa francesa del rey Carlos II, María Luisa. Terminó un auto, compuso la mitad de otro en el curso de este año y murió el 25 de mayo de 1681.

Calderón escribió más de ciento veinte comedias y más de setenta autos sacramentales. Colaboró además con otros conocidos dramaturgos en unas trece obras poco más o menos. El número de sus loas (prólogos dramáticos) para obras extensas y autos sacramentales, por ahora se desconoce con exactitud, ni sabemos tampoco cuántos entremeses cómicos escribió. Su producción dramática, aunque no inmensa como la de Lope, es a pesar de todo considerable. Fue un caballero que se llamaba a sí mismo don Pedro Calderón Riaño o Calderón de la

3. E. M. Wilson, «Calderón y el Patriarca», de próxima publicación en el homenaje al profesor Hans Flasche.

Barca antes de la mayoría de edad; pero vivió del teatro y escribió con la seguridad de un profesional. Compuso aproximadamente media docena de composiciones poéticas que merecen ocupar un lugar en la historia de la poesía española del siglo XVII, y que no carecen de mérito intrínseco.

Incluso en sus obras primerizas se advierte en él una notable habilidad técnica. Desde luego, aprendió mucho de los que eran mayores que él: Lope, Tirso de Molina, Ruiz de Alarcón, Mira de Amescua, Luis Vélez de Guevara. Al principio sus relaciones con Lope fueron cordialísimas, pero el asunto de las monjas trinitarias les enemistó para siempre. Tributó un emocionado elogio a Tirso cuando aprobó la *Quinta parte* de las obras de este autor en 1636: «hay en ellas [las comedias de Tirso] mucha erudición, y ejemplar doctrina por la moralidad que tienen, encerrada en su honesto y apacible entretenimiento; efectos todos del ingenio de su Autor, que con tantas muestras de ciencia, virtud y religión *ha dado a aprender a los que más deseamos imitarle*»[4]. Colaboró una vez con Mira de Amescua y otra con Luis Vélez de Guevara, pero en sus primeros años los autores con los que mantuvo relaciones más estrechas fueron sus propios coetáneos, como Montalbán, Rojas o Antonio Coello, con quienes colaboró frecuentemente: cinco veces con Coello, cuatro con Rojas y tres con Pérez de Montalbán. Ya a principios de los años treinta encontramos elogios de las obras de Calderón —tributados sobre todo a su habilidad en el empleo de los efectos escénicos y de la tramoya—, pero hasta muchos años después no se le consideró como un gran dramaturgo. Lope (muerto en 1635), Vélez de Guevara (en 1644) e incluso Montalbán (en 1638), gozaron en esta época de un aprecio que solamente llegó a Calderón en la década de los cuarenta cuando sus obras maestras se sucedieron ininterrumpidamente y su reputación como el gran dramaturgo del reinado de Felipe IV no quedó firme-

4. E. M. Wilson, «Seven *aprobaciones* by Don Pedro Calderón de la Barca», *Studia Philologica: Homenaje ofrecido a Dámaso Alonso,* III, Madrid, 1963, págs. 605-618.

mente establecida hasta después de su regreso de la guerra de Cataluña.

Sus estudios en el Colegio Imperial de los jesuitas en Madrid sin duda alguna le dieron una formación adecuada a lo que luego necesitó como autor dramático. Allí aprendió latín y retórica, hizo copiosas lecturas de los autores antiguos y se le enseñó a combinar argumentos con elegantes figuras de dicción, con objeto de cultivar el arte suasoria y al mismo tiempo examinar y comprender la psicología tradicional del neoescolasticismo. Aprendió a argumentar y a definir y, en ese sentido, sus posteriores estudios de leyes en Salamanca indudablemente también contribuyeron a su formación[5], aunque estos años, como ya hemos visto, fueran más bien turbulentos. Los rasgos característicos del verso calderoniano —esos discursos de fuerte trabazón lógica, con elaboradas correlaciones, prolongadas y conceptuosas metáforas e imágenes retóricas— probablemente tuvieron su origen en las aulas de los jesuitas y en las obras que allí estudió, además de en los dramas escolares que se representaban en el colegio y en las declamaciones públicas que sin duda también contribuyeron a despertar su imaginación y su talento creativo. No puede por lo tanto sorprendernos su entusiástica colaboración en las justas poéticas que se celebraron con motivo de la beatificación y canonización de san Isidro (1620 y 1622) y de los cinco santos en 1622.

Claro está que también debió de haber frecuentado los teatros públicos siendo aún un muchacho, y la influencia que sobre él ejercieron los dramaturgos ya mencionados debe de datar de entonces. Sus lecturas preferidas también tuvieron que tener una poderosa influencia. Los grandes poemas culte-

5. Heliodoro Rojas de la Vega, *Juicio crítico de las obras de Calderón de la Barca bajo el punto de vista jurídico,* Valladolid, 1883; José María de Cossío, «Racionalismo del arte dramático de Calderón», *Notas y estudios de crítica literaria—Siglo XVII,* Madrid, 1939, págs. 73-109; W. J. Entwistle, «Controversy in the dramas of Calderón», *RF,* LX, 1947, págs. 631-636; «La controversia en los autos de Calderón», *NRFH,* II, 1948, págs. 223-238.

ranos de Góngora circulaban ya en manuscrito por Madrid y Salamanca antes de 1620, e iban a dejar muchas huellas en los pasajes descriptivos de sus obras. Las nueve partes del *Romancero general* se publicaron en una edición conjunta el año de su nacimiento; y se reimprimieron —a veces con adiciones— durante su adolescencia. Otras antologías se imprimieron, reimprimieron o circularon en copias manuscritas durante este mismo período, para no hablar de la publicación en Madrid de los diversos volúmenes de los poemas de Lope y de otros nombres famosos. Las canciones obras de otros escritores que tan a menudo se cantan en las comedias y autos de Calderón con frecuencia proceden de estas recopilaciones[6]. Y no debemos olvidar el hecho de que estas canciones se difundían por otros conductos gracias a los músicos profesionales y aficionados.

Entre las obras en prosa impresas en Madrid durante estos años figuraban algunas de las más célebres de Cervantes. Hay muchos ecos de Cervantes en las obras de Calderón, aunque por desgracia su obra *Los disparates de don Quijote* no ha llegado hasta nosotros[7]. A primera vista, la amplia perspectiva vital de Cervantes y su amplia tolerancia parecen pertenecer a un mundo muy distinto del de las construcciones formales de Calderón y su moralidad ortodoxa. Pero las dos novelas de *El curioso impertinente* y *El celoso extremeño* parecen haber impresionado al joven dramaturgo, quien quizá vio en ellas un reflejo de su propia situación. Cervantes había mostrado las desastrosas consecuencias de la sumisión de unos seres humanos a la voluntad despótica de dos maridos imprudentes, y no debemos olvidar que Calderón sufría también por los proyectos de un padre tiránico empeñado en que su segundo hijo no siguiera la vida que él quería llevar. Los análisis calderonianos de la relación padre-hijo (*La devoción de la Cruz,*

6. E. M. Wilson y J. Sage, *Poesías líricas en las obras dramáticas de Calderón...*, Londres, 1964.
7. Shergold, *History*, págs. 288-289, n. 6.

La vida es sueño) tienen algo en común con las historias en que Cervantes trata el tema del deshonor marital[8].

En 1621, cuando Calderón llegó a la mayoría de edad se negó a ordenarse de sacerdote. Dejó de firmar con el nombre de don Pedro Calderón Riaño (el apellido de la abuela que había dotado la capellanía) y a partir de entonces se llamó a sí mismo don Pedro Calderón de la Barca. Pero no es posible poner en duda la fe religiosa del muchacho que había pertenecido a la cofradía de la Anunciata en el Colegio Imperial, ni del hombre que compuso y dramatizó un áspero y ascético romance sobre la penitencia de san Ignacio en Manresa (1622) y que más tarde escribiría tres o cuatro de los mejores dramas religiosos que existen en castellano y que llegó a ser el mayor de todos los autores de autos sacramentales. La educación jesuítica había calado muy hondo en él. Varias composiciones poéticas demuestran la influencia del sistema de meditación ignaciano; también escribió obras sobre san Francisco de Borja y sobre el converso morisco Baltasar de Loyola. El hecho de que la primera etapa de su vida fuese más bien desordenada no significa que no leyese ni estudiase, ni tampoco que en esta época su religión fuese meramente convencional.

Sus excesos juveniles han sido a veces exagerados por la crítica moderna, sin tener en cuenta que las afirmaciones de un acusador apasionado no son las de un juez imparcial; para comprender el asunto de las Trinitarias hay que hacer más caso a Trejo que a Paravicino. Pero encontraremos algún reflejo de esta actitud desaforada en varias de sus obras primerizas. *Luis Pérez el gallego* (¿1629?) es un caso en el que vemos al poeta simpatizar con un héroe rebelde y fuera de la ley que humilla a un malvado que es cristiano nuevo. En la obra se exponen actitudes como éstas:

> Viéndome pues más culpado
> yo que Don Alonso estaba,

8. A. A. Parker, «The father-son conflict in the drama of Calderón», *FMLS*, II, 1966, págs. 288-289.

pretendí que me valiese
antes el salto de mata
que ruego de buenos.
Llegad conmigo: veréis
del modo que he de vivir,
tomando lo que me den,
sin hacer agravio a nadie,
que soy ladrón muy de bien

La obra es amena y está llena le vida. En *El purgatorio de san Patricio* —basada en una novela de Montalbán que se publicó en 1627—, el héroe, que ha llevado una existencia criminal, por fin se convierte cuando se le aparece su propio espectro y a partir de entonces lleva una vida ascética después de atravesar la famosa cueva de Lough Derg, donde tiene visiones del Infierno y del Purgatorio. No obstante, aunque Ludovico Enio se nos presenta como un hombre de gran maldad, relata sus crímenes con deleite y dice piadosamente de cada una de las víctimas a las que ha dado muerte, «que Dios le tenga en el Cielo». La obra, tosca pero vivaz, contiene una bellísima escena en la que Ludovico, ya convertido, vuelve a encontrarse con Polonia, a la que había matado, pero que ha resucitado milagrosamente. Ambos se niegan firmemente a dejar que los recuerdos del pasado influyan en su vida actual, y ella muestra a su antiguo asesino el camino de la redención. En esta obra aún primeriza, la rebeldía empieza a ser objeto de vigilancia crítica.

Éstas y otras obras de juventud se escribieron para los teatros públicos, aunque de vez en cuando se representaban también en el palacio ante el joven Felipe IV. Son atractivas, aunque el autor aún no ha descubierto la plenitud de sus posibilidades. Dentro de este grupo hay que incluir una obra sobre las guerras que por aquel tiempo tenían por escenario a Flandes: *El sitio de Breda* (1625), muestra de un género que Calderón no volvería a cultivar nunca más. Tal vez la mejor de las obras de este período —suponiendo que la obra sea tan temprana como algunos críticos piensan— es *El astrólogo fin-*

gido, de acción muy ágil, llena de alusiones locales madrileñas y bien construida. En ella encontramos una imitación directa del episodio de Clavileño, de la segunda parte del *Quijote.* En esta obra y en otras de estos mismo años, la influencia de Tirso es muy sensible.

Su primera gran obra maestra, *El príncipe constante,* se estrenó en 1629. Se basa en la historia del príncipe histórico Fernando de Portugal, que murió en Argel cautivo de los moros, y de quien Calderón hizo un mártir cristiano que prefirió la abyecta esclavitud y la muerte a permitir que se le pusiera en libertad a cambio de la ciudad de Ceuta y de la pérdida de almas para Cristo. La obra ha sido repetidamente comentada por críticos ingleses, norteamericanos y alemanes; existe también una excelente monografía que estudia cómo Calderón extrajo su historia de unos hechos históricos y de una obra anterior, probablemente de Tárrega. El drama contrasta la figura del héroe con la de su valeroso pero indeciso hermano (el también histórico Enrique el Navegante), con el rey de Fez, su general Muley y con Fénix, la princesa mora. Las series de contrastes culminan en la patética escena de la muerte: Fernando, que muere en un estercolero, desafía al rey y reduce a la nada la compasión de Fénix. Antes había eclipsado a su hermano en decisión militar y a Muley en la observancia de los principios de la fidelidad. La famosa escena en la que el Príncipe Constante se niega a permitir el trueque con Ceuta («porque es de Dios y no es mía»), su soneto en el que desafía con la muerte a la belleza de Fénix, su soliloquio antes de morir desafiando al rey y aceptando la muerte, la descripción que hace Muley de una batalla naval, justamente elogiada por el profesor Gombrich[9], demuestran que la calidad poética de las diferentes partes no perjudica en nada la soberbia construcción del conjunto. En las últimas escenas el espíritu del héroe conduce a la victoria al ejército portugués, con el fin de que pueda recibir cristiana sepultura y Fénix pueda casarse con Mu-

9. E. H. Gombrich, *Art and Illusion,* Londres, 1962, págs. 223-225.

ley. Cierto crítico vio en este desenlace tan sólo como una manera de epílogo, en el cual el milagro constituye el rasgo esencial. Entwistle le recordó que en esta escena Fernando pronuncia una frase que alude a una verdad más honda que va mucho más allá de lo que significa la circunstancia en cuestión:

> En el horror de la noche,
> por sendas que nadie sabe,
> te guié.

El héroe santo conocía las ignoradas sendas a través del horror de la noche de su muerte en vida.

También en 1629 Calderón compuso dos famosas comedias de capa y espada: *La dama duende* y *Casa con dos puertas, mala es de guardar.* Posteriormente escribió otras muchas del mismo género, algunas (por ejemplo, *No siempre lo peor es cierto, Mañanas de abril y mayo, No hay burlas con el amor*) tan buenas como las dos arriba mencionadas, aunque menos famosas[10]. Estas comedias son la continuación de las obras de amor y celos de Lope y Tirso, aunque ahora más estilizadas, más complicadas, más ingeniosas. El objetivo inmediato con el que se escribieron era el de proporcionar un entretenimiento refinado, divertir a un tipo de público más culto del que era habitual en los corrales, pero su amenidad es tal que hasta los analfabetos debían de disfrutar con ellas. En estas comedias los caballeros son caballeros y las damas, damas; los hombres de honor cortejan a mujeres de calidad, y mientras los primeros defienden el código del honor, ellas son castas. En la acción intervienen dos o más parejas de enamorados y

10. Wardropper, «Calderón's comedy and his serious view of life», *Hispanic Studies in Honor of Nicholson B. Adams,* Chapel Hill, 1966, págs. 179-193; J. E. Varey, «*Casa con dos puertas:* Towards a definition of Calderón's view of comedy», *MLR,* 67, 1972, págs. 83-94; también puede consultarse Menéndez y Pelayo, *Calderón y su teatro,* Madrid, 1881, cap. VII; Ángel Valbuena Prat, *Calderón,* Barcelona, 1941, cap. X; y los prólogos de Ángel Valbuena Briones a las diferentes comedias en la edición de Aguilar.

las complicaciones se deben a errores de identidad causados por personajes que hablan en la oscuridad, mantos intercambiados u otros recursos más bien convencionales. Como se consideraba que la conducta de una mujer soltera afectaba al honor de su pariente o tutor masculino, un mismo caballero puede aparecer al mismo tiempo como tutor de una dama y galán de otra. La amistad entre hombres y entre damas a menudo hace aún más intrincados estos enredos. De modo que el impulso arrebatado de uno de los personajes no sólo afectará a su propio caso, sino también al de los demás. El arrebato en el modo de hablar y en la conducta, la ignorancia de unos hechos dados, el apresuramiento de sacar conclusiones, la incapacidad por comprender que no siempre las apariencias responden a unas realidades, todos estos equívocos acarrearán para todos conflictos, duelos, disputas de enamorados y rupturas entre amigos. Pero a la larga la pareja más juiciosa o más prudente ayudará a las que lo son menos con el fin de llegar al desenlace usual: promesa de matrimonio ante testigos y la satisfacción del guardián del honor de una dama cuando ésta pasa de su guarda a la de su esposo, quien de ahora en adelante se considerará responsable de ella.

Estas obras, aunque concebidas primordialmente como entretenimiento, no sirven tan sólo «para distraer los ocios de la jornada». En general se fundan en una serie de normas de conducta muy estrictas que el autor defiende: ser cortés, hacer honor a la palabra dada, proteger a los desvalidos, ayudar a los amigos, etc. También nos muestran, «*sine periculo vitae*»[11], que los errores en que podemos incurrir en nuestro proceder y en la interpretación de las circunstancias en que nos encontramos, pueden tener, y de hecho tienen, consecuencias desagradables. A veces la expresión de los conflictos del mundo de capa y espada aluden por analogía a otros más serios que podríamos encontrar en obras de mayor empeño. La

11. Del «Prohemio» a la *Propalladia* de Bartolomé de Torres Naharro; se trata de una cita de Badius.

perspicacia y la prudencia son cualidades valiosas que ayudan a los hombres y a las mujeres en sus dificultades; por el contrario, el arrebato, los impulsos súbitos, la precipitación son trampas peligrosas para los incautos. Estas obras merecen casi el título de divertidas alegorías morales.

En estas comedias no faltan tampoco ocasionales apuntes de crítica social. Calderón, tal vez pensando en los «figurones» de Ruiz de Alarcón, a veces incorpora personajes de ese tipo dentro de sus obras. En *Mañanas de abril y mayo* (¿1634?), Don Hipólito se jacta de su buena fortuna como galán —«Yo tengo notable estrella con mujeres»—, ¡pero al final de la obra se queda soltero! En *No hay burlas con el amor,* Doña Beatriz es una dama que habla de un modo pedantescamente gongorino; para pedir a su hermana que le enseñe una carta lo hace en los siguientes términos:

> Con vulgar disculpa
> me has obstinado dos veces;
> ese manchado papel,
> en quien cifró líneas breves
> cálamo ansarino, dando
> cornerino vaso débil
> el etíope licor,
> ver tengo.

Pero al final de la obra ha aprendido la lección de la prudencia, mereciendo así la recompensa adecuada.

Otra variante del tema traslada el lugar de la acción de una ciudad al palacio. Además de los conflictos resumidos más arriba, el héroe tiene que enfrentarse con problemas de amor y fidelidad a su soberano, así como con el clásico dilema entre el amor y el honor. Estas obras son menos interesantes que las otras, sobre todo porque los palacios se nos han hecho más desconocidos que las casas de las ciudades del siglo XVII. La impaciencia de Dámaso Alonso con *Amigo, amante y leal* es compartida por otros lectores[12]. Una de las más legibles de

12. Dámaso Alonso y Carlos Bousoño, *Seis calas en la expresión literaria*

entre estas obras es *La banda y la flor*. En muchas de estas obras, comedias de capa y espada y «comedias palaciegas», Calderón expresa la idea de que el paso del tiempo revelará la verdad, restaurará relaciones rotas y va a resolver otras dificultades. Una de estas comedias lleva precisamente el título de *Dar tiempo al tiempo*: dejar que el tiempo transcurra y él lo arreglará todo. Los títulos proverbiales de muchas de estas obras y su mismo fundamento —el mundo es un laberinto confuso—, así como las virtudes que preconizan (prudencia y confianza) no dejan de tener relación con el sistema moral de la fe cristiana en la que había sido educado su autor.

En los años treinta Calderón iba a mostrar nuevas facetas de su arte. En el curso de este decenio se estrenaron muchas de sus obras más conocidas, y si hubiese muerto en 1641 su fama póstuma apenas hubiese sido algo menor que la actual. El nuevo palacio del Buen Retiro, con su brillante escenógrafo Cosme Lotti (más tarde sustituido por Baccio del Bianco) proporcionaba nuevos recursos a un escritor lo suficientemente diestro como para servirse de ellos. Probablemente Calderón todavía solía escribir sus obras para los empresarios de los corrales, pero las dos comedias de gran espectáculo, *El mayor encanto, amor* (primera versión representada en 1635)[13] y *Los tres mayores prodigios* (1636), fueron los primeros especímenes de comedias palaciegas de carácter mitológico como las que iba a seguir escribiendo casi hasta su muerte. El más antiguo de sus autos fechables, *El nuevo palacio del Retiro* (1634), da una visión simbólica del coliseo palaciego; pero en esta época, otros autos, como *El gran teatro del mundo* y *La cena de Baltasar,* ya debían de haber sido compuestos y representados.

En un resumen como éste no disponemos de espacio para comentar todas las obras interesantes que escribió Calderón.

---

española, Madrid, 1951, págs. 152-159. Todo el capítulo, titulado «La correlación en la estructura del teatro calderoniano», es una valiosísima contribución a los estudios calderonianos.

13. Shergold, «The first performance of Calderón's *El mayor encanto, amor*», *BHS*, XXXV, 1958, págs. 24-27.

Pero hay que mencionar dos de sus obras maestras de tema religioso. *La devoción de la Cruz* trata de un criminal —personaje que está lejos de cualquier idealización— llamado Eusebio que mata al hermano de una mujer llamada Julia, y la rapta del convento en el que el padre de la joven, Curcio, la había hecho ingresar. Eusebio descubre que Julia tiene una marca de nacimiento en forma de una cruz y la abandona, pues él también tiene una marca semejante. En realidad son hermanos. Él se hace bandolero y Julia, al no poder volver al convento, se dedica también a esta vida. Curcio, que está al frente de las fuerzas de la ley y el orden, les persigue a ambos y mata a Eusebio. Pero la devoción que éste sentía por la Cruz era tal que su vida se prolonga milagrosamente con objeto de que pueda confesarse antes de morir. Esta situación ha horrorizado a los críticos protestantes y agnósticos, que consideran el milagro como algo supersticioso, pero la invocación a Dios por medio de la Cruz, después de haber sido herido, es tan conmovedora como las palabras de Dimas, el Buen Ladrón, y vemos que su arrepentimiento es verdadero. El profesor Parker ha demostrado brillantemente que en realidad la obra trata también de la tragedia de Curcio, cuyo rígido sentido del honor le lleva a matar a su esposa y a perder a su hijo Eusebio[14], y donde la violencia del hijo y la rebeldía de la hija son consecuencias de la dureza de Curcio. Esta interpretación añade una nueva dimensión a una obra llena de situaciones impresionantes y de una emotiva poesía.

El mágico prodigioso es la mejor de las obras religiosas de Calderón. Se compuso originariamente para las festividades del Corpus de Yepes (provincia de Toledo) en 1637. De ella se conservan dos versiones diferentes: la impresa en 1663 y la de un manuscrito autógrafo[15]; la primera parece la más ma-

14. W. J. Entwistle, «Calderón's *La devoción de la Cruz*», *BH*, L, 1948, págs. 472-482; Parker, «The Approach to the Spanish Drama», págs. 17-22; «The fatherson conflict...», págs. 105-106.

15. El autógrafo fue publicado por A. Morel-Fatio (Heilbronn, 1877). A. A. Parker y Melveena McKendrick preparan una edición de ambos textos.

dura. Parte del texto se ha perdido: nunca conoceremos los orígenes de Justina, aunque esperamos que se nos hable de ello. Sobre esta obra se ha discutido mucho en relación con la leyenda de Fausto, pero nosotros la comentaremos sin hacer referencia ni a Marlowe ni a Goethe. Cipriano, un filósofo pagano, ama a Justina, virgen cristiana. Ella rechaza sus ofrecimientos de amor, y entonces Cipriano, empujado por la pasión, ofrece su alma a cambio de conquistarla. El Demonio acepta y se hace el pacto. Cipriano olvida su filosofía y se convierte en mago; el Demonio trata de tentar a Justina, pero como ella permanece firme en su pureza, no tiene más remedio que evocar un espectro que tiene la apariencia exterior de Justina para engañar a Cipriano; él la abraza y en sus brazos el espectro se convierte en un esqueleto:

> Así, Ciprïano, son
> todas las glorias del mundo.

Antes le había turbado un pasaje de la *Historia natural* (II, v) de Plinio donde hay una definición del verdadero Dios. El Demonio, al no poder defenderse ante un Cipriano que ha recobrado sus facultades lógicas, se ve obligado a admitir que el verdadero Dios es el Dios cristiano. Cipriano se convierte, y en compañía de Justina acepta el martirio y se salva.

Dios es el protagonista de la obra, el actor invisible, el verdadero Mágico Prodigioso. Las oraciones de Justina le mueven a salvar su honor y a rescatar a Cipriano de la condenación haciendo que el espectro de la joven se convierta en un esqueleto. Éste es el núcleo de la obra. En sus pormenores, Calderón nos dio algunos de los mejores fragmentos dramáticos de toda su obra: la primera conversación de Cipriano con el Demonio en la montaña, las décimas en las que Cipriano pondera la hermosura de Justina, la tentación de ésta (traducida al inglés por Shelley) y los límpidos y elocuentes versos en los que triunfa de esta tentación. Hay también un expresivo contraste entre el mundo de fe, religión, magia y pactos diabólicos y el mundo inferior de los dos graciosos, que comparten los favores de la misma mujer en días alternos, y que, cuando los mártires se dirigen hacia la muerte, no pueden comprender la serena dicha de Justina y de su antiguo amante. Toda la obra es de una gran riqueza de contenido; su aparatoso milagro no es tan sólo un brillante efecto escénico, sino la metáfora central de la inanidad de las glorias mundanas.

Dos de las tragedias que escribió Calderón sobre los temas del honor y de la muerte de la esposa pertenecen también a esta década. *El médico de su honra* se estrenó en junio de 1635; se trata de una refundición muy elaborada de una obra anterior que se atribuyó a Lope, pero que probablemente es de otro dramaturgo[16]. En la mayoría de las obras de Calderón la honra se considera como una virtud positiva; en ésta —aunque tradicionalmente se ha interpretado de un modo opuesto— se contrasta un caso extremo del código del honor (un caballero rígido y escrupuloso en estas materias hace sangrar a su esposa inocente hasta que muere de una manera que parece accidental) con los principios cristianos. Don Gutierre cree que su esposa, Doña Mencía, le ha traicionado con Don Enrique (el que más tarde será Enrique II de Trastámara), y antes el mismo Don Gutierre ha desdeñado a Leonor, creyendo que el galán de su doncella era el amante de la joven. Aunque el homicidio es premeditado y está cuidadosamente planeado, Don Gutierre es tan imprudente en sus juicios como Doña Mencía lo es en sus actos. La acción se desarrolla durante el reinado de Pedro el Cruel (1350-1366), y abundan los sutiles paralelismos entre el rey justo pero cruel, y el esposo digno pero cruel también. Calderón distancia deliberadamente los hechos situándolos en un ambiente medieval. El honor del marido, que en sí es bueno, sin la virtud de la prudencia se convierte en algo cruel e injusto. La obra ejemplifica la teoría de

16. La mejor adición de esta obra es la de C. A. Jones (Oxford, 1961). Para lo referente a sus relaciones con la obra anterior, véase A. E. Sloman, *The Dramatic Craftsmanship*, cap. II. Para la fuente de la obra, Morley y Bruerton, *op. cit.*, págs. 311-312. Para una fuente remota, E. M. Wilson, *Some aspects of Spanish literary history*, Oxford, 1967, apéndice B.

la secreta venganza que corresponde a un agravio secreto; si la venganza del honor ofendido es pública, el vengador sigue estando deshonrado, porque los demás saben que tuvo la honra y que la ha perdido. Aquí Calderón nos muestra cómo funciona el código del honor en toda su brutalidad; en la más expresiva de las escenas, el cuerpo exangüe de Mencía ofrece un horrible contraste con el crucifijo que domina el escenario. Las imágenes de cirujía están íntimamente vinculadas al clímax y al desenlace de la obra. La muerte del rey Don Pedro en Montiel se prefigura en ocho versos de un romance, y Gutierre aparece estrechamente unido a su rey.

A secreto agravio, secreta venganza, estrenada en el palacio en junio de 1636, trata también del tema que ya indica su título: la venganza oculta de una ofensa que también lo es. Aunque quizá deba verse como un estudio de las implicaciones del código del honor en sí mismo. Vemos cómo Don Lope de Almeida comprende la importancia de una venganza secreta por el caso de un amigo menos prudente. La esposa de Don Lope es culpable con el pensamiento, y su antiguo galán está movido casi tanto por el deseo de mancillar el honor de Don Lope como por el amor de ella. De nuevo Calderón vuelve a ambientar el drama en una época pretérita: en Portugal (donde las mujeres estaban más sujetas a sus maridos que en Castilla) durante el reinado de don Sebastián (1557-1578). El destino de Don Lope va unido al de don Sebastián, que pereció en la batalla de Alcazarquivir. La obra se ha interpretado como una alegoría de la prudencia en un mundo obsesionado por el código del honor. El estilo y la composición son de una gran brillantez.

Dentro de esta década, la mejor obra de Calderón es sin duda alguna *La vida es sueño,* escrita en 1635 e impresa al año siguiente, y donde la historia del durmiente que se despierta recibe un planteamiento nuevo. Segismundo, hijo del rey-astrólogo Basilio, vive cargado de cadenas en una torre perdida en un monte fragoso, como si fuese una fiera enjaulada, porque el horóscopo trazado por su padre sólo pronosticaba que sería causa de desgracias. Un día Basilio le hace administrar una pócima soporífera y es llevado al palacio, donde cuando se despierta ve que es tratado como príncipe por todos los que le rodean; en seguida se pone de manifiesto la violencia de su naturaleza, ya que se insolenta con su padre, corteja desconsideradamente a dos mujeres, trata de matar a Clotaldo, su antiguo ayo, y arroja por una ventana a un criado importuno. Basilio, persuadido de que Segismundo es irredimible, hace que le administren de nuevo la droga y que le devuelvan a la torre. Allí Clotaldo le convence de que lo que recuerda de su vida en palacio sólo fue un sueño.

Los polacos se enteran de que su príncipe legítimo no reinará sobre ellos y los soldados ponen en libertad a Segismundo, quien se pone al frente de los rebeldes para combatir a su padre. Su experiencia del sueño de la vida le ha convencido de que ahora ha de obrar con cautela, y cuando encuentra por tercera vez a la mujer (Rosaura) a la que antes había visto en la torre y en el palacio, le hace comprender que en realidad no estaba soñando las veces anteriores. Su cautela se convierte en verdadera prudencia al conducir su ejército a la victoria; después de derrotar a las fuerzas de Basilio, repone a su padre en el trono. Del caos ha surgido el orden.

Esta obra siempre ha impresionado profundamente a todos los que la han leído sin *parti pris*. Pese a lo cual, con frecuencia ha sido mal interpretada. El título no significa que toda la vida sea un sueño, sino que los valores de este mundo sólo tienen una realidad semejante a la de los sueños; en el palacio Segismundo «sueña» que puede hacer lo que le plazca, pero aprende la lección de la cautela y luego la de la prudencia cuando se despierta. Hasta hace relativamente poco tiempo no se advirtió la relación de la intriga secundaria con la principal. Incluso el argumento de que Segismundo se enmienda demasiado aprisa puede refutarse. El sueño de la vida afecta a otros además de Segismundo: Basilio, un príncipe polaco, el gracioso... todos tienen sueños y tristes despertares. Clotaldo y Rosaura, por su apego a unos valores que no son de este mundo (la fidelidad y el honor) escapan a las desilusiones que conocen los demás[17].

Los dos soliloquios de Segismundo (sobre la pérdida de su libertad y sobre el sueño de la vida) son justamente famosos. Con menos frecuencia se citan las palabras del soliloquio del acto III, que son sin embargo igualmente memorables:

> ¿Qué pasado bien no es sueño?
> ¿Quién tuvo dichas heroicas
> que entre sí no diga, cuando
> las revuelve en su memoria:
> «sin duda que fue soñado
> cuanto vi»?

Se sabe que una obra titulada *El alcalde de Zalamea* se representó en palacio el 12 de mayo de 1636. Lo que todavía se discute es si se trataba de la obra de Calderón o de su fuente —atribuida a Lope, aunque es muy dudoso que fuera realmente suya—. También es discutible que la obra de Calderón se inspirase en sus experiencias en el ejército durante los años 1640-1642. *El alcalde,* que pertenece a la familia del *Peribáñez* de Lope, etc., es un drama de honor rústico amenazado —en este caso destruido— por un caballero. Unas tropas se alojan en Zalamea. Un rico labrador llamado Pedro Crespo aloja en su casa primero a un capitán del ejército, y luego a su general, don Lope de Figueroa. Cuando las tropas aban-

17. Véanse los ensayos de Wilson, Sloman, Whitby y Hesse en Wardropper, *Critical Essays on the Theatre of Calderón,* Nueva York, 1965; Michele Federico Sciacca, «Verdad y sueño en *La vida es sueño* de Calderón», *Clavileño,* 2, 1950, págs. 1-9; P. N. Dunn, «The horoscope motif in *La vida es sueño*», *Atlante,* I, págs. 187-201; Wardropper, «Apenas llega cuando llega a penas», *MP,* LVII, 1959-1960, págs. 225-232. Para una interpretación diferente, véanse H. B. Hall, «Segismundo and the rebel soldier», *BHS,* XLV, 1968, págs. 189-200; «Poetic justice in *La vida es sueño:* a further comment», *BHS,* XLVI, 1969, páginas 128-131; y la respuesta de A. A. Parker, *ibid.,* págs. 120-127; R. Pring-Mill, «Los calderonistas de habla inglesa y *La vida es sueño:* métodos del análisis temático-estructural», *Litterae Hispanae et Lusitanae,* Munich, 1968, páginas 369-413. Para otro tipo de enfoque véase Lionel Abel, *Metatheatre—A new View of Dramatic Form,* 1963, págs. 59-72.

donan la población, el capitán rapta a la hija de Pedro y la fuerza. Pedro se apodera de la persona del capitán y le suplica que se case con Isabel, pero el capitán se niega a matrimoniar con una muchacha campesina. Crespo, ahora alcalde de Zalamea, hace que le den garrote y se enfrenta con el indigno don Lope, furioso por la pérdida de uno de sus oficiales. La llegada de Felipe II interrumpe este conflicto: Pedro Crespo es nombrado alcalde perpetuo de Zalamea, su hijo sustituye al capitán como oficial de don Lope y la desdichada Isabel se retira tristemente a un convento.

El extraordinario vigor de este drama lo ha convertido en la segunda obra más famosa de las de Calderón. Crespo y don Lope compiten en energía, en amistad y en hostilidad. La progresiva evolución de la curiosidad lujuriosa del capitán (como la de Loaysa en *El celoso extremeño* de Cervantes), el ardor militar de Juan (el hijo de Crespo), la vaciedad del hidalgo local don Mendo, la prudencia del sargento, el desenfado del soldado Rebolledo y de su amiga Chispa, su querida, todo se describe con un poderoso encanto. Cada escena es magnífica en sí misma y encaja admirablemente dentro del plan del conjunto. La venganza de Crespo sobre el capitán desafiaba las minucias legales, pero estaba humanamente justificada, y así lo comprendió Felipe el Prudente. La obra combina la rica humanidad, que asociamos al mejor Lope, con la soberbia técnica calderoniana.

Antes de ordenarse Calderón escribió otras muchas obras que son de un mérito casi igual a las que ya hemos comentado. Aquí sólo podemos mencionarlas, pues la falta de espacio nos impide hacer de ellas el análisis que merecen. Muchas son comparables con las mejores de la producción calderoniana, quizás exceptuando tan sólo las cumbres máximas de su obra. *Amar después de la muerte,* que trata de la revuelta de los moriscos granadinos en 1569, contiene una de las escenas más dramáticas que ideó Calderón. *La cisma de Ingalaterra,* la historia de Enrique VIII, Catalina de Aragón, Ana Bolena y María Tudor, desfigura la historia para adaptarla a las verdades generales de la poesía. *El José de las mujeres,* la historia de santa Eugenia, participa de los valores de *El mágico. La niña de Gómez Arias,* refundición de una obra de Luis Vélez de Guevara, es la conmovedora historia de cómo un desaprensivo soldado vende a los moros la mujer que ha seducido. *No hay cosa como callar* (1638-1639), la más seria de las comedias de capa y espada, se basa en una situación similar a la de *La fuerza de la sangre* cervantina. *Las tres justicias en una* aborda de nuevo el tema de la relación padre-hijo. *El pintor de su deshonra* —en ciertos aspectos la más profunda de las tragedias sobre la muerte de la esposa— es demasiado compleja para poderse resumir. En ella se analiza la responsabilidad común en el desenlace de todos los que toman parte en esta tragedia[18].

Calderón escribió pocas obras durante los años cuarenta. Su participación en la guerra de Cataluña y el cierre de los teatros durante la segunda mitad de esta década redujo necesariamente su producción. Las restricciones fueron aminorándose de un modo gradual a medida que la segunda esposa de Felipe IV, Mariana, se acercaba lentamente a Madrid. Probablemente escribió dos o tres comedias antes de ordenarse en 1651. En contra de lo que él mismo había decidido cuando su ordenación, presiones procedentes de las altas esferas le movieron a seguir escribiendo para el teatro palaciego. Ahora escribe exclusivamente para un escenario con proscenio y telón, no para el viejo tablado abierto de los corrales. Estas obras implican el uso de una complicada tramoya y de música; son más estilizadas, menos realistas y menos directamente poéticas que sus obras anteriores. Sin embargo no cabe duda de que son dignas de estudio por sí mismas; la idea, expresada frecuentemente por la crítica del siglo XIX, de que todo su valor estriba en el trabajo de Lotti y de sus sucesores es completamente falsa. Poseemos un juego completo de dibujos de

18. Además de los estudios que figuran en la Bibliografía, véase también E. M. Wilson, «Hacia una interpretación de *El pintor de su deshonra*», *Ábaco,* 3, Madrid, 1970.

la escenografía de *La fiera, el rayo y la piedra* (estrenada en 1652) que se usó en una representación posterior (en 1690) y estos dibujos muestran los considerables recursos de que disponían los nuevos escenógrafos y las posiciones ocupadas por los actores, ayudándonos materialmente a visualizar las condiciones en que se desarrollaba la representación mientras leemos las obras.

Cuatro obras de carácter semi-histórico vinculan esta época con el teatro calderoniano de años atrás. *Darlo todo y no dar nada* (estrenada en diciembre de 1651) trata sobre Alejandro Magno, Diógenes y Apeles, y ejemplariza alguna de las preocupaciones artísticas de Calderón[19]. *Las armas de la hermosura* (probablemente de 1652) se vale de la historia de Coriolano para simbolizar la reconciliación de Castilla y Cataluña después de la caída de Barcelona el 13 de octubre de aquel año. Las dos partes de *La hija del aire* (¿1653?) se elevan de nuevo a la altura de las grandes obras del decenio de los treinta; la historia de Semíramis y Ninias le da pie para hacer un análisis de la ambición y la temeridad[20]. *En la vida todo es verdad y todo mentira* (1658-1659) —el título es el del manuscrito autógrafo; los textos impresos traen *En esta vida...*— mereció como «drama filosófico» los elogios de Menéndez Pelayo; contiene varias escenas de gran belleza y una impresionante proyección del futuro sobre el presente[21]. Estas obras han tenido cierta fama, pero hoy día no cuentan con muchos lectores.

Los dramas mitológicos de este período son igualmente notables. Han sido poco estudiados y muchos de sus elementos

19. Eunice Joyner Gates, «Calderón's interest in art», *PQ*, XL, 1961, páginas 53-67.

20. Gwynne Edwards ha publicado una edición de estas dos obras (Londres, 1970). Véanse también sus artículos: «Calderón's *La hija del aire* in the light of his sources», *BHS*, XLIII, 1966, págs. 177-196; «Calderón's *La hija del aire* and the classical type of tragedy», *ibid.*, XLIV, 1967, págs. 161-194.

21. D. W. Cruickshank ha publicado una edición del manuscrito autógrafo de esta obra (Londres, 1971). Véanse también Menéndez y Pelayo, *Calderón y su teatro*, págs. 243-264; D. Alonso y C. Bousoño, *op. cit.*, págs. 124-131.

requerirían análisis y comentarios. Aquí sólo podemos mencionar unos pocos títulos. *Eco y Narciso* (1661) es en parte un estudio de la relación madre-hijo y de la timidez del hijo; contiene una escena de gran valor lírico en la cual el canto de «letras» azora al feble héroe. *La estatua de Prometeo* tiene resabios inesperadamente cristianos; al final Prometeo es libertado de su peña del Cáucaso. *Apolo y Climene* y *El hijo del Sol, Faetón* tratan respectivamente del nacimiento y de la muerte de Faetón; éste muere debido a su ambición por demostrar su origen divino. *Fieras afemina amor* (1669-1670) nos muestra a un Hércules grosero y brutal (como el borracho de Rubens), que, en su afán por ser heroicamente autosuficiente, es humillado por Venus y Cupido a Yole, a quien él pensaba esclavizar[22]. La historia de la ópera española —si exceptuamos una tentativa infructuosa de Lope— empieza con *La púrpura de la rosa* (1660), la historia de Venus y Adonis. La música para *Celos aun del aire matan,* acto primero (¿1660?) y para considerables partes de otras obras se nos ha conservado[23]. En todas estas obras, la música, la poesía y los efectos escenográficos se funden en un conjunto único. En su acción y en escenas aisladas hay apuntes de carácter más o menos alegórico, y son como una especie de autos profanos que apuntan a verdades filosóficas o religiosas, sin manifestarlas de un modo explícito[24].

El auto sacramental era una obra en honor de la Eucaristía, subvencionada por el municipio de Madrid y representada al aire libre en la festividad de Corpus Christi. Las decoraciones escénicas se montaban sobre unos carros (dos antes de 1648, cuatro después), delante de los cuales se levantaba el escenario principal; la mayor parte de la acción se desarrollaba en

22. E. M. Wilson prepara un estudio sobre esta obra.

23. Gilbert Chase, *The Music of Spain,* Nueva York y Londres, 1959, capítulo VI. Jack Sage en la edición citada (cap. 7, n. 24) de *Los celos hacen estrellas* de Juan Vélez de Guevara.

24. Ángel Valbuena Prat ha señalado a menudo la deuda de Calderón para con los mitógrafos Juan Pérez de Moya, *Filosofía secreta,* Madrid, 1585, y fray Baltasar de Vitoria, *Teatro de los dioses de la gentilidad,* Salamanca, 1620.

este tablado, pero unos determinados personajes hablaban desde las decoraciones de los mismos carros. Hasta 1645 (y tal vez hasta dos años después), por Corpus, en Madrid se representaron cuatro autos; a partir de 1648, sólo dos. De 1648 en adelante, cuatro carros, y no dos como antes, tomaron parte en cada auto. Hasta 1648 una serie de autores escribieron autos aceptados para su representación, pero desde 1649 Calderón fue su autor exclusivo[25]. Los autos posteriores fueron más largos, con una escenografía más elaborada y con una complejidad y sutileza mucho mayores. Son también más difíciles de comprender enteramente. No es, pues, de extrañar que los primeros autos de Calderón sean hoy día mucho más leídos que los que compuso en épocas posteriores.

Estas obras tratan alegóricamente de los misterios centrales del Cristianismo. Lo abstracto en ellas se hace concreto. Sus temas son la Caída y Redención de la humanidad, la superioridad del catolicismo sobre el paganismo, el judaísmo y las herejías modernas; y su acción culmina en el culto al Santísimo Sacramento. La trama argumental de la alegoría es profundamente humana, y los lectores no católicos no tienen por qué encontrar obstáculos en ser recompensados por «consentir en dejar entre paréntesis su incredulidad»[26], con tal de que estén dispuestos a tratar de comprender a medida que leen. Las alegorías proceden a veces de la Biblia, pero otras de los mitos clásicos, de la propias comedias de Calderón, de la historia o de sucesos contemporáneos. La interpretación alegórica de la Escritura era algo frecuentísimo en la España del siglo XVII; los mitos clásicos se consideraban a veces como manifestaciones imperfectas de la doctrina cristiana; la voluntad de Dios obraba por medio de la historia y de los sucesos contemporáneos. La influencia de la literatura emblemática y de

25. La obra fundamental sobre los autos de Calderón es A. A. Parker, *The Allegorical Drama of Calderón,* Oxford, 1943. Para otras obras, véase Bibliografía, págs. 238-243.

26. Aquí me refiero a una frase famosa en la historia de la crítica inglesa: «a willing suspension of disbelief» (Coleridge, *Bibliographia literaria,* XIV, 2).

las metáforas prolongadas de la poesía conceptista eran fenómenos también asimilables a este tipo de teatro. Todo podía ilustrarse y clarificarse adecuadamente con decorados, música, coreografía y tramoya. Todas las artes colaboraban, pues, como ya habían colaborado en las obras mitológicas representadas en el palacio real. Nuevamente el lector ha de esforzarse por convertir en imágenes visuales lo que está leyendo.

Los dos autos más famosos son de la primera época y relativamente sencillos. *El gran teatro del mundo* abarca toda la escena social el rey, el rico, el labrador, el mendigo, un niño, la Hermosura, la Discreción (es decir, la Religión). A cada cual se le da la indumentaria que le corresponde, representa el papel que se le ha asignado y luego sale de escena para recibir el premio o el castigo. El rey, el labrador y la Hermosura están obsesionados con sus papeles, pero se salvan gracias a sus buenas obras y a su buen fin. El niño (sin bautizar) va al limbo. Sólo el rico se condena. El otro auto es *La cena de Baltasar;* aquí utiliza la historia del festín de Baltasar como una alegoría: Baltasar significa «tesoro escondido»; Daniel, «juicio de Dios». En cierto sentido todos los personajes son parte de Baltasar: Daniel es su conciencia, sus esposas sus vicios (vanidad e idolatría), el Pensamiento lo que piensa. Daniel contiene a la Muerte hasta que Baltasar ha agotado todas las oportunidades de arrepentirse. Profana los vasos sagrados, en la pared aparecen las palabras bíblicas MANE, THECEL, PHARES, y la Muerte le abate. Estas dos obras poseen una gran eficacia dramática; una muestra una actitud humana respecto a las relaciones entre las clases, la otra presenta a la muerte como el último fin de todo desorden moral. Ninguna de las dos depende de un modo especial de la música o de complicaciones escenográficas.

La segunda y definitiva versión del auto de *La vida es sueño* se estrenó en 1673. Segismundo se convierte en el Hombre, Basilio en la Trinidad (Poder, Sabiduría, Amor), los cortesanos en los cuatro elementos. La comparación con la comedia nos permite apreciar hasta qué punto Calderón transformó radicalmente su material. Considerado independientemente, el auto es magnífico, pero otros posteriores son aún más notables. *No hay más fortuna que Dios* (1652 o 1653) por su tema se parece a *El gran teatro,* pero es una obra más madura. Los diversos personajes contemplan el mundo como una fuente de felicidad hasta que la Hermosura cae en un pozo y de él sale un esqueleto para ocupar su lugar. La desilusión permite a los demás ver el mal tal como es, y la salvación les espera al término de la obra. *Los encantos de la culpa* (1649) interpreta en un sentido cristiano la leyenda de Ulises y Circe, que Calderón ya había utilizado en su comedia mitológica *El mayor encanto, amor.* Ulises es el Hombre, sus marineros sus sentidos, el piloto su entendimiento y Circe es «la Culpa». La nave representa a la Iglesia. La obra sigue muy de cerca anteriores interpretaciones del mito, como la que encontramos en la *Filosofía secreta* (1585) de Pérez de Moya. Los elementos, pues, de este auto tenían que ser familiares por lo menos al iniciado; Calderón los refundió dentro de una nueva concepción y valiéndose de una canción de Antonio Hurtado de Mendoza, consiguió una brillante escena principal, la de la tentación. Ésta se produce cuando Ulises ha hecho que el piloto vuelva a la nave; el retorno del piloto contrarresta los hechizos de Circe; Ulises vuelve a su misión, mientras Circe se queda maldiciendo desde las ruinas de su palacio en llamas.

A tu prójimo como a ti (¿1657?) pone en escena una interpretación tradicional de la parábola del buen samaritano. El viajero es el Hombre, los ladrones los tres enemigos de la Humanidad (Mundo, Demonio y Carne), el levita la Ley Natural, el sacerdote la de Moisés, el samaritano Jesucristo. El sacerdote y el levita pasan sin detenerse ante el hombre caído al otro lado del camino porque no pueden redimirle; el samaritano sí puede, y así lo hace después de que el Hombre, ayudado por su Deseo (que antes había prestado ayuda a los salteadores) haya expresado su contrición y el propósito de corregir su vida. Tras el asalto de los ladrones hay una serie de bellos paralelos mientras la noche es iluminada por el lucero del alba y luego se convierte en día. El levita precede al sacerdote y el sacerdote al samaritano; las lamentaciones de Job conducen al canto del *Magnificat;* san Juan Bautista y la Virgen María se retiran para dejar paso al samaritano; el levita lleva el pan de Melquisedec, el sacerdote el maná, y ambos prefiguran el descubrimiento final de la Eucaristía en el desenlace de la obra; de vez en cuando unas alboradas a lo divino se mezclan con la acción. Los enemigos son derrotados. El Hombre, una vez redimido, se alberga con san Pedro.

Muchos otros autos podrían mencionarse aquí. Entre las alegorías mitológicas, *El divino Orfeo* y *El verdadero dios Pan;* entre las históricas, *La devoción de la misa* y *La segunda esposa;* entre las puramente doctrinales, *A Dios por razón de estado.* A pesar de que entre ellos existen muchas semejanzas, y ocasionalmente repeticiones, el valor de los autos sacramentales sigue siendo muy alto, a menos que el lector exija un tipo de teatro que Calderón nunca se propuso escribir. En 1634 un jesuita escribió de *El nuevo palacio del Retiro*:

> He visto con admiración este auto [...] Está en la doctrina ajustado, por la disposición tan dulce de los versos, tan elegante en los conceptos, tan agudo en el asunto, tan peregrino y tan felizmente conseguido en el intento [...] de donde me prometo grandes aplausos en los interesados que nunca me parecerá que llegue a ser los que merece.

En el siglo XVIII los autos de Calderón siguieron representándose hasta que en 1765 el género fue prohibido por un decreto del gobierno que inspiró por una parte la actitud artística neoclásica ante la imitación de lo real (tan cuestionable en los autos) y, por otra, una nueva sensibilidad religiosa ofendida —y no sin causa— por las ridículas figuras simbólicas y el tono chusco de muchos imitadores.

Las loas de Calderón, muchas de ellas para sus propios autos, suscitan problemas de atribución y de distribución. No todas las loas conservadas que acompañan a unos autos eran obra suya, y algunas de ellas sin duda alguna se escribieron para otros autos distintos de aquellos a los que más tarde se incorporaron. En principio, las auténticas son elegantes y adecuadas, aunque raras veces alcanzan un valor extraordinario. Muchos problemas de atribución y de otras clases siguen sin resolverse. También varios de los entremeses atribuidos a Calderón son de paternidad incierta, pero los mejores de los auténticos han sido injustamente infravalorados. La *Mojiganga de la muerte* (o más propiamente *de las visiones*) es el mejor: unos actores vestidos para representar un auto despiertan a un borracho tendido al borde de un camino; el borracho se queda pasmado al oír jurar a un ángel, al ver que el Demonio se santigua y que un alma bebe un largo trago de un pellejo de vino. *El pésame de la viuda* es una divertidísima caricatura de las extravagancias fúnebres y de las visitas de pésame. *El dragoncillo* es una nueva y estilizada versión en verso de *La cueva de Salamanca,* de Cervantes.

Las obras no dramáticas merecen también más atención de la que suelen prestarles los críticos. Algunas de sus «aprobaciones» a las obras de otros autores son textos de pura rutina, pero la escrita para *Las soledades de la vida* (1658), de Cristóbal Lozano, es importante para comprender las intenciones del propio Calderón como escritor. Su *Deposición a favor de los profesores de la pintura* ha sido reconocido, gracias a Curtius, como un texto importante dentro de la historia de la teoría del arte en el siglo XVII. Contiene algunos fragmentos de prosa muy bella. Excelente es asimismo la prosa de la carta dirigida al Patriarca y que ya hemos mencionado.

Muchas de las composiciones poéticas de Calderón son piezas académicas de escasa importancia o poemas de circunstancias que no tenían otro objeto que cumplir con un propósito inmediato: un elogio para el libro de un amigo o un posible protector, versos para un concurso en honor de un santo, una lamentación convencional para una muerte. Sin embargo, en ocasiones alguna obra suya de mayor empeño trasciende a la circunstancia que la motivó. El romance sobre la penitencia de san Ignacio en Manresa —que tiene un carácter semidramático— se presentó a un certamen, pero sigue teniendo vigor y emoción. Los tercetos sobre la muerte del infante Carlos (1632) incorporan al poema un conocido verso de un soneto escrito por este príncipe y contienen algunos versos de gran intensidad. El panegírico al Almirante de Castilla después del asedio de Fuenterrabía (1638) no carece de dignidad, pero muy superior es su poema *Psalle et sile* sobre la inscripción grabada en la verja del coro de la catedral de Toledo; basado en el método de meditación ignaciano, el poema hace una apología de la poesía religiosa e inculca los deberes de los sacerdotes. Otros dos poemas merecen ser mencionados: un romance ascético que empieza «Ahora, Señor, ahora...» que se publicó por primera vez en la antología tantas veces reimpresa titulada *Avisos para la muerte* (Madrid, 1635) y que más tarde se publicó en una versión mucho más extensa en el siglo XVIII; y una serie de décimas sobre la muerte, obra impresionante pero de la que aún no tenemos pruebas concluyentes de que sea debida a la pluma de Calderón. Otros poemas atribuidos a Calderón han resultado ser de otros autores: el romance que empieza «Curiosísima señora...» es de Carlos Alberto de Cepeda y Guzmán; otros dos («¿No me conocéis, serranos?» y «Salid, ¡oh Clori divina!») han de atribuirse a García de Porras según don José Manuel Blecua, quien, sin embargo, ha equilibrado la balanza publicando la *Elegía a doña María Zapata* (1628), poema auténtico y valioso, que sin duda alguna es de Calderón.

Capítulo 7

LA ESCUELA DE CALDERÓN HASTA 1700

La segunda gran escuela de autores dramáticos de la España del siglo XVII fue la que tomó su principal inspiración de las obras de Calderón, quien siguió siendo venerado e imitado como modelo supremo de los dramaturgos españoles hasta bien entrado el siglo XVIII. Como en el caso de la escuela de Lope, es preciso hacer algunas reservas sobre el grado en que la escuela calderoniana se inspiró para sus procedimientos en los del maestro. El arte de Calderón evolucionó paralelamente al de muchos dramaturgos a los que hoy llamamos sus discípulos, y sin duda aprendió muchas cuestiones técnicas de algunos de ellos al igual que de sus predecesores y contemporáneos que escribían al modo de Lope de Vega. Sin embargo, el prestigio de Calderón como poeta dramático y constructor de admirables intrigas argumentales era tan grande y tan unánimemente reconocido por la generalidad del público y la crítica, que los dramaturgos que querían ver sus obras representadas y aplaudidas en los corrales y en los teatros de la corte, tenían pocos incentivos para hacer otra cosa que imitar su estilo. Cuando Calderón llegó a ser tan famoso que en la última parte de su carrera en Madrid sólo se representaban autos sacramentales suyos en las celebraciones anuales del Corpus Christi, porque el pueblo no admitía otros ni le gustaban si no eran los suyos, los «ingenios» no tuvieron otro camino que imitar su estilo dramático y poético en sus obras teatrales profanas y religiosas. Los poetas del período posterior a la muerte de Lope en 1635 hicieron bien en imitar la manera de Calderón, de una parte porque era eficaz y popular, de otra porque significaba una disciplina y les enseñaba a escribir obras elegantes y bien trabadas que sin embargo dejaban mucha libertad para ser originales. Al tratar del teatro de la escuela calderoniana sería un error suponer que, cuando a primera vista un texto dramático parece «igual que si fuese de Calderón», su autor está copiando servilmente el modelo calderoniano. Sus contemporáneos admiraron e imitaron al maestro, pero sin servilismo, aunque hoy día quizá nos sea más difícil hacer distinciones entre los rasgos estilísticos de los diversos dramaturgos calderonianos que entre los de los autores de la escuela de Lope. No obstante, cuando estudiamos atentamente a los calderonianos se advierten con claridad las características personales de cada «ingenio». A simple vista la producción dramática de los calderonianos puede parece reiterativa, monótona y compuesta con pedantesca precisión, pero, en realidad, hay poca monotonía en sus obras; sí hay, en cambio, variedad, una considerable originalidad (excepto en los autores manifiestamente chapuceros) y a menudo una gran sutileza. Estos dramaturgos proporcionaron la gran masa del repertorio de los corrales españoles, desplazando a todas las obras —excepto las de valor muy eminente— de Lope y de su escuela, desde mediados del siglo XVII hasta mediados del XVIII. Las mejores de estas obras son magníficas. Debido a las preferencias modernas por el teatro de la escuela de Lope, más patentemente original y espontáneo, y a la idea de que una obra que es una refundición de otra anterior es menos digna de estudio que aquélla de la que procede, se han publicado muy pocos estudios de altura sobre la obra de los calderonianos, si se exceptúa a Moreto y a Rojas Zorrilla. Una de las tareas más importantes de la investigación futura (y que los hispanistas están por fin empezando a tomarse en serio) es la revalorización del teatro de la escuela calderoniana.

Hay varios rasgos generales que tienden a distinguir a los calderonianos de los dramaturgos de la escuela de Lope. Uno de estos rasgos importantes es el empleo por parte de los primeros de imágenes y recursos expresivos de carácter culterano y complicada retórica, sobre todo en los pasajes descriptivos y de mayor énfasis emocional, para lo que Góngora era la fuente estilística principal; Calderón y los dramaturgos de mayor sensibilidad de su época se sirvieron de los procedimientos de Góngora y otros poetas, experimentando con ellos y adaptándolos, para formar un tipo de poesía dramática sonora, adornada y equilibrada. En los peores casos, las imágenes del verso dramático calderoniano pueden ser pomposas, huecas y casi reiterativas sin proponérselo, pero en los mejores, pueden expresar de un modo rápido y conciso, para un público ya habituado, una serie de experiencias intelectuales y emotivas a menudo inteligentemente relacionadas. Dentro de este sistema poético, incluso la imagen más tópica (por ejemplo, «cítara de pluma», pájaro) puede adquirir un valor nuevo y sorprendente en el determinado contexto poético y dramático en el que se inserta. En las mejores obras de los calderonianos, el verso queda armoniosamente integrado en el conjunto dramático y temático. Las series, artísticamente trabajadas, de imágenes e ideas que se relacionan entre sí recorriendo toda la obra, son más comunes en el teatro de los calderonianos que en el de la escuela de Lope. Los mejores calderonianos llegan a conseguir en sus obras una perfecta unidad temática y poética.

En el teatro de los calderonianos, todos los elementos individuales de una obra tienden en el fondo a subordinarse completamente y a actuar en función del efecto total que el autor quiere que su drama tenga sobre el público. En el arte de construir intrigas argumentales, estos escritores eran por lo general mucho más cuidadosos y exigentes que los espontáneos dramaturgos de comienzos de siglo. Las causas de este rigor en la composición dramática no son difíciles de explicar: las polémicas que hubo a principios de siglo entre los partidarios de la teoría dramática neoclásica y los que defendían una concepción más libre, movieron a muchos dramaturgos a reflexionar seriamente sobre el arte de escribir teatro; de otro lado, la publicación de tratados capitales sobre el arte dramático, que insistían en la necesidad de dar una acabada composición a las obras (por ejemplo, la *Philosophía antigua poética* [1596], de López Pinciano; el *Arte nuevo* [1609], de Lope de Vega; las *Tablas poéticas* [1617], de Francisco Cascales, y la *Nueva idea de la tragedia antigua* [1635], de Jusepe Antonio González de Salas) tuvo que influir profundamente en la mentalidad de los dramaturgos más sensibles. Por otra parte, las dos grandes obras clásicas sobre el tema podían también leerse en traducción española: la primera versión castellana impresa del *Ars poetica* de Horacio se publicó en Madrid en 1591, una traducción española de la *Poética* de Aristóteles apareció en esta misma ciudad en 1626[1]. Además, a medida que avanzaba el siglo XVII, los autores parecen haber tendido a escribir con mayor frecuencia para los teatros de la corte que para los corrales. Los teatros de la corte llegaron a ser, hacia mediados de siglo, los verdaderos centros vitales de la actividad dramática de Madrid; los dramaturgos ambiciosos buscaban una promoción social y a menudo política componiendo sus mejores obras no para el populacho, sino para el refinado público de la corte. Las obras representadas en la corte —siempre que su escenografía no fuese demasiado complicada— a menudo se reponían posteriormente en los teatros públicos. Esta tendencia no vale en todos los casos y muchos «ingenios» escribieron obras para los corrales, pero el teatro cortesano llegó a ser tan importante que los cánones del gusto dramático de los exigentes cortesanos tendieron a prevalecer, en la segunda mitad del siglo XVII, sobre el gusto popular, influyendo incluso en este gusto popular, que sufrió modificaciones en este sentido, porque los mejores «ingenios» de Madrid escribían pensando en primer lugar en las representaciones de la corte, y también porque en algunas de las representaciones que se daban en los teatros cortesanos más grandes se admitía al público en general. La cultura internacional de los círculos cortesanos tenía que favorecer una precep-

1. Véase Duncan Moir, «The Classical Tradition...», págs. 195, 200 y notas.

tiva más exigente, y en estas circunstancias el gusto por tal dramaturgia tenía que generalizarse en la sociedad madrileña. Así lo comprendió ya Bances Candamo al comentar en 1689 o 1690 que «el mismo gusto de la gente fue adelantando cada día la lima de la censura» en el curso del siglo XVII[2]. El cambio del gusto dramático y la estimativa crítica entre el pueblo estuvo, pues, determinado por la penetrante influencia del gusto cortesano en la capital.

Hoy día, después de la vitalidad y la espontaneidad del teatro español de comienzos del siglo XVII, la estudiada precisión de la dramaturgia de los calderonianos puede parecernos irritante, y aun puede darnos la impresión de algo excesivamente elaborado, demasiado cuidadoso y consciente, demasiado reiterativo en sus recursos y procedimientos dramáticos. El moderno desdén por «la obra bien hecha» tal vez nos inspire prejuicios cuando nos acercamos al teatro calderoniano. También nos los puede inspirar la tendencia de los autores modernos a escribir un teatro experimental deliberadamente no-aristotélico. Sin embargo, una lectura atenta y sensible, así como una recreación imaginativa de las obras de la escuela calderoniana nos harán comprender que muchas de estas obras no sólo son dramas excelentes, sino además poemas asombrosamente sutiles.

Los calderonianos reescribieron a menudo obras anteriores, a veces de su propia pluma, pero en la mayoría de las ocasiones obras de Lope y de su escuela, para amoldarse a los nuevos cánones estéticos del teatro y transmitir nuevas ideas morales y políticas a su público. Varias generaciones de críticos dramáticos modernos han tendido a despreciar estas refundiciones, que se han considerado como plagios. Su actitud demuestra una absoluta incomprensión de lo que el escritor del siglo XVII tenía por originalidad: no olvidemos que, por lo común, no se proponía escribir algo que fuese completamente inventado por él, sino que a menudo prefería rehacer un material anterior con objeto de darle una nueva orientación y una mayor profundidad

2. *Op. cit.*, pág. 30.

intelectual, además de una forma más satisfactoria. Gran parte de la mejor literatura del siglo XVII, y esto implicó todos los géneros, consiste en glosar de un modo inteligente y sensible materiales y temas de carácter tradicional. En el siglo XVII la técnica de la refundición lírica o dramática suele implicar un cierto grado de ironía y en muchos casos un ahondamiento intelectual. Tales eran los propósitos de los refundidores por lo que hoy sabemos de ellos. La buena refundición literaria no se conforma con ser una simple reconstrucción formal, sino que dirige en nuevas direcciones los pensamiento y las emociones de los lectores o de los oyentes. Los trágicos griegos posteriores a Esquilo no desdeñaron refundir obras anteriores; y lo mismo puede decirse de Séneca. No despreciemos, pues, a los calderonianos por haber refundido obras anteriores, y examinemos más bien los motivos que les impulsaron a hacerlo y en qué medida les acompañó la fortuna en esta empresa. No todas las refundiciones de los calderonianos merecen, sin embargo, grandes elogios: *El mejor representante, san Ginés,* de Cáncer, Rosete y Antonio Martínez, no resiste la comparación con *Lo fingido verdadero* de Lope; *No hay plazo que no se cumpla...,* de Zamora, es muy inferior a *El burlador de Sevilla; El caballero de Olmedo* bufo de Monteser merece leerse porque es una obra divertida, pero si pensamos en la obra maestra homónima de Lope cuando leemos esta nueva versión, es imposible no lamentar que Monteser llegara a escribirla; la *Fuenteovejuna* de Monroy es buena, pero vale poco en comparación con la de Lope[3]; *Los cabellos de Absalón,* de Calderón, incorpora una jornada de *La venganza de Tamar,* pero no puede equipararse a la tragedia de Tirso. No obstante, si los dramaturgos calderonianos no solieron acertar al recrear obras maestras anteriores, a menudo lograron obras magníficas, e incluso verdaderas

3. Francisco López Estrada, en «*Fuenteovejuna*» *en el teatro de Lope y de Monroy* (Sevilla, 1965) y en su edición de ambas obras, *Fuenteovejuna (Dos comedias),* CCa, 10 (Madrid, 1969), dice que el estilo de Monroy corresponde más al período tardío de Lope que al tipo calderoniano y que la obra de Monroy no es una refundición de la de Lope. Ambas afirmaciones son discutibles.

obras maestras, inspirándose en obras anteriores más bien flojas.

Otra característica muy importante de la escuela calderoniana fue su mayor preocupación por la norma clásica del decoro en el teatro de lo que había mostrado la escuela de Lope. Los dramaturgos españoles del siglo XVII al escribir sus obras tenían presente una triple visión de la sociedad: la visión de los ideales de conducta y moralidad que todos los hombres y mujeres debían respetar en sus respectivas clases sociales o papeles (la visión del decoro, esencialmente platónica en sus orígenes); la visión de lo que cada individuo en cada clase social suele hacer o suele esperarse que haga (la óptica de la verosimilitud, que deriva teóricamente de la *Ética* de Aristóteles, II, XII-XVIII, y del *Ars poetica* de Horacio, 158-178); y la visión de lo que, en la historia o en el presente, un individuo determinado realmente era o es. En el teatro del siglo XVII vemos que la sociedad es contemplada desde este triple enfoque, pero a medida que avanza el siglo se va produciendo un cambio de perspectiva. Gradualmente, el punto de vista idealista, el del decoro, va a predominar en el teatro sobre la verosimilitud y el realismo. Esta tendencia se aprecia con toda claridad, aunque más bien exagerada hasta el absurdo, en un pasaje de la obra del preceptista José Pellicer de Tovar Abarca *Idea de la comedia de Castilla, deducida de las obras cómicas del doctor Juan Pérez de Montalbán* (1639):

> Hay sucesos en las historias y casos en la invención incapaces de la publicidad del teatro. Tales son las tiranías, sediciones de vasallos contra Príncipes, que no deben proponerse a los ojos de ningún siglo. Ni menos inventar ejemplos de poderosos libres que, fiados en la Majestad, se atreven absolutos a la violencia y a los insultos, violando su gravedad a vueltas de sus torpezas[4].

4. Publicado en *Lágrimas panegíricas a la temprana muerte del gran poeta y teólogo insigne Juan Pérez de Montalbán,* ed. Pedro Grande de Tena, Madrid, 1639, págs. 146*r*-152*v*. Esta versión de la *Idea de la comedia* es significativamente diferente de la del manuscrito de 1635 que se ha publicado en *Preceptiva,* páginas 217-227.

Si el consejo de Pellicer se hubiera seguido al pie de la letra, muchas de las mejores obras de los calderonianos nunca se hubieran escrito. Pero en sus palabras observamos hasta qué punto preocupaba a su generación y a varias otras posteriores el problema de la conveniencia o permisibilidad de «mostrar malos ejemplos» en la escena. La Iglesia y una censura cada vez más enérgica sin duda tuvieron una gran influencia en el desarrollo de un teatro presidido por la noción del decoro. El principio del decoro dramático fue definido más rigurosamente por Bances Candamo, en los últimos años del siglo:

> Precepto es de la comedia inviolable que ninguno de los personajes tenga acción desairada, ni poco correspondiente a lo que significa[5].

En otras palabras, cada personaje dramático ha de cumplir, y nunca debe traicionar, el ideal de la función social que le corresponde. Si esta norma se hubiese observado escrupulosamente en todas las obras a partir de mediados del siglo XVII, no se hubiera compuesto ninguna tragedia sobre la mala conducta de nobles, reyes y emperadores, pero este tipo de obras siguieron escribiéndose. Ruth Lee Kennedy afirma que el protagonista típico de las comedias de Moreto es

> el caballero cortés cuya moralidad es tan irreprochable como sus maneras, sea cual sea el papel que se le haya asignado. Es leal para con sus amigos, fiel a su monarca y constante en el amor que profesa a su dama[6].

Así son la mayoría de los personajes de condición noble en las obras de los calderonianos. Estos personajes, en un teatro fun-

5. *Op. cit.*, pág. 35. Para una síntesis sustancial de la evolución de la idea del decoro en la teoría y la práctica dramática española, véase el prólogo a la edición de Moir, págs. LXXIV-LXXXVIII. Véase también Moir, «The Classical Tradition...», págs. 208-217.

6. *The Dramatic Art of Moreto,* Northampton, Mass., 1931-1932 [*Smith College Studies in Modern Languages,* XIII, 1-4], pág. 77.

damentalmente didáctico, enseñan al espectador cómo ha de comportarse, no lo contrario.

Pero si en la típica obra de la escuela calderoniana todos los personajes principales demuestran tanta dignidad moral, el lector puede preguntarse cómo se creaba una tensión dramática y cómo se mantenía el interés del público. La respuesta es que la mayoría de estos dramas son obras problemáticas en las que vemos la complejidad de los dilemas morales con que quizás haya de enfrentarse en este mundo cualquier hombre digno. Nos presentan a personajes nobles que han de elegir entre unos deberes de fidelidad que están en pugna, entre obligaciones que, al menos en apariencia, se excluyen recíprocamente. La tensión y el interés de tales obras estriba principalmente en el problema de su solución. Sin duda alguna se trataba de un teatro que, más que conmover profundamente a su público, quería hacerle pensar. Por esto la mayoría de las obras de la escuela calderoniana tienen un efecto más intelectual que emotivo. Más que envolver al espectador en miedo y compasión, despiertan en él su admiración y le hacen ejercitar la cabeza. Un teatro problemático de este tipo no era desconocido, ni siquiera infrecuente, en la obra de Lope y de su escuela, pero llegó a ser predominante en el arte de los calderonianos. Unos cuantos títulos bastarán para ilustrar el atractivo básico que estas obras de dilema podían tener para los públicos del siglo XVII y de comienzos del siglo XVIII: *Cumplir dos obligaciones* (Luis Vélez de Guevara); *¿Cuál es mayor perfección, hermosura o discreción?* (Calderón); *No hay ser padre siendo rey* (Rojas Zorrilla); *¿Cuál enemigo es mayor, el destino o el amor?* (Cañizares); *¿Cuál es afecto mayor, lealtad, o sangre, o amor?* (Bances Candamo).

El mejor de los discípulos de Calderón fue quien tal vez escribió una poesía dramática menos gongorina que ninguno de ellos, Agustín de Moreto y Cabaña (1618-1669). Miembro de una familia acomodada de origen italiano, nació en Madrid, estudió lógica y física en Alcalá, recibió las órdenes menores, tuvo un beneficio en Toledo y más tarde regresó a Madrid, donde vivió a comienzos y a mediados de la década de los cincuenta, probablemente como cortesano. El primer volumen de sus obras se publicó en esta ciudad en 1654. Se ordenó de sacerdote y en 1657 fue capellán del cardenal Moscoso, quien le puso al frente de una cofradía toledana que tenía fines caritativos, y en Toledo residió hasta su muerte, administrando el hospital y teniendo a su cargo a los menesterosos de la ciudad.

Gracián llamó a Moreto «el Terencio español», y efectivamente sus mejores obras son todas comedias. No poseía grandes dotes líricas, pero podía escribir con soltura y habilidad versos agudos, equilibrados e ingeniosos. El diálogo de sus mejores comedias es chispeante y natural, y la composición de sus intrigas argumentales es excepcionalmente buena. Sus argumentos «por lo común están divididos en grandes bloques»[7], dispuestos de un modo preciso y ordenado y con una sorprendente economía en cuanto al tratamiento del tema y al número de personajes que se utilizan. Cada uno de los «bloques» tiende a terminar con una escena eficaz e importante, y todas las escenas conducen lógicamente al clímax de la obra. Aquí no hay nada superfluo; las diversas intrigas que hay dentro de cada obra se entrelazan armoniosamente y son interdependientes desde el punto de vista temático.

Moreto sobresalió en ese tipo de alta comedia que Bances Candamo llamó la «comedia de fábrica», y que definió con las siguientes palabras para distinguirla de la más modesta «comedia de capa y espada»:

> Las [comedias] de fábrica son aquellas que llevan algún particular intento que probar con el suceso, y sus personajes son reyes, príncipes, generales, duques, etcétera, y personas preeminentes sin nombre determinado y conocido en las historias, cuyo artificio consiste en varios acasos de la fortuna, largas peregrinaciones, duelos de gran fama, altas conquistas, elevados amores y, en fin, sucesos extraños, y más altos y peregrinos que aquellos que suceden en los lances que, poco ha, llamé caseros [...] El argumento de aquellas comedias

7. *Op. cit.*, pág. 44.

que llamo de fábrica suele ser una competencia por una Princesa entre personas reales, con aquel majestuoso decoro que conviene a los personajes que se introducen, mayormente si son Reyes o Reinas, o damas de palacio, porque, aunque sea del palacio de la China, sólo por el nombre lleva el poeta gran cuidado en poner decorosa la alusión, venerando por imágenes aun las sombras de lo que se puede llamar real[8].

La mejor de todas las comedias españolas de este género, que aspiran a un tipo de diversión más refinado que las comedias de capa y espada, es la obra maestra de Moreto, *El desdén, con el desdén*[9]. Esta pieza tiene toda la dignidad y majestuosidad de las mejores comedias de fábrica, y también la agilidad, esa suave acción escénica que parece casi un ballet, que es característica del buen teatro cortesano de la escuela de Calderón. Se trata además de una obra sumamente divertida. Carlos, conde de Urgel, movido por la curiosidad, va a Barcelona para participar en las justas y torneos en los que compite con otros dos grandes nobles para tratar de conquistar el favor y la mano de Diana, hija y heredera del conde de Barcelona. Pero Diana, persuadida de que la pasión amorosa es destructiva, ha decidido no amar ni casarse, a pesar de que su padre le apremia a ello. Carlos se atrae a la joven fingiendo desdeñarla, hasta que, picada por su indiferencia, Diana se enamora de él. Otra excelente comedia de Moreto, y al parecer una de las fuentes de *El desdén, con el desdén,* es una obra muy semejante, *El poder de la amistad,* que también trata el tema de cómo vencer el desdén de una gran dama.

8. *Op. cit.,* págs. 33-35. La cuestión de que los personajes no sean personajes históricos conocidos es importante. Según la teoría dramática tradicional del Renacimiento, los personajes históricos sólo son aptos para obras graves, tragedias o tragedias con final feliz; en el teatro el público no debe reírse de unos personajes históricos conocidos; por lo tanto, los personajes que nos divierten en la «comedia de fábrica» no deben ser identificables con reyes, princesas o grandes nobles que existieron realmente. No todas las «comedias de fábrica» son de carácter cómico; muchas son simplemente obras de aventuras.

9. Aceptamos la lectura del título que ofrece la primera impresión, siguiendo el criterio de F. Rico en su reciente edición (véase bibliografía).

Sin embargo, las dotes humorísticas de Moreto se ponen de relieve con mayor frecuencia en la comedia de capa y espada. Su otra gran obra, *El lindo don Diego,* puede también llamarse una «comedia de figurón», tipo de comedia que suele centrarse en la representación de un personaje exageradamente ridículo que personifica un determinado vicio o defecto moral. El Don Diego de Moreto es la mejor caricatura de esta clase que hay en el teatro de los Siglos de Oro. Se trata de una brillante refundición de *El Narciso en su opinión,* de Guillén de Castro[10]. Al iniciarse la obra de Moreto, el joven Don Juan se queda consternado al enterarse de que su amigo Don Tello, mayor que él, pretende casar a sus dos hijas, Leonor e Inés (esta última es la amada de Don Juan) con dos sobrinos suyos, Don Mendo y Don Diego. Al igual que hace Molière con su Tartufo, Moreto retrasa deliberadamente todo lo posible la aparición en escena de Don Diego. De este modo el público está en vilo preguntándose cómo serán en realidad Don Diego y su hermano. La descripción que Don Tello hace de Don Diego en la primera escena es irónica:

> Su gala y bizarría
> es cosa de admiración;
> de Burgos es el blasón.

Cuando, después de las escenas en las que Don Juan y Doña Inés expresan su desesperación y más tarde deciden impedir el matrimonio de Inés con Don Diego, éste se describe nuevamente, ahora con palabras puestas en boca de Mosquito, el gracioso, quien se une a las hermanas y a Don Juan para hablarles primero del gallardo, cortés y sensible Don Mendo, y sólo más tarde, en un divertido monólogo, de la afectación narcisista de Don Diego, que se levanta a las cinco de la madrugada para vestirse y no termina tan complicada operación hasta después de las dos de la tarde, y está convencido de que poner tanto

10. Para el proceso de la refundición, véase Frank P. Casa, *The Dramatic Craftsmanship of Moreto,* Cambridge, Mass., 1966, págs. 117-144.

esmero en su atavío es un acto de adoración a Dios tan válido como ir a misa, a la que nunca puede asistir debido al tiempo que emplea en su persona. Por fin, en el gran clímax visual de la primera jornada, vemos al pisaverde en persona, ridículamente vestido, evolucionando entre dos espejos y poniendo fuera de sí a su hermano con sus desvaríos sobre su supuesto poder para conseguir que todas las mujeres se enamoren de él. Su apariencia grotesca y sus obsesiones narcisistas —llega hasta a pensar que al verle no sólo las mujeres sino incluso los hombres se enamoran de él— hacen de Don Diego un personaje cómico espléndido. Pero, a diferencia de muchas comedias de figurón, *El lindo don Diego* no basa su humor únicamente en la ridiculez de su personaje central. Además de ser una excelente comedia de figurón, es una magnífica comedia de situaciones, y la historia de cómo los enamorados y sus sirvientes juegan con la ambición de Don Diego y provocan su caída con el señuelo de una boda con una falsa condesa, resulta tan hábilmente ideada como divertida.

Moreto escribió otras excelentes comedias de capa y espada. *No puede ser* (a veces se cita con el largo título de *No puede ser el guardar una mujer*) es, como *La dama duende* de Calderón, un ataque a los hombre que llevan a sus últimos extremos la obsesión por el honor familiar. La obra de Moreto pretende demostrar que, como dice uno de sus personajes,

> cuando la mujer quiere,
> si de su honor no hace aprecio,
> guardarla no puede ser,
> y es disparate emprenderlo.

El hermano que encierra a su hermana para guardarla de los hombres es fácilmente burlado por la dama y sus cómplices[11]. *El parecido en la corte* es una aguda comedia de intriga, hábil

11. Sobre las adaptaciones inglesas de esta obra véase Patricia Mary Seward, *The Influence of the Spanish Drama of the Seventeenth Century on Restoration Theatre in England, 1660-1700,* tesis de N. Phil. inédita, Universidad de Southampton, 1969, págs. 119-142, 241-268.

refundición de *El castigo del penseque,* de Tirso. Otra buena comedia de capa y espada, con un argumento tremendamente complicado, es *La confusión de un jardín,* extraída de un cuento de Castillo Solórzano (*La confusión de una noche*).

Todas las obras de Moreto mencionadas hasta ahora parecen perfectamente decorosas, y el decoro del teatro de Moreto es una de las características en la que más han insistido muchos críticos modernos. No obstante es posible que los lectores actuales no sepan ver otros rasgos de su teatro que quizá no sean tan decorosos. En un rápido resumen de la evolución del teatro del siglo XVII, Bances Candamo dijo:

> Don Agustín Moreto fue quien estragó la pureza del teatro, con poco reparadas graciosidades, dejándose arrastrar del vulgar aplauso del pueblo[12].

Es posible que la evidente integridad moral de muchos de los principales personajes de Moreto nos ciegue hasta el punto de que, con nuestro imperfecto conocimiento de la jerga y de las insinuaciones del siglo XVII, no consigamos captar cierta procacidad en algunos de sus graciosos y de sus chistes. Quizá los comentarios de Bances sólo expresen un remilgado disgusto de purista por un tipo de literatura más libre de lo que él jamás se atrevería a hacer, pero el hecho de que singularice a Moreto de entre los calderonianos con objeto de condenarle por esta cuestión es algo que debe ponernos sobre aviso.

El teatro grave de Moreto ha quedado eclipsado por sus obras cómicas, pero algunas de sus piezas serias son dignas de mención. La mejor de sus obras religiosas es *San Franco de Sena,* que trata de la conversión y de la santidad de un joven que antes había sido pecador y blasfemo. Evidentemente Moreto utiliza en esta obra materiales que proceden de *El condenado por desconfiado* de Tirso[13]. *El defensor de su agravio* y *Primero es la honra* son buenos ejemplos de tragedia con un final

12. *Op. cit.,* pág. 30.
13. Véase Casa, *op. cit.,* págs. 7-29.

feliz. *Antíoco y Seleuco* también ha de incluirse dentro de este género. La obra trata de los conflictos de lealtad suscitados por el amor que siente Antíoco por la prometida de su padre, y de la heroica decisión de Seleuco de dejar que su hijo se case con ella; pero este drama decoroso es decepcionante si lo comparamos con el magnífico *Castigo sin venganza* de Lope, del cual procede la estructura del primer acto y el esquema de muchos episodios. Quizá la más interesante de todas las obras graves de Moreto es *El licenciado Vidriera*, sutil adaptación de la novela ejemplar de Cervantes. Ambos autores nos hablan de un sabio que se vuelve loco, pero mientras el Tomás Rodaja cervantino enloquece de verdad, el Carlos de Moreto se ve obligado a fingir la locura para poder triunfar de la ingratitud de otras personas. Como ha dicho Casa, «mientras Cervantes trataba de la imposibilidad de mostrar a los hombres sus defectos, Moreto se vio obligado a abandonar gran parte de los materiales temáticos de su fuentes y a limitarse a hablar de la ingratitud humana»[14]. La obra es, efectivamente, una honda sátira de la ingratitud y de sus efectos en la sociedad cuando personas de diversas posiciones sociales, desde el que rige el Estado hasta sus súbditos, no cumplen con su obligación de recompensar a quien merece una recompensa. En este sentido, *El licenciado Vidriera* es, como tantas otras obras de los Siglos de Oro, un comentario satírico a los abusos a que daba lugar el código del honor. Desde el punto de vista temático, está estrechamente relacionada con obras anteriores como *Fuenteovejuna* y *El mejor alcalde, el rey,* así como a las irónicas obras sobre la honra que compuso Calderón. *El licenciado Vidriera* es, pues, la más expresiva contribución de Moreto a la gran corriente de teatro social de la España del siglo XVII.

El segundo en importancia de los calderonianos fue Francisco de Rojas Zorrilla (1607-1648). Nacido en Toledo, hijo de un oficial de la armada, en 1610 se trasladó con su familia a Madrid, donde su padre fue mayordomo de un marqués. Des-

14. *Ibid.*, págs. 36-37.

pués de cursar estudios universitarios, probablemente en Salamanca, Rojas regresó a la capital y llegó a ser un fecundo dramaturgo cortesano. En 1643 Felipe IV recomendó que le hicieran miembro de la orden de Santiago, pero el ingreso de Rojas en la orden fue aplazado, ya que cuando se hicieron investigaciones para asegurarse de su «limpieza de sangre» (procedimiento habitual para todos los candidatos a ingresar en las órdenes militares), se alegó que tenía antepasados moriscos y judíos. Las investigaciones duraron hasta fines de 1645, cuando el Consejo de las órdenes dio la aprobación a su candidatura y Rojas pudo por fin vestir el hábito de Santiago. Escribió obras muy diversas, desde las tragedias más horripilantes hasta comedias ligeras de carácter cómico. Los estudios recientes sobre su producción han tendido a concentrarse en sus obras graves; mucha menos atención se ha prestado a sus comedias, que en líneas generales son mejores.

En su vertiente de teatro grave, Rojas escribió dos importantes obras. Una de ellas, *Del rey abajo ninguno,* también conocida como *García del Castañar,* es una de las mejores obras sobre el tema del honor que se escribieron en los Siglos de Oro. Exceptuando *El alcalde de Zalamea* calderoniano, es la mejor obra de honor campesino que produjo la escuela de Calderón. Aquí también se nos presenta un gran dilema moral, que se produce por el hecho de que, como el rey es la fuente primera del honor de sus súbditos, está por encima de los demás hombres entre los cuales los conflictos de honor pueden solucionarse con una venganza. El rey posee una doble personalidad: es dentro del estado la suprema *persona publica;* y es también *persona privata,* y, como es capaz de actos como la violación o la seducción, puede ofender y deshonrar a sus súbditos. Pero es el rey, y si ultraja el honor de un hombre, ésta no puede vengarse. Es la obra de Rojas, el labrador de noble corazón, García del Castañar (quien, al final también resulta ser de origen noble), confunde al rey con un cortesano, Don Mendo, quien trata de seducir a su esposa, la casta Blanca. La zozobra de García en su dilema es presentada de un modo elocuente y lírico. No menos dramática es la situación de Blanca, quien tiene que escapar para que su esposo medio enloquecido no le dé muerte. Finalmente, cuando García descubre que Mendo no es el rey, mata al cortesano y justifica su acción ante el monarca, porque

> No he de permitir me agravie,
> del Rey abajo, ninguno.

Tanto desde el punto de vista político como dramático se trata de una obra excelente. Podría describirse como una versión culterana de *Peribáñez,* a la que, de todas las obras campesinas, es la que más se parece. Sin embargo, en *Del rey abajo ninguno* hay un patetismo mucho más acentuado que en la obra de Lope, porque de todos los dramaturgos del siglo XVII Rojas era el más propenso al melodrama.

La otra obra grave más significativa de Rojas, *Cada cual lo que le toca,* es más melodramática; su final, en el que la heroína blande el puñal ensangrentado, parece exageradamente efectista. La obra, que tiene un fondo de fina sensibilidad, trata de los problemas con los que se enfrentan un noble, Don Luis, y su esposa, Isabel, cuando él descubre en su noche de bodas que ella no es virgen. Según Bances Candamo, la obra fue silbada por el público porque ofendía su sentido del honor y del decoro:

> A Don Francisco de Rojas le silbaron la comedia de *Cada cual lo que le toca,* por haberse atrevido a poner en ella un caballero que, casándose, halló violada de otro amor a su esposa[15].

Parece muy probable que esta obra hubiese chocado a un público obsesionado por un concepto estrecho y rígido del honor marital. Pero se trata de un drama de tesis de notable finura moral que trata con seriedad del fariseísmo de las sociedades

15. *Op. cit.*, pág. 35.

y de los hombres que tributan un culto fetichista a la virginidad prematrimonial. Es de suponer que el público se escandalizara de que Don Luis no matase a su esposa aquella misma noche y siguiera viviendo con ella. Pero Rojas, que trata sus relaciones con una delicadeza y una honda comprensión que no es frecuente en sus restantes obras, expresó en *Cada cual lo que le toca* ciertas ideas sobre lo que en realidad constituye el honor que trascienden a los problemas sociales del siglo XVII y siguen manteniendo su vigencia incluso en nuestros tiempos. Doña Isabel mata por su propia mano a quien la había violado, que resulta ser, irónicamente, el mejor amigo de su marido, y Don Luis la perdona por todo lo sucedido. El espectáculo llega a su fin, pero las ideas que ha suscitado en los espectadores sensibles siguen en pie.

Ninguna de las demás obras serias de Rojas alcanza la misma altura de *Del rey abajo ninguno* y *Cada cual.* Es un autor que se complace en lo macabro; como concienzudo trágico neosenequista, acumula horrores sobre horrores en violentos dramas de venganzas. En *Morir pensando matar,* una ingenua muestra de este tipo de obras, hace que el rey Alboino, que obliga a Rosimunda a casarse con él, dé a beber a la novia vino en la calavera de su padre, a quien Alboino ha vencido. Naturalmente ella jura vengarse, y con la ayuda de un amante mata secretamente al rey. Pero al final tanto Rosimunda como su nuevo esposo mueren en una horrible agonía al beber el veneno que estaba destinado a uno de sus enemigos. Una tragedia mejor, aunque sin llegar a ser una obra maestra, es *Lucrecia y Tarquino,* sobre la violación de Lucrecia[16].

La comedia es el género en el que Rojas Zorrilla consiguió sus aciertos más frecuentes. Su mejor comedia de capa y espada es *Entre bobos anda el juego,* una ingeniosa comedia de figurón que tiene un ritmo muy ágil. El figurón es Don Lucas del Cigarral, rico, flaco, tacaño y rematadamente necio (le describe

16. Véase la recensión de E. M. Wilson a la edición de esta obra, preparada por Raymond R. McCurdy (Albuquerque, 1963), en *Sym,* XVIII, verano 1964, núm. 2, págs. 180-184.

magníficamente en el primer acto el «gracioso» Cabellera). Aceptando la oferta que le hacen, Don Lucas se propone casarse con la emprobrecida Doña Isabel, pero ella se enamora del primo de su pretendiente, Don Pedro, y después de una intriga llena de escenas oscuras y de errores de identidad (en el curso de las cuales Isabel es cortejada por un tercer galán), Don Lucas toma lo que él considera una venganza de Pedro e Isabel, «condenándoles» a casarse en la pobreza. Otras excelentes comedias de capa y espada de Rojas son *Donde hay agravios no hay celos, y amo criado,* en la que se invierten divertidamente los papeles del amo y del criado; *Lo que son mujeres,* que termina, una vez cada sexo comprende cómo es el otro, con un desenlace inusitado (las damas y sus galanes deciden *no* casarse); *Abre el ojo,* y *No hay amigo para amigo.* También son buenas comedias, fuera del estrecho campo del género de capa y espada, *Don Diego de noche* y *Obligados y ofendidos y gorrón de Salamanca.*

El autor de más edad dentro de la escuela calderoniana nació probablemente antes que el mismo Calderón. Se trata de Álvaro Cubillo de Aragón (¿1596?-1661), que empezó escribiendo a la manera de Lope, pero que más tarde cambió completamente para pasarse al estilo calderoniano. En 1654 publicó diez piezas teatrales y otras obras misceláneas en un libro titulado *El enano de las musas,* y otros dramas suyos se imprimieron aparte. La más famosa de sus obras es una delicada comedia de capa y espada, *Las muñecas de Marcela,* en la cual la heroína cuando se enamora es aún tan joven que dialoga con sus muñecas, que de este modo intervienen en la comedia casi como personajes. Otra excelente comedia de Cubillo es *El señor de las noches buenas,* en la cual dos hermanos rivalizan por conseguir la mano de la misma dama; uno de ellos, el primogénito, es un necio, mientras que el hermano menor, en esta velada sátira del derecho de primogenitura, es el caballero ideal. Una de las mejores obras graves de Cubillo es su *Tragedia del duque de Berganza,* sobre un tema de la historia de Portugal, semejante al de *El duque de Viseo,* de Lope. Otra obra muy interesante es *Los desagravios de Cristo,* en la que, como ha dicho Glaser, la conquista de Jerusalén por Vespasiano, Tito y Domiciano, y la historia de amor entre Tito y la judía Berenice, no son en realidad el tema principal de la obra, sino «intrigas secundarias subordinadas al tema principal al que se alude en el título: la Pasión de Cristo y el castigo de Sus asesinos, quienes, hasta el último momento, muestran un odio irreconciliable para con su divina víctima»[17]. El personaje principal del drama, retratado con gran dignidad, es Josefo, el famoso general e historiador judío, quien, una vez prisionero de los romanos, informa al ignorante Vespasiano de la grandeza e inocencia de Cristo, sin dejar por ello de ser fiel a los principios de la fe judía.

Un notable «ingenio» calderoniano cuyas mejores obras siguieron siendo muy populares hasta bien entrado el siglo XVIII fue Antonio de Solís y Ribadeneira (1610-1686), quien, como la mayoría de los dramaturgos de los Siglos de Oro, consideraba el escribir poesía y teatro como una actividad secundaria[18]. Fue secretario del virrey de Navarra y Valencia, luego fue uno de los secretarios reales de Felipe IV y Carlos II, y en su época era famoso sobre todo como cronista real de Indias, y desempeñando este cargo escribió su libro más difundido, la *Historia de la conquista de Méjico, y progresos de la América septentrional, conocida por el nombre de Nueva España* (Madrid, 1684). Al parecer compuso su primera obra dramática, *Amor y obligación,* en fecha tan temprana como 1627, y cuarenta años después se ordenó de sacerdote y dejó de escribir para el teatro.

Como la mayor parte de los dramaturgos de su tiempo, Solís escribió algunas comedias en colaboración con otros «poetas». Compuso la primera jornada de una refundición de *Il pastor fido,* de Guarini, obra de la cual Antonio Coello escri-

17. Glaser, «Álvaro Cubillo de Aragón's *Los desagravios de Cristo*», *HR,* XXIV, 1956, págs. 306-321; para la cita, 307. Véase Cotarelo y Mori, «Dramáticos españoles del siglo XVII: Álvaro Cubillo de Aragón», *BRAE,* V, 1918, págs. 3-23, 241-280.

18. Para su poesía, véase A. de S., *Varias poesías sagradas y profanas,* ed. Manuela Sánchez Regueira, Madrid, 1968.

bió el segundo acto y Calderón el tercero; también escribió el segundo acto de una versión burlesca de *La renegada de Valladolid,* de Belmonte Bermúdez, cuyo primer acto era de Francisco de Monteser y el tercero de Diego de Silva. Parece ser que compuso doce comedias sin colaboración. *Las amazonas* es un interesante drama heroico en el cual las mujeres guerreras se comportan de una manera notablemente decorosa. *Triunfos de amor y fortuna,* una complicada comedia de tramoya sobre las leyendas de Endimión y Psique, se representó en la corte en 1658, con espectaculares efectos escénicos, para celebrar el nacimiento del príncipe Felipe Próspero, el malhadado hijo de Felipe IV[19]. En otra obra mitológica, *Eurídice y Orfeo,* de escenografía mucho menos complicada que la anterior, Solís da vida a una situación muy trillada, introduciendo en el argumento un tema de celos entre Eurídice y otra mujer, de un modo que encaja perfectamente con el esquema que siguen la mayoría de las obras de este dramaturgo. Como ha señalado Eduardo Juliá Martínez, en casi todas las comedias de Solís se repite la misma situación que determina las relaciones que mantienen entre sí los personajes[20]. Por lo común hay cinco personajes principales: dos jóvenes galanes y dos damas que terminan por casarse en adecuadas parejas, más, en la mayoría de los casos, un tercer galán que es pariente de una de las damas y que lo complica todo aspirando a casarse con ella, aunque al final tal vez se descubrirá que es su hermana, y entonces se retirará. El caballero *A* ama a la dama *B* y es amado por ella. Su amigo o rival, el caballero *C,* también está enamorado de la dama *B.* La dama *D* está enamorada del caballero *A,* y ella y la dama *B* están por lo tanto celosas la una de la otra. El caballero *E* complica todavía un poco más esta situación.

Todas las obras más célebres de Solís, que son sus mejores comedias de capa y espada, están escritas de acuerdo con este esquema. La más vivaz de ellas, compuesta con el ingenio y la

19. Véase Shergold, *History,* págs. 320-324.
20. Véase A. de S. y R., *Amor y obligación,* ed. Juliá Martínez, Madrid, 1930, págs. XXXVII-XL.

agilidad que caracteriza a Solís como escritor en este género, es *El amor al uso,* una excelente sátira de los enamorados quejumbrosos y llorones de la tradición, a quienes Solís considera como faltos de dignidad y de respeto por sí mismos. Otras divertidas comedias de este género, siempre llevadas con buen ritmo, son *Un bobo hace ciento, Amparar al enemigo* y *Amor y obligación. El doctor Carlino* de Solís es una divertidísima comedia de figurón cuyo punto de arranque es el fragmento dramático del mismo título que escribió Góngora. Aquí el figurón es un granuja muy listo que finge ser médico con objeto de conseguir sustanciosos beneficios como alcahuete:

> Alcahuete soy de fama,
> que con cauteloso ardid
> soplo la amorosa llama,
> y ando por ese Madrid
> saltando de rama en rama;
> y es tanta la industria mía
> que si aviso a mi cuidado
> y hablo a mi bellaquería,
> sabré meter un recado
> por el ojo de una tía;
> con ser médico allano
> cuantas casas hay, y gano
> nombre de atinado y bueno,
> sin que el libro de Galeno
> me haya tomado una mano.

La obra se inscribe, naturalmente, en la tradición de *La Celestina;* es una reflexión irónica, sin llegar a la aspereza satírica, sobre algunas de las actividades que sin duda tenían lugar detrás de la decorosa fachada de la sociedad madrileña. *La gitanilla de Madrid* reelabora animadamente algunos de los detalles básicos del cuento de Cervantes, y de hecho adapta *La gitanilla* a la fórmula de Solís.

Otro buen dramaturgo calderoniano fue Juan de Matos Fragoso (¿1610?-1692), ingenioso constructor de intrigas y un excelente poeta dramático gongorino. La mejor de sus obras graves es *El sabio en su retiro y villano en su rincón, Juan Labrador,* refundición de la famosa obra de Lope, y, sorprendentemente, no muy inferior al original lopesco. Matos desarrolla la trama de un modo hábil y original, y consigue algunos pasajes líricos de subido valor. Particularmente emotivas son las palabras de Juan Labrador en elogio de la vida del campo. Otra obra de Matos interesa de un modo especial en relación con el criterio del decoro teatral que tenían los Siglos de Oro. Su título efectista, *El marido de su madre,* evidentemente no es ajeno a motivos comerciales. Pero los censores españoles de mediados del siglo XVII nunca hubieran permitido que se representara en los corrales una obra de tema edípico (todavía a mediados del siglo XVIII ciertos críticos españoles protestaban contra lo que creían ver de inmoralidad y de falta de decoro en la *Phèdre* de Racine). Sin embargo, el tema de *El marido de su madre* no es el incesto. El protagonista de la obra es san Gregorio, patriarca de Siria: en su juventud se casa con una mujer que más tarde resulta ser su madre, pero cuando contraen matrimonio, la esposa, por motivos suyos, le niega los derechos maritales y durante todos aquellos años duermen en habitaciones separadas. Cuando descubren que son madre e hijo, el matrimonio se disuelve. Ambos, al igual que toda la obra, son totalmente inocentes y decorosos en la más estricta interpretación española del concepto. Entre otras obras interesantes de Matos Fragoso hay que citar la heroica *Lorenzo me llamo, y carbonero de Toledo* y la comedia de capa y espada *El galán de su mujer.*

Un dramaturgo menor dentro de este grupo fue Antonio Coello y Ochoa (1611-1652). Debido a la relativa sencillez de su estilo poético se ha dicho de él que es un imitador de Lope más que de Calderón, pero sus procedimientos de composición dramática son predominantemente calderonianos, y escribió obras en colaboración con Calderón, Rojas Zorrilla y Solís, al igual que con «poetas» de la escuela de Lope. A Coello se le recuerda sobre todo por una curiosísima tragedia, *El conde de Sex,* que en diversas épocas la tradición ha atribuido equivocadamente a la pluma de Felipe IV. Se trata de una obra, publicada en 1638, sobre los supuestos amores entre la reina Isabel I de Inglaterra y su joven favorito Robert Devereux, conde de Essex, y sobre la trágica muerte de este último. Como es de suponer, la reina Isabel fue odiada por muchos españoles no sólo mientras vivió, sino incluso todo a lo largo del siglo XVII. Los escritores españoles la presentaron a menudo no como la Reina Virgen, sino como una lujuriosa Jezabel. Pero, siguiendo las normas del decoro teatral, Coello se guardó mucho de presentarla en su obra como corrompida y lasciva. Bances Candamo comentaba así este drama en 1689 o 1690:

> Ninguna Reina ha sido más torpe que Isabela de Inglaterra. Ni era hija legítima de sangre real, ni ha dejado sucesión real, porque los últimos reyes de Inglaterra, de cuya tragedia acaba de ver la Europa una infeliz catástrofe, son de la Casa Estuarda de Escocia que, siendo la más antigua que tiene cetro en Europa, de poco tiempo a esta parte tuvo a María y Jacobo degollados, a Carlos Segundo peregrino, y a Jacobo Segundo forajido y despojado. Siendo, pues, cierto que no hay sucesión de Isabela por quien callar, y que ella se humanó con el Duque de Virón, con el de Norfolk, a quien degolló por celos de María Stuard, con el Conde de Essex y con otros muchos, la comedia del *Conde de Essex* la pinta sólo con el afecto, pero tan retirado en la Majestad y tan oculto en la entereza que el Conde muere sin saber el amor de la Reina. Precepto es de la comedia inviolable que ninguno de los personajes tenga acción desairada, ni haga una ruindad ni cosa indecente. Pues ¿cómo se ha de poner una princesa indignamente? Y más cuando la poesía enmienda a la historia, porque ésta pinta los sucesos como son, pero aquélla los pone como debían ser[21].

Bances cita muy oportunamente *El conde de Sex* al hablar del decoro en la escena y de la superioridad de la verdad poética

21. *Op. cit.*, pág. 35. La «infeliz catástrofe» fue la Revolución Gloriosa de 1689 y el destierro de Jacobo II. Al hablar de las ejecuciones Bances confunde a Jacobo I con Carlos I.

sobre la histórica. La obra de Coello, en sus circunstancias históricas, es el ejemplo más extraordinario del uso de estos principios en el teatro de los Siglos de Oro. En *El conde de Sex* la reina Isabel es presentada como un modelo de decoro regio. Se obliga a sí misma a no decir al conde de Essex que le ama. Por ser reina, sólo confía su pasión al público, en apartes. Ningún punto, pues, de contacto con la reina Isabel de *Le comte d'Essex* de Thomas Corneille, que no sólo revela su amor a una confidenta (como lo hace la Isabel de la obra de La Calprenède que lleva este mismo título), sino incluso a varios cortesanos, sin hacer ningún esfuerzo por disimularlo. El concepto de decoro dramático en la España de los Siglos de Oro era mucho más estricto que el observado en el teatro francés del siglo XVII. La Isabel de Coello, reina modélica, ahoga su pasión, no permite que el conde le declare su amor, lucha contra sus celos de la mujer a la que él corteja más tarde, y en la última jornada, cuando es acusado de alta traición y es condenado a muerte, trata dos veces de salvarle la vida. Posee una dignidad y una majestuosidad tan grandes como la Isabel del dramaturgo inglés John Banks en *The Unhappy Favourite or the Earl of Essex* (1681), y de las dos obras, la de Coello es la mejor. En su planteamiento de la pugna entre la pasión y el deber y del choque entre dos deberes, es uno de los mejores dramas de dilema de estos tiempos, a la vez que una excelente tragedia[22].

Como ya se ha dicho, los principales centros de actividad creadora dramática en el período de los calderonianos ya no eran los corrales públicos, sino los teatros cortesanos de Madrid y de los palacios reales de fuera de la capital. A pesar de que Valbuena Prat publicó los dibujos de la escenografía de *La fiera, el rayo y la piedra,* de Calderón, y de los trabajos sobre la música teatral de este período llevados a cabo por Pedrell y Su-

22. Sobre *El conde de Sex,* véase Bances Candamo, *op. cit.*, págs. LXXXVI-LXXXVIII y notas. Sobre la vida y obras de Coello, véase Cotarelo y Mori, «Dramáticos españoles del siglo XVII: Don Antonio Coello y Ochoa», *BRAE,* V, 1918, págs. 550-600.

birá[23], nuestras ideas sobre cómo se desarrollaban exactamente las representaciones, a menudo muy complicadas, en los escenarios cortesanos, fueron imprecisas y con frecuencia vagas hasta la publicación del libro de Shergold *A History of the Spanish Stage*..., en el cual se dedican cuatro capítulos al análisis detallado de las representaciones dramáticas en la corte hasta el año 1700[24]. Sin embargo, la impresión más directa de cómo era en realidad una de esas elaboradas representaciones cortesanas podemos tenerla recurriendo a la edición que Varey, Shergold y Sage dieron de *Los celos hacen estrellas,* de Juan Vélez de Guevara (1611-1675), hijo del más famoso Luis Vélez[25]. La obra es una *zarzuela,* una pieza en dos actos en la que alternan los fragmentos recitados y cantados. Se estrenó, con su loa introductoria, su entremés y su fin de fiesta, el 22 de diciembre de 1672, en el Salón Dorado del antiguo Alcázar de Madrid, para celebrar el cumpleaños de la reina madre, Mariana de Austria. La obra es mediocre: un drama mitológico entretenido pero sumamente convencional sobre los celos que siente la diosa Juno al ver que Júpiter se ha enamorado de Isis. No obstante, la importancia de la obra no estriba en la banalidad de su argumento, sino en el hecho de que se hayan conservado cinco acuarelas y un dibujo en blanco y negro de Francisco Herrera el Mozo que ilustran (de un modo único en la historia hasta ahora conocida del teatro de los Siglos de Oro) el escenario armado en el Salón Dorado para el complicado estreno de la obra, y dos tercios de la partitura musical de Juan Hidalgo, todo lo cual permite reconstruir la atmósfera y las características del elaborado teatro cortesano, en el cual, incluso

23. Ángel Valbuena Prat, «La escenografía de una comedia de Calderón», *Archivo Español de Arte y Arqueología,* 16, 1930, págs. 1-16 (algunos de los dibujos se reproducen también en Valbuena, *Literatura dramática,* y en Shergold, *History*); Felipe Pedrell, *Teatro lírico español anterior al siglo XIX,* 5 vols, Coruña, 1897-1898; la edición de José Subirá de *Celos aun del aire matan. Ópera del siglo XVII. Texto de Calderón y música de Juan Hidalgo,* Barcelona, 1933, y su *Historia de la música teatral en España,* Barcelona, 1945.

24. Shergold, *History,* págs. 236-259.

25. La edición (Londres, 1970) contiene un estudio de la vida y de las obras de Juan Vélez.

una obra mediocre, podía adquirir al representarse una cierta grandeza.

Juan Bautista Diamante (1625-1687) escribió comedias y zarzuelas para los teatros cortesanos de Felipe IV y Carlos II. También compuso otras muchas obras dramáticas que es probable que se destinasen originariamente a los corrales. Muchas de sus comedias son refundiciones (a menudo hábiles) de obras de Lope y otros dramaturgos de comienzos del siglo XVII. La obra más famosa de Diamante es *El honrado de su padre* (representada en 1657), refundición de *Las mocedades del Cid, Primera parte,* de Guillén de Castro, y quizá también de *Le Cid,* de Corneille. Su tercer acto es excelente y al parecer enteramente original, ya que no tiene precedentes ni en Castro ni en Corneille. Otra estimable obra de Diamante, mucho mejor de lo que han creído muchos críticos, es *La reina María Estuarda,* sobre la llegada de María, reina de Escocia, a Inglaterra, el creciente deseo de la reina Isabel de vengarse de ella debido a los celos, y la trágica muerte de María. Diamante también rehízo *La judía de Toledo,* de Mira de Amescua, en una versión tan próxima al original que se ha descrito como «simplemente un vulgar plagio»[26]. No obstante, la obra consigue conmovernos, sobre todo al final, cuando comprendemos que el rey no ha aprendido la lección de la experiencia, y se dispone a inundar España en un baño de sangre para vengar el asesinato de su amada. Otra obra de Diamante, ésta divertida y de carácter más ligero, es *Cuánto mienten los indicios, y ganapán de desdichas.* Entre sus dramas religiosos, *La Magdalena de Roma* es interesante como historia de la conversión de una joven cortesana, su posterior tentación por el Demonio, que adopta la apariencia de su amante favorito, al que han dado muerte, y su resistencia al tentador con la ayuda de los auxilios divinos.

26. James A. Castañeda, en su edición de la obra de Lope *Las paces de los Reyes y judía de Toledo,* Chapel Hill, 1962, pág. 65. Sobre Diamante, véase Cotarelo y Mori, «Don Juan Bautista Diamante y sus comedias», *BRAE,* III, 1916, págs. 272-297, 454-497.

Algunos otros dramaturgos del siglo XVII, pertenecientes a la escuela calderoniana, son dignos de mención y de estudio: Juan de la Hoz y Mota (1622-1714), Francisco de Leiva Ramírez de Arellano (¿1630?-¿1676?), Antonio Enríquez Gómez (1600-1663), «Fernando de Zárate» (Révah demostró que se trataba de un seudónimo de Antonio Enríquez Gómez)[27], Agustín de Salazar y Torres (1642-1675) y Juan de Zabaleta (¿1610?-¿1670?), autor también de dos famosas obras en prosa, *Día de fiesta por la mañana* y *Día de fiesta por la tarde*. La antigua idea de que en la España de la segunda mitad del siglo XVII se había escrito muy poca literatura o teatro digno de leerse necesita ser revisada. Debido a ser el último gran poeta del siglo XVII y al mismo tiempo una autora mexicana que escribía en México, ha atraído la atención de la crítica dramática entre sus compatriotas modernos, y las obras teatrales de una monja de gran talento, sor Juana Inés de la Cruz (1648/1651-1695) han sido rescatadas del olvido[28]. Muchas de sus loas poseen gran delicadeza de invención y encanto, sus autos sacramentales (*El divino Narciso; El mártir del Sacramento, san Hermenegildo; El cetro de José*) en modo alguno son despreciables, y su comedia de capa y espada titulada *Los empeños de una casa,* está escrita con destreza, sabe mantener el interés y divierte.

Podemos tener una idea de la sólida habilidad dramática y de la suliteza que puede llegar a haber en la obra de los mejores calderonianos de la segunda mitad del siglo XVII, fijándonos en la producción del último dramaturgo importante del siglo, Bances Candamo.

Francisco Antonio de Bances y López-Candamo (1662-1704) era asturiano, fue llevado de niño a Sevilla y en esta universidad estudió filosofía, leyes y derecho canónico, hasta doctorarse en esta última disciplina. Era ya poeta cuando salió de Sevilla para dirigirse a Madrid en busca de una situación en la corte y de mejores oportunidades para su talento de las que

27. I. S. Révah, «Un pamphlet contre l'Inquisition de Antonio Enrique Gómez», *Revue des Études Juives,* cuarta serie, I, CXXI [1962], págs. 81-168.
28. Para su poesía, véase Jones, *op. cit.*

podía ofrecerle el sur[29]. La primera representación de una de sus obras de las que tenemos noticia corresponde a *Por su rey y por su dama,* comedia que se representó en el Buen Retiro en 1685 para celebrar el cumpleaños del emperador del Sacro Imperio Romano. Al parecer en 1687, y por lo visto como resultado del éxito de sus obras cortesanas, a Bances se le otorgó una distinción que parece ser única en la historia del teatro del siglo XVII: fue nombrado dramaturgo oficial del rey Carlos II, debido a lo cual no podía escribir más obras que las destinadas a las representaciones reales. La carrera de Bances como autor dramático titular de Carlos II fue corta. Renunció a este honor en 1693 o 1694, probablemente debido a sus tentativas cada vez más audaces de aleccionar políticamente al rey por medio de sus obras. Fue durante un tiempo funcionario de la Hacienda real en Andalucía, volvió brevemente a Madrid y reanudó sus actividades como dramaturgo en los corrales y en la corte en 1696 y 1697, y luego, quizá debido a lo manifiesto de su renovada tentativa de influir al rey en su última obra, *¿Cuál es afecto mayor, lealtad, o sangre, o amor?,* volvió a su vida provinciana, nuevamente como funcionario de la Hacienda. Su último puesto fue el de administrador de rentas reales en San Clemente. Mientras dirigía una investigación en la villa de Lezuza en 1704, se sintió súbitamente enfermo, quizás envenenado, y allí murió.

La obra literaria más importante de Bances fue su *Teatro de los teatros de los pasados y presentes siglos*[30]. Como exposición de la teoría dramática del siglo XVII, el *Teatro de los teatros* sólo cede en importancia al *Arte nuevo* de Lope de Vega, ya que Bances fue el único dramaturgo de la escuela

29. Para su poesía, véanse sus *Obras lyricas,* ed. Fernando Gutiérrez, Barcelona, 1949; Juan Manuel Rozas, «La licitud del teatro y otras cuestiones literarias en B. C., escritor límite», *Seg,* I, 1965, núm. 2, págs. 247-273; D. Moir, «B. C.'s Garcilaso; an Introduction to *El César africano*», *BHS,* XLIX, 1972, págs. 7-29.

30. Véase la edición de Moir, que contiene un resumen de la vida de Bances y de su carrera como dramaturgo.

calderoniana que se propuso escribir un *Ars dramatica,* y en su tratado expresó esmerada y elocuentemente los principios básicos del gusto y de la práctica dramática de la escuela. El tratado consta de tres versiones incompletas. La primera, escrita entre 1689 y 1690, es una apresurada pero inteligente defensa del teatro español de la época de Bances contra los ataques dirigidos contra el teatro por un jesuita, Ignacio de Camargo. En esta defensa el autor hace un expresivo resumen de la evolución del teatro español en el curso del siglo XVII en términos que muestran el poco aprecio que siente por la tosquedad artística y la falta de decoro que observa en las comedias de comienzos de siglo. Expone claramente cuáles son las normas del decoro y nos habla de la superioridad de la verdad poética sobre la histórica o particular. También da una valiosa clasificación de los diferentes tipos de comedia. Divide fundamentalmente las comedias en históricas (incluyendo entre ellas las «comedias de santo») y las comedias amatorias puramente ficticias, que a su vez subdivide en «comedias de fábrica» y «comedias de capa y espada». Sus comentarios críticos sobre obras pertenecientes a una gran variedad de autores son penetrantes y agudos. Este fragmento del tratado, junto con la *Aprobación* a las comedias de Calderón, obra del padre Guerra, contiene la mejor crítica dramática española que se escribió en el siglo XVII. La segunda y la tercera versión del tratado de Bances se escribieron entre 1692 y 1694. Representan dos fases distintas de un intento de hacer una historia universal del teatro desde la antigua Grecia hasta la época de Bances, y, simultáneamente, una exposición de los buenos principios dramáticos, inspirados en la teoría clásica y moderna y en «el uso y costumbre de nuestros poetas», con objeto de enseñar a los poetas ignorantes a escribir buenas obras de teatro. La segunda versión es especialmente notable porque en ella Bances nos revela con una franqueza asombrosa cuáles son los objetivos políticos que cree han de tener las obras teatrales escritas para los reyes. La tercera versión contiene un elocuente pasaje sobre los orígenes divinos y la dignidad de la poesía e incluye asimismo un largo resumen de los diversos géneros de representaciones dramáticas en la antigüedad clásica.

El *Teatro de los teatros* es una ayuda inapreciable para poder comprender el teatro de la escuela calderoniana como conjunto. También proporciona una clave imprescindible para el aspecto más interesante del propio teatro cortesano de Bances. Este autor no produjo comedias de capa y espada, sus autos sacramentales están escritos con dignidad, pero no descuellan por nada eminente, y lo mejor de su producción son las obras destinadas al rey, que no sólo nos ofrecen una buena muestra de teatro calderoniano, sino también de retórica didáctica, a veces de una naturaleza muy sutil. Bances se tomó muy en serio su cargo de dramaturgo oficial de Carlos II, y en la segunda versión del *Teatro de los teatros* describe la dramaturgia para reyes como un «decir sin decir», un arte de transmitir decorosamente ideas al monarca sin manifestárselas de un modo abierto:

> Son las comedias de los Reyes unas historias vivas que, sin hablar con ellos, les han de instruir con tal respeto que sea su misma razón quien de lo que ve tome las advertencias, y no el ingenio quien se las diga. Para este decir sin decir, ¿quién dudará sea menester gran arte?[31]

El dramaturgo presenta al rey unas historias vivas, y estas historias han de hacer que el monarca, extrayendo de ellas su significado, saque sus conclusiones por sí mismo, aplicándolas a sus actividades. Y el propio Bances nos dice que ha estudiado todo lo que puede convertir el arte de divertir al rey en una «arte áulica y política»[32]. Debemos, pues, esperar que el arte dramático de Bances será fundamentalmente un arte de persuasión política. Efectivamente, un estudio atento de sus obras, dentro del contexto de los sucesos de la corte y de los principales problemas políticos de Carlos II en la época en que fueron

31. *Op. cit.*, pág. 57.
32. *Ibid.*, pág. 56.

escritas y representadas, muestra con toda claridad sus astutas intenciones políticas[33].

La obra de Bances que siguió siendo más popular en los escenarios públicos durante el siglo XVIII y hasta bien entrado el XIX, fue *Por su rey y por su dama.* De esta obra se conservan dos versiones, una más antigua, únicamente en manuscrito, y la definitiva, que se reimprimió muchas veces hasta el siglo XIX, y que se representó por vez primera ante el rey, la reina y la corte el 15 de noviembre de 1685. Se trata de una emocionante obra de dilema, al tiempo que una historia de acción bien dramatizada. Su trama argumental básica es histórica, y en ella se refiere la ingeniosa estratagema de la que se valió Hernán Tello Portocarrero para engañar al ejército francés que estaba defendiendo la ciudad de Amiens contra los españoles en 1597. El principal objetivo político de la obra se manifiesta en el largo discurso de Portocarrero en la primera jornada, en el cual (a costa de un ligero anacronismo) elogia la decisión de España de ceder la soberanía de los Países Bajos, en mayo de 1598, al archiduque Alberto de Austria y a su futura esposa, la hija de Felipe II, Isabel Clara Eugenia. En febrero de 1698, Luis XIV de Francia estaba muy preocupado temiendo que España repitiese el hecho y cediese los Países Bajos al elector de Baviera, Maximiliano Manuel, y a su futura esposa, María Antonia, hija del emperador Leopoldo I. El rey Luis envió un embajador a Carlos II previniéndole de que esta separación de los Países Bajos de España constituiría una violación de la tregua de Ratisbona (1684) y conduciría a la guerra. En *Por su rey y por su dama,* Bances parece apremiar a Carlos II a seguir adelante con el proyecto de ceder los Países Bajos, sean cuales fueren las consecuencias[34].

Sin embargo, las más interesantes de las obras políticas de Bances son las que forman la trilogía que se representó ante Carlos II entre octubre y noviembre de 1692, y enero de 1693.

33. D. Moir prepara un amplio estudio sobre la obra de Bances.

34. D. Moir prepara para CC una edición de *Por su rey y por su dama* y *La piedra filosofal,* de Bances.

La primera de estas obras, la comedia titulada *El esclavo en grillos de oro,* ha sido en la tradición literaria la más famosa de todas las de Bances, y algo puede haber de verdad en la idea tradicional de que, por su contenido satírico, Bances recibió una grave herida en el pecho, después de lo cual Carlos II cerró a los carruajes la calle de Alcalá para que su dramaturgo tuviera una convalecencia tranquila. El argumento de *El esclavo en grillos de oro* recuerda al de *Medida por medida,* de Shakespeare. Trata de una conspiración encabezada por el senador romano Obinio Camilo para dar muerte al emperador Trajano y ocupar su lugar. Cuando descubre la conjura, Trajano condena al senador, no a muerte, sino a asumir el gobierno del Imperio, por lo que el joven comprende gradualmente que la realeza es una forma de esclavitud con cadenas de oro. Por fin, Obinio Camilo, en el mismo momento en que el senado tiene que jurarle obediencia, suplica que le maten antes de hacerle emperador. Trajano le perdona, vuelve a tomar el mando del Imperio y nombra como heredero a su pariente Adriano Esta obra causó en el Madrid de 1692 un gran escándalo debido a sus implicaciones políticas, ya que *El esclavo en grillos de oro* puede tomarse como una sátira del gobierno del conde de Oropesa (1685-1691) y como un consejo al rey para que no restituya en el poder a su favorito, como una sátira del mal gobierno del propio Carlos desde la caída de Oropesa, y también como una tentativa indirecta de convencer al rey, neurótico, impotente y obtuso, para que nombrara un heredero al trono de España[35].

En la zarzuela titulada *Cómo se curan los celos y Orlando furioso,* versión dramática de parte del poema de Ariosto, que se representó en la corte en diciembre de 1692, Bances parece volver al tema de la sucesión española. En esta obra parece burlarse de la decepción de Luis XIV y del pretendiente francés Felipe de Anjou (quien ocho años más tarde debía conver-

35. Para el «decir sin decir» de *El esclavo en grillos de oro,* véase la futura edición de esta obra que prepara D. Moir.

tirse en rey efectivo de España) ante la probabilidad de que el infante hijo del elector de Baviera sea nombrado heredero de Carlos II. En *Cómo se curan los celos* el problema de la sucesión española, prudentemente, sólo se deja entrever. Pero en enero de 1963, con *La piedra filosofal,* Bances se nos muestra de una audacia temeraria. En esta comedia presenta una versión de una leyenda de la seudo-historia española según la cual Hispán, rey de España, no teniendo ningún hijo que le suceda, se decide casar a su hija Iberia (que patentemente representa a España) con un príncipe adecuado, compitiendo por la mano de la joven tres príncipes (que representan sin lugar a dudas a Felipe de Anjou, el archiduque Carlos de Austria y al niño de corta edad que era hijo del elector de Baviera)[36]. Probablemente esta vez Bances fue demasiado lejos, y es probable que ésta fuese la causa de que tuviera que dejar la corte y volver a provincias.

Bances escribió sus obras de un modo esmerado, y la mayoría de ellas son excelentes desde el punto de vista dramático. En el siglo XVIII fue justamente elogiado por un crítico tan exigente como Luzán, «por su ingenio, su elegante estilo, sus noticias no vulgares y por el cuidado grande que manifestó en la verosimilitud, decoro y propiedad de los lances y de las personas»[37]. Un atento estudio de sus obras pone de relieve técnicas de alusión y persuasión que pueden iluminar el estudio de todo el teatro popular y cortesano del siglo XVII (pues hay motivos para pensar en intenciones políticas en el teatro mucho antes de la época de Bances). Por otra parte vemos también que, puesto que Calderón escribe para la escena hasta 1681 y Bances escribe en los dos decenios siguientes, no hubo período de decadencia total en el teatro español del siglo XVII, aunque sí es cierto que al parecer se escribieron menos obras nuevas en la segunda mitad del siglo que en la exuberante primera

36. Véase anteriormente, n. 34.

37. Ignacio de Luzán, *La poética o reglas de la poesía,* ed. Luigi de Filippo, Barcelona, 1956, II, pág. 125. Este elogio figura tanto en la edición de Zaragoza como en la edición póstuma de Madrid, 1789.

mitad. En conjunto, las obras de la escuela de Lope hoy día resultan más atractivas que las de la escuela de Calderón, pero la producción de los epígonos calderonianos puede también proporcionar placer y suscitar la admiración que despierta la verdadera maestría.

Aunque en este capítulo se ha tratado principalmente de la comedia y de la zarzuela, los mismos comentarios podrían hacerse también del auto sacramental (a pesar de la hegemonía de Calderón) y de los géneros menores como el entremés, la mojiganga y el baile, en los que destacaron Solís, Moreto, Diamante y otros autores[38]. Los Siglos de Oro pasaban a ser siglos de plata, pero eran de plata, no de escoria.

38. Véase *Ramillete de entremeses...*, ed. Hannah E. Bergman, CCa, 21, Madrid, 1970.

BIBLIOGRAFÍA

Obras bibliográficas

Cayetano Alberto de La Barrera y Leirado, *Catálogo bibliográfico y biográfico del teatro antiguo español desde sus orígenes hasta mediados del siglo XVIII,* Madrid, 1860; reimpresión, Londres, 1968, y Madrid, 1969.

Raymond L. Grismer, *Bibliography of the Drama of Spain and Spanish America,* 2 vols., Minneápolis, s.f.

Warren T. McCready, *Bibliografía temátima de estudios sobre el teatrol español antiguo,* Toronto, 1966 (incluidos los estudios publicados entre 1850 y 1950).

Bulletin of the Comediantes ha incluido, desde 1951, notas bibliográficas en todos sus números. *PMLA* publica una bibliografía anual. *The Year's Work in Modern Language Studies* incluye todos los años una bibliografía crítica indispensable.

José Simón Díaz, *Manual de bibliografía de la literatura española,* 2.ª ed., Barcelona, 1966.

Emilio Cotarelo y Mori, *Bibliografía de las controversias sobre la licitud del teatro en España,* Madrid, 1904 (incluye muchos extractos y documentos completos de las controversias).

Obras generales

N. D. Shergold, *A History of the Spanish Stage from Medieval Times until the End of the Seventeenth Century,* Oxford, 1967.

Hugo Albert Rennert, *The Spanish Stage in the Time of Lope de Vega,* Nueva York, 1909; 2.ª ed., 1963.

W. H. Shoemaker, *The Multiple Stage in Spain during the Fifteenth and Sixteenth Centuries,* Princeton, 1935; trad. cast. en *EE,* 2, 1957, págs. 1-154.

Ángel Valbuena Prat, *Literatura dramática española,* Barcelona, 1930; reimpresión, 1950.
——, *Historia del teatro español,* Barcelona, 1956.
——, *El teatro español en su Siglo de oro,* Barcelona, 1969.
E. Orozco Díaz, *El teatro y la teatralidad del barroco,* Barcelona, 1969.
Homenaje a William L. Fichter. Estudios sobre el teatro antiguo hispánico y otros estudios, ed. A. David Kossoff y José Amor y Vázquez, Madrid, 1971.
Margaret Wilson, *Spanish Drama of the Golden Age,* Oxford y Londres, etc., 1969.
J. P. Wickersham Crawford, *Spanish Drama before Lope de Vega,* Filadelfia, 1922; 2.ª ed. revisada, 1937; 3.ª ed. revisada, con suplemento bibliográfico de Warren T. McCready, 1967.
Henri Mérimée, *L'Art dramatique à Valencia,* Toulouse, 1913.
Alfredo Hermenegildo, *Los trágicos españoles del siglo XVI,* Madrid, 1961.
Othón Arróniz, *La influencia italiana en el nacimiento de la comedia española,* Madrid, 1969.
Raymond L. Grismer, *The Influence of Plautus in Spain before Lope de Vega,* Nueva York, 1944.
Dramatic Theory in Spain, ed. H. J. Chaytor, Cambridge, 1925.
Federico Sánchez Escribano y Alberto Porqueras Mayo, *Preceptiva dramática española del renacimiento y el barroco,* Madrid, 1965.
Marcelino Menéndez Pelayo, *Historia de las ideas estéticas en España.* II: *Siglos XVI y XVII,* Editora Nacional, Santander, 1947.
Margarete Newels, *Die dramatischen Gattungen in den Poetiken des Siglo de Oro,* Wiesbaden, 1959.
Duncan Moir, «The Classical Tradition in Spanish Dramatic Theory and Practice in the Seventeenth Century», en *Classical Drama and its Influence,* ed. M. J. Anderson, Londres, 1965, págs. 191-228.
A. A. Parker, *The Approach to the Spanish Drama of the Golden Age,* Diamante, VI, Londres, 1957.
Everett W. Hesse, *Análisis e interpretación de la comedia,* Madrid, 1968.
Noël Salomon, *Recherches sur le thème paysan dans la "comedia" au temps de Lope de Vega,* Burdeos, 1965.

Jean-Louis Flecniakoska, *La formation de l'"auto" religieux en Espagne avant Calderón (1550-1635)*, París, 1961.
Bruce W. Wardropper, *Introducción al teatro religioso del Siglo de oro,* ed. revisada, Salamanca, 1967.
N. D. Shergold y J. E. Varey, *Los autos sacramentales en Madrid en la época de Calderón 1637-1681. Estudios y documentos,* Madrid, 1961.
Colección de entremeses, loas, bailes, jácaras y mojigangas desde fines del siglo XVI, ordenada por Emilio Cotarelo y Mori, 2. vols., NBAE, XVII y XVIII, 1911.
Eugenio Asensio, *Itinerario del entremés desde Lope de Rueda a Quiñones de Benavente,* Madrid, 1965.
Ramillete de entremeses y bailes (siglo XVII), ed. Hannah E. Bergman, CCa, 21, Madrid, 1970.

CAPÍTULO 1

Humberto López Morales, *Tradición y creación en los orígenes del teatro castellano,* Madrid, 1968.
J. Richard Andrews, *Juan del Encina. Prometheus in Search of Prestige,* Berkeley y Los Ángeles, 1959.
Juan del Encina, *Églogas completas,* ed. H. López Morales, Madrid, 1968.
——, *Teatro completo,* ed. M. Cañate y F. A. Barbieri, Madrid, 1893; reimpresión, Nueva York, 1969.
——, *El auto del repelón,* ed. Alfredo Álvarez de la Villa, París, s.f.

Lucas Fernández, *Farsas y églogas,* ed. M. Cañate, Madrid, 1867.
——, *Farsas y églogas,* ed. J. Lihani, Nueva York, 1969.

Paul Teyssier, *La langue de Gil Vicente,* París, 1959.
Laurence Keates, *The Court Theatre of Gil Vicente,* Lisboa, 1962.
Leif Sletsjöe, *O elemento cénico em Gil Vicente,* Lisboa, 1965.
António José Saraiva, *Gil Vicente e o fim do teatro medieval,* Publicações Europa-América, 2.ª ed., s.l. ni f.
Gil Vicente, *Obras completas,* ed. prof. Marques Braga, 6 vols., Lisboa, 1955-1958.
——, *Obras dramáticas castellanas,* ed. T. R. Hart, CC, 156, Madrid, 1962.

Gil Vicente, *Tragicomedia de Don Duardos,* ed. Dámaso Alonso, I, Texto, estudios y notas, Madrid, 1942 (no se han publicado más volúmenes).
——, *Tragicomedia de Amadís de Gaula,* ed. T. P. Waldron, Manchester, 1959.

Bartolomé de Torres Naharro, *Propalladia and Other Works,* ed. J. E. Gillet, 4 vols., Bryn Mawr-Filadelfia, 1943-1961 (vol. 4: *Torres Naharro and the Drama of the Renaissance,* transcrito, editado y completado por Otis H. Green).

Pedro Manuel de Urrea, *Églogas dramáticas y poesías desconocidas,* ed. E. Asensio, Madrid, 1950.

Fernán López de Yanguas, *Obras dramáticas,* ed. Fernando González Ollé, CC, 162, Madrid, 1967.
Diego Sánchez de Badajoz, *Recopilación en metro,* ed. Frida Weber de Kurlat, Buenos Aires, 1968.

Teatro español del siglo XVI, vol. I, ed. Urban Cronan, Madrid, 1913.
Autos, comedias farsas de la Biblioteca Nacional, Nota preliminar de Justo García Morales, 2 vols., Madrid, 1962-1964.

(Para las ediciones de obras anónimas y obras de dramaturgos menores, véanse las secciones bibliográficas de J. P. Wickersham Crawford, *Spanish Drama before Lope...*)

Capítulo 2

Colección de autos, farsas y coloquios del siglo XVI, ed. Léo Rouanet, 4 vols., Macon, 1901.

Lope de Rueda, *Obras,* ed. E. Cotarelo y Mori, 2 vols., Madrid, 1908.
——, *Teatro,* ed. J. Moreno Villa, CC, 59, Madrid, 1924.
——, *Teatro completo,* ed. A. Cardona de Gibert y D. Garrido Pallardó, Barcelona, etc., 1967.

Juan de Timoneda, *Obras completas,* vol. I (no se han publicado más volúmenes), ed. M. Menéndez Pelayo, Valencia, 1911.

Juan de Timoneda, *Las tres comedias,* Valencia, 1559 (ed. facsímil, Madrid, 1936).

Fray Ignacio de Buendía, *Triunfo de llaneza,* ed. E. M. Wilson, Aula Magna, 21, Madrid, 1970.

Hernán Pérez de Oliva, *Teatro,* ed. William Atkinson, *RH,* LXIX, 1927, págs. 521-659.

Jerónimo Bermúdez, *Nise lastimosa* y *Nise laureada,* en *Tesoro del teatro español,* I, ed. Eugenio de Ochoa, París, 1838.

Cecilia Vennard Sargent, *A Study of the Dramatic Works of Cristóbal de Virués,* Nueva York, 1930.

Cristóbal de Virués, en *Poetas dramáticos valencianos,* ed. E. Juliá Martínez, I, Madrid, 1929, págs. 25-178.

Otis H. Green, *The Life and Works of Lupercio Leonardo de Argensola,* Filadelfia, 1927.

——, *Vida y obras de Lupercio Leonardo de Argensola,* Zaragoza, 1945.

Lupercio Leonardo de Argensola, *Isabela* y *Alejandra* en sus *Obras sueltas,* ed. Conde de la Viñaza, I, Madrid, 188º.

A. I. Watson, *Juan de la Cueva and the Portuguese Succession,* Londres, 1971.

Juan de la Cueva, *Comedias y tragedias,* ed. F. A. de Icaza, 2 vols., Madrid, 1917.

——, *El infamador, Los siete infantes de Lara y El ejemplar poético,* ed. F. A. de Icaza, CC, 60, Madrid, 1941.

Armando Cotarelo y Valledor, *El teatro de Cervantes,* Madrid, 1915.

Rudolph Schevill y A. Bonilla, *El teatro de Cervantes (introducción),* en la 3.ª ed. de sus obras, VI, Madrid, 1922, págs. [5]-[187].

Joaquín Casalduero, *Sentido y forma del teatro de Cervantes,* Madrid, 1951; reimpresión, 1966.

Amelia Agostini [Bonelli] de Del Río, *El teatro cómico de Cervantes,* Madrid, 1965: separata de *BRAE.*

Bruce W. Wardropper, estudio sobre las *comedias* de Cervantes en

Suma cervantina, ed. J. B. Avalle-Arce y E. C. Riley, Londres, 1971.
Miguel de Cervantes Saavedra, *Comedias y entremeses,* ed. R. Schevill y A. Bonilla, 6 vols., Madrid, 1915-1922.
——, *Entremeses,* ed. Miguel Herrero García, CC, 125, Madrid, 1945.
——, *El cerco de Numancia,* ed. R. Marrast, Anaya, 24, Salamanca y Madrid, 1961.

(Para los dramaturgos menores, véanse las secciones bibliográficas en J. P. Wickersham Crawford, *Spanish Drama before Lope...* y Alfredo Hermenegildo, *Los trágicos españoles...*)

Capítulo 3

Bibliografías

Lope de Vega Studies 1937-1962. A Critical Survey and Annotated Bibliography, editores generales J. A. Parker y A. M. Fox, Toronto, 1964.
Raymond L. Grismer, *Bibliography of Lope de Vega,* 2 vols., Minneapolis, 1965.

Biografías

Hugo Albert Rennert, *The Life of Lope de Vega,* Glasgow, 1904, y reimpresiones.
Américo Castro y Hugo Albert Rennert, *Vida de Lope de Vega (1562-1653),* Salamanca, Madrid, etc., 1968.

Otras obras

Joaquín de Entrambasaguas y Peña, *Estudios sobre Lope de Vega,* 3 vols., Madrid, 1946-1958.
Arturo Farinelli, *Lope de Vega en Alemania,* Barcelona, 1936.
Rinaldo Froldi, *Lope de Vega y la formación de la comedia: en torno a la tradición dramática valenciana y al primer teatro de Lope,* Salamanca, Madrid, etc., 1968.
José Francisco Gatti, ed., *El teatro de Lope de Vega: artículos y estudios,* Buenos Aires, 1962.
Diego Marín, *La intriga secundaria en el teatro de Lope de Vega,* Toronto y México, 1958.

Diego Marín, *Uso y función de la versificación dramática en Lope de Vega,* Valencia, 1962.

M. Menéndez Pelayo, *Estudios sobre el teatro de Lope de Vega,* 6 vols., Editora Nacional, Santander, 1949 (estudios sobre la ed. de sus *Obras* por la Real Academia).

Ramón Menéndez Pidal, *De Cervantes y Lope de Vega,* Austral, 120, Madrid, 1940, y reimpresiones.

José F. Montesinos, *Estudios sobre Lope de Vega,* México, 1951, y Salamanca, Madrid, etc., 1967.

S. G. Morley y Courtney Bruerton, *The Chronology of Lope de Vega's comedias, with a Discussion of Doubtful Attributions, the Whole Based on a Study of his Strophic Versification,* Nueva York, etc., 1940.

——, *Cronología de las comedias de Lope de Vega. Con un examen...,* Madrid, 1968.

S. G. Morley y R. W Tyler, *Los nombres de personajes en las comedias de Lope de Vega: estudio de onamatología,* 2 vols., Berkeley y Los Ángeles, 1961.

Edward Nagy, *Lope de Vega y "La Celestina": perspectiva seudocelestinesca en comedias de Lope,* México, 1968.

Luis C. Pérez y Federico Sánchez Escribano, *Afirmaciones de Lope de Vega sobre preceptiva dramática a base de cien comedias,* Madrid, 1961.

R. D. F. Pring-Mill, introducción a la ed. de *Lope de Vega (Five Plays)* trans. Jill Booty, Nueva York, 1961.

Miguel Romera Navarro, *La preceptiva dramática de Lope de Vega y otros ensayos sobre el Fénix,* Madrid, 1935.

Noël Salomon, *Recherches sur le thème paysan dans la "comedia" au temps de Lope de Vega,* Burdeos, 1965.

Rudolph Schevill, *The Dramatic Art of Lope de Vega, together with "La dama boba",* Berkeley, 1918.

Ediciones

Obras, ed. de la Real Academia Española, 15 vols., Madrid, 1890-1913 (vol. I contiene una biografía realizada por C. A. de la Barrera; vols. II-XV, textos de obras y estudios realizados por Menéndez Pelayo; los textos no son siempre fidedignos). Como complemento de los cuatro volúmenes de *Comedias escogidas* de Lope, ed. por J. E. Hartzenbusch, con textos mediocres y dudosos, entre 1853 y 1860 (BAE, XXIV, XXXIV, XLI, LII), y el volumen de obras no dramáticas ed. por C. Rossell (XXXVIII, 1856); la BAE, desde 1963, viene reimprimiendo las *Obras* de la Academia en tomos numerados del VI en adelante; en 1969, esta serie había llegado al tomo XXVII (BAE, CCV).

Obras (nueva edición), ed. de la Real Academia Española, 13 vols., Madrid, 1916-1930 (en realidad, una nueva serie de obras no incluidas en Menéndez Pelayo, y con estudios por E. Cotarelo y Mori y otros).

Obras escogidas, ed. F. C. de Robles, vols. I y III: *Teatro,* Madrid, 1946, 1955 y reimpresiones (textos no siempre fidedignos).

El acero de Madrid, ed. P. Mazzei, Florencia, 1929.

Amar sin saber a quién, ed. Carmen Bravo-Villasante, Anaya, 81, Salamanca, Madrid, etc., 1967.

Barlaán y Josafat, ed. José F. Montesinos, Madrid, 1935.

Las bizarrías de Belisa (véase, más abajo, *El villano en su rincón*).

El Brasil restituido, ed. G. de Solenni, Nueva York, 1929.

Las burlas veras, ed. S. L. Millard Rosenberg, Filadelfia, 1912.

El caballero de Olmedo, ed. Inés I. Macdonald, Cambridge, 1934, y reimpresiones.

——, ed. F. Rico, Biblioteca Anaya, 83, 2.ª ed., Salamanca, 1970.

Lope de Vega's "El castigo del discreto". Together with a Study of Conjugal Honor in his Theater, ed. William L. Fichter, Nueva York, 1925.

El castigo sin venganza, ed. C. F. A. Van Dam, Groningen, 1929.

——, ed. C. A. Jones, Oxford, etc., 1966 (véase también *El perro del hortelano*).

El conde Fernán González, ed. R. Marcus, París, 1963.

El cordobés valeroso Pedro Carbonero, ed. José F. Montesinos, Madrid, 1929.

El cuerdo loco, ed. José F. Montesinos, Madrid, 1922.

La dama boba, ed. Rudolph Schevill, con su *The Dramatic Art of Lope de Vega,* Berkeley, 1918 (véase también *Fuenteovejuna* y *Peribáñez...*).

El desdén vengado, ed. M. M. Harlan, Nueva York, 1930.

La desdichada Estefanía, ed. J. H. Arjona, Valencia, 1967.

El duque de Viseo, ed. F. Ruiz Ramón, Madrid, 1966.

La fianza satisfecha, ed. W. M. Whitby y R. R. Anderson, Cambridge, 1971.

La fortuna adversa del infante don Fernando de Portugal (atr.): véase A. E. Sloman, *The Sources of Calderón's "El príncipe constante"*, Oxford, 1950.

Fuenteovejuna, ed. Américo Castro, Madrid, 1935.

——, ed. W. S. Mitchell, Londres, 1956.

——, y *La dama boba,* ed. E. W. Hesse, Nueva York, 1964.

——, *(dos comedias)* (de Lope y de Cristóbal de Monroy), ed. F. López Estrada, CCa, 10, Madrid, 1969.

El galán de la membrilla, ed. D. Marín y E. Rugg, Madrid, 1962.

El marqués de las Navas, ed. José F. Montesinos, Madrid, 1925.

El mejor alcalde, el Rey, en Lope de Vega, *Comedias I,* 2.ª ed. revisada por J. Gómez Ocerín y R. M. Tenreiro, CC, 39, Madrid, 1931.

El mejor mozo de España, ed. W. T. McCready, Anaya, 75, Salamanca, 1967.

La moza de cántaro, ed. C. González Echegaray, Anaya, Salamanca, 1968.

La nueva victoria de D. Gonzalo de Córdoba, ed. H. Ziomek, Nueva York, 1962.

Las paces de los reyes y judía de Toledo, ed. J. A. Castañeda, Chapel Hill, 1962.

Peribáñez y el comendador de Ocaña, ed. Ch.-V. Aubrun y J. F. Montesinos, París, 1943, y reimpresiones.

—— y *La dama boba,* ed. A. Zamora Vicente, CC, 159, Madrid, 1963.

El perro del hortelano, ed. E. Kohler, París, 1951.

—— y *El castigo sin venganza,* ed. A. D. Kossoff, CCa, 25, Madrid, 1970.

Los Ramírez de Arellano, ed. D. Ramírez de Arellano, Madrid, 1954.

El remedio en la desdicha, ed. J. W. Barker, Cambridge, 1931, y reimpresión, 1951.

——, en Lope de Vega, *Comedias I,* 2.ª ed. revisada por J. Gómez Ocerín y R. M. Tenreiro, CC, 39, Madrid, 1931.

El sufrimiento premiado (atr.), ed. V. Dixon, Londres, 1967.

El villano en su rincón, ed. A. Zamora Vicente, Madrid, 1961.

El villano en su rincón y *Las bizarrías de Belisa,* ed. A. Zamora Vicente, CC, 157, Madrid, 1963.

CAPÍTULO 4

Poetas dramáticos valencianos, ed. E. Juliá Martínez, 2 vols., Madrid, 1929 (incluye obras de Tárrega y Gaspar de Aguilar).
Dramáticos contemporáneos a Lope de Vega, ed. R. de Mesonero Romanos, 2 vols., BAE, XLIII y XLV, Madrid, 1957-1858 (incluye obras de Tárrega, Gaspar de Aguilar, Guillén de Castro, Damián del Poyo, Mira de Amescua, Luis Vélez de Guevara, Godínez, Belmonte Bermúdez, Pérez de Montalbán, y otros; textos no siempre fidedignos).

Guillén de Castro y Bellvís, *Obras,* ed. E. Juliá Martínez, 3 vols., Madrid, 1925-1927.
——, *Las mocedades del Cid,* 4.ª ed., ed. V. Said Armesto, CC, 15, Madrid, 1945.

F. E. Spencer y Rudolph Schevill, *The Dramatic Works of Luis Vélez de Guevara,* Berkeley, 1937.
Luis Vélez de Guevara, *Reinar después de morir y El diablo está en Cantillana,* ed. M. Muñoz Cortés, CC, 132, Madrid, 1948.
——, *El embuste acreditado,* ed. A. G. Reichenberger, Granada, 1956.
——, *La niña de Gómez Arias,* ed. Ramón Rozzell, Granada, 1959.
——, *La serrana de la Vera,* ed. R. Menéndez Pidal y M. Goyri de Menéndez Pidal, Madrid, 1916.
——, *La serrana de la Vera,* ed. E. Rodríguez Cepeda, Aula Magna, 9, Madrid, 1967.

W. Poesse, *Ensayo de una bibliografía de Juan Ruiz de Alarcón y Mendoza,* Valencia, 1964.
Serge Denis, *La langue de Juan Ruiz de Alarcón,* París, 1943.
Antonio Castro Leal, *Juan Ruiz de Alarcón, su vida y su obra,* México, 1943.
Alva V. Ebersole, *El ambiente español visto por Juan Ruiz de Alarcón,* Valencia, 1959.
Carmen Olga Brenes, *El sentimiento democrático en el teatro de Juan Ruiz de Alarcón,* Valencia, 1960.

Ellen Claydon, *Juan Ruiz de Alarcón, Baroque Dramatist,* Chapel Hill, 1970.
Juan Ruiz de Alarcón, *Obras completas,* ed. A. Millares Carlo, 3 vols., México, 1957-1968.
——, *Teatro (La verdad sospechosa, Las paredes oyen),* ed. A. Reyes, CC, 37, Madrid, 1918.
——, *Los pechos privilegiados, y Ganar amigos,* ed. A. Millares Carlo, CC, 147, Madrid, 1960.
——, *La prueba de las promesas y El examen de maridos,* ed. A. Millares Carlo, CC, 146, Madrid, 1960.

Antonio Mira de Amescua, *Teatro I (El esclavo del demonio, Pedro Telonario [auto sacramental]),* ed. Á. Valbuena Prat, CC, 70, Madrid, 1928.
——, *Teatro II (La Fénix de Salamanca, El ejemplo mayor de la desdicha),* ed. Á. Valbuena Prat, CC, 82, Madrid, 1928.
——, *Adversa fortuna de don Álvaro de Luna,* ed. Luigi de Filippo, Florencia, 1960.
——, *La segunda de don Álvaro (Adversa fortuna...),* ed. N. E. Sánchez-Arce, México, 1960.

Hannah E. Bergman, *Luis Quiñones de Benavente y sus entremeses,* Madrid, 1965.

Capítulo 5

(a) *Tirso de Molina. Ensayos sobre la biografía y la obra del P. M. Fray Gabriel Téllez, por Revista Estudios,* Madrid, 1949 (contiene una extensa bibliografía general por Everett W. Hesse).
Serge Maurel, *L'Univers dramatique de Tirso de Molina,* Poitiers, 1971.
Esmeralda Gijón Zapata, *El humor en Tirso de Molina,* Madrid, 1959.
Ángel López, *El cancionero popular en el teatro de Tirso de Molina,* Madrid, 1958.
Ivy L. McClelland, *Tirso de Molina: Studies in Dramatic Realism,* Liverpool, 1948.
Guido Mancini y otros, *Studi tirsiani,* Milán, 1958.
Mario Penna, *Don Giovanni e il misterio di Tirso,* Turín, 1958.
Karl Vossler, *Lecciones sobre Tirso de Molina,* Madrid, 1965.

(b) Tirso de Molina, *Obras dramáticas completas,* ed. Blanca de los Ríos de Lampérez, 3 vols., Madrid, 1946-1958, y reimpresiones.
——, *Comedias,* ed. E. Cotarelo y Mori, 2 vols., NBAE, 4 y 9, Madrid, 1906-1907.
——, *Obras I (El vergonzoso en palacio, El burlador de Sevilla),* ed. Américo Castro, CC, 2, Madrid, 1910.
——, *Comedias II. El amor médico y Averígüelo Vargas,* ed. A. Zamora Vicente y M.ª J. Canellada de Zamora, CC, 131, Madrid, 1947.
——, *Antona García,* ed. Margaret Wilson, Manchester, 1957.
——, *El burlador de Sevilla,* ed. J. E. Varey y N. D. Shergold, Cambridge, 1952.
——, ——, ed. G. E. Wade, Nueva York, 1969.
——, —— *y La prudencia en la mujer,* ed. R. R. MacCurdy, Nueva York, 1965.
——, *El condenado por desconfiado,* ed. Américo Castro, Madrid, 1919.
——, ——, ed. A. González Palencia, Ebro, 1, Zaragoza, 1939.
——, *Por el sótano y el torno,* ed. A. Zamora Vicente, Buenos Aires, 1949.
——, *La prudencia en la mujer,* ed. W. McFadden, Liverpool, 1933.
——, ——, ed. A. Huntington Bushee y L. Lavery Stafford, México, 1948.
——, *La venganza de Tamar,* ed. A. K. G. Paterson, Cambridge, 1969.

Capítulo 6

Biografías

Cristóbal Pérez Pastor, *Documentos para la biografía de D. Pedro Calderón de la Barca,* I, Madrid, 1905.
Emilio Cotarelo y Mori, *Ensayo sobre la vida y obras de D. Pedro Calderón de la Barca,* I, Madrid, 1924.
Narciso Alonso Cortés, «Algunos datos relativos a don Pedro Calderón», *RFE,* I, 1915, págs. 41-51.
José Simón Díaz, *Historia del Colegio Imperial de Madrid,* 2 vols., Madrid, 1952-1959.

Florencio Marcos Rodríguez, «Un pleito de D. Pedro Calderón de la Barca», *RABM,* LXVII, 1959, págs., 717-731.
Edward M. Wilson, «Fray Hortensio Paravicino's protest against *El príncipe constante*», *Ibérida, Revista Filológica,* 6, Río de Janeiro, págs. 245-266; «Un memorial perdido de don Pedro Calderón», en *Fichter;* «Calderón y el Patriarca», en *Homenaje a Hans Flasche.*
E. Juliá Martínez, «Calderón en Toledo», *RFE,* XXV, 1941, págs. 182-204.

Obras generales

Marcelino Menéndez Pelayo, *Calderón y su teatro,* Madrid, 1881 (de enfoque anticuado).
A. A. Parker, «The father-son conflict in the drama of Calderón», *FMLS,* II, 1966, págs. 288-299.
B. W. Wardropper, *Critical Essays on the Theatre of Calderón,* Nueva York, 1965 (por varios autores sobre cuestiones generales y obras en particular).
Ángel Valbuena Prat, *Calderón,* Madrid, 1941.
Dámaso Alonso, *Seis calas en la expresión literaria española,* Madrid, 1951, cap. IV.
A. E. Sloman, *The Dramatic Craftsmanship of Calderón,* Oxford, 1958.
A. A. Parker, «Metáfora y símbolo en la interpretación de Calderón», *Actas I,* Oxford, 1964.
Edward M. Wilson, «La poesía dramática de don Pedro Calderón de la Barca», *Litterae Hipanae et Lusitanae—Festschrift zum fünfzigjährigen Bestehen des Ibero-Amerikanischen Forschungsinstituts der Universität Hamburg,* Munich, 1968.
——, «The four elements in the imagery of Calderón», *MLR,* XXXI, 1936, págs., 34-47, y *Sonderdruck aus Calderón de la Barca,* Darmstadt, 1971, págs., 112-130.
——, con J. Sage, *Poesías líricas en las obras de Calderón - citas y glosas,* Londres, 1964.

Ediciones.

Los cuatro volúmenes de la BAE (VII, IX, XII, XIV), editados por J. E. Hartzenbusch, son de poca calidad y en conjunto poco fiables; como la paginación de las distintas impresiones es la misma, son en cambio útiles como referencia.

La edición Aguilar, en tres volúmenes, a cargo de Ángel Valbuena Briones y Ángel Valbuena Prat, ofrece mejor texto; no contiene las obras escritas en colaboración.

Recomendamos las siguientes ediciones de obras sueltas y autos:

El sitio de Breda, ed. Johanna R. Shrek, La Haya, 1957.
El príncipe constante, ed. A. A. Parker, Cambridge, 1968.
Casa con dos puertas mala es de guardar, ed. G. T. Northup, en *Three Plays by Calderón,* Boston, etc., 1926 (medio expurgada).
El Mágico prodigioso, ed. A. A. Parker y Melveena McKendrick.
La vida es sueño, ed. Milton A. Buchanan, Toronto, 1910.
——, ed. E. W. Hesse, Nueva York, 1961.
——, ed. A. E. Sloman, Manchester, 1961.
El alcalde de Zalamea, ed. M. Krenkel, Leipzig, 1887.
——, ed. R. Marrast, París, 1959.
——, ed. P. N. Dunn, Oxford, 1966,
La hija del aire (dos partes), ed. Gwynne Edwards, Londres, 1970.
En la vida todo es verdad y todo mentira, ed. D. W Cruickshank, Londres, 1971.
No hay más fortuna que Dios, ed. A. A. Parker, Manchester, 1949, 1962.
El pleito matrimonial del cuerpo y el alma, ed. Manfred Engelbert, Hamburgo, 1969.

Obras menores (Siglos XVII y XVIII), ed. A. Pérez Gómez, Cieza, 1969.
Psalle et sile, ed. Leopoldo Trenor, Valencia, 1930-1939.

Autos

A. A. Parker, *The Allegorical Drama of Calderón,* Oxford, 1943.
Á. Valbuena Prat, «Los autos de Calderón: clasificación y análisis», *RH,* LXI, 1924.
Eugenio Frutos, *La filosofía de Calderón en sus autos sacramentales,* Zaragoza, 1952.
N. D. Shergold y J E. Varey, *Los autos sacramentales en Madrid en la época de Calderón, 1637-1681,* Madrid, 1961.

Obras y grupos de obras

El príncipe constante

Edward M. Wilson y W. J. Entwistle, «Calderón's *Príncipe constante:* two appreciations», *MLR,* XXXIV, 1939, págs. 207-222.
B. W. Wardropper, «Christian and Moor in Calderón's *El príncipe constante, MLR,* LIII, 1958, págs. 512-520.
Carlos Ortigoza Vieyra, *Los móviles de la comedia: El príncipe constante,* México, 1957.
A. E. Sloman, *The sources of Calderón's El príncipe constante,* Oxford, 1950.

Comedias de capa y espada

B. W. Wardropper, «Calderón's comedy and his serious view of life», *Studies in Honor of Nicholson B. Adams,* Chapel Hill, 1966, págs. 179-193.
J. E. Varey, «*Casa con dos puertas:* Towards a Definition of Calderón's view of comedy», *MLR,* LXVII, 1972, págs. 83-94.

La devoción de la Cruz

W. J. Entwistle, «Calderón's *La devoción de la Cruz*», *BH,* L, 1948, págs. 472-482.
A. A. Parker, «Santos y bandoleros en el teatro español del Siglo de Oro», *Arbor,* 43-44, 1949.

El mágico prodigioso

W. J. Entwistle, «Justina's temptation: an approach to the understanding of Calderón», *MLR,* XL, 1945, págs. 180-189.
T. E. May, «The symbolism of *El mágico prodigioso*», *RR,* LIV, 1963, págs., 95-112.
A. A. Parker, «The role of the *graciosos* in *El mágico prodigioso*», *Litterae Hispanae et Lusitanae...*

El médico de su honra

B. W. Wardropper, «Poetry and drama in Calderón's *El médico de su honra*», *RR,* XLIX, 1958, págs. 3-11.
D. W. Cruickshank, «Calderón's King Pedro: just or unjust?»,

Spanische Forschungen der Görresgesellschaft: Gesammelte Aufsätze zur Kulturgeschichte Spaniens, XXV, 1970, págs. 113-132.

A secreto agravio secreta venganza

Edward M. Wilson, «La discreción de don Lope de Almeida», *Clavileño,* 9, 1951, págs. 1-10.

La vida es sueño

Arturo Farinelli, *La vita è un sogno,* 2 vols., Turín, 1916.
R. Pring-Mill, «Los calderonistas de habla inglesa y *La vida es sueño*», *Litterae Hispanae et Lusitanae...*
Lionel Abel, *Metatheatre—A New View of Dramatic Form,* Nueva York, 1963, págs. 59-72.

El alcalde de Zalamea

A. E. Sloman, «Scene division in *El alcalde de Zalamea, HR,* XIX, 1951, págs. 66-71.
C. A. Jones, «*Honor* in *El alcalde de Zalamea*», *MLR,* L, 1955, págs. 444-449.

La cisma de Ingalaterra

A. A. Parker, «Henry VIII in Shakespeare and Calderón», *MLR,* XLIII, 1948, págs. 327-352.

El pintor de su deshonra

A. A. Parker, «Towards a definition of Calderonian tragedy», *BHS,* XXXIX, 1962, págs. 222-237.
A. K. G. Paterson, «The comic and tragic melancholy of Juan Roca: a study of Calderón's *El pintor de su deshonra*», *FMLS,* V, 1969, págs. 244-261.

Las armas de la hermosura

A. A. Parker, «History and poetry: tre Coriolanus theme in Calderón», *Hispanis Studies in Honour of I. González Llubera,* Oxford, 1959, págs. 211-224.

La hija del aire, I y II

G. Edwards, «Calderón's *La hija del aire* in the light of his sources», *BHS,* XLIII, 1966, págs. 177-196.

——, «Calderón's *La hija del aire* and the classical type of tragedy», *BHS,* XLIV, 1967, págs. 161-194.

Obras mitológicas

W. G. Chapman, «Las comedias mitológicas de Calderón», *RL,* V, 1954, págs. 35-67.

Eco y Narciso

Ch. V. Aubrun, Prefacio a la edición de esta obra, París, 1961.

——, *"Eco y Narciso",* en *Fichter,* págs. 47-58.

E. W. Hesse, «The terrible mother image in Calderón's *Eco y Narciso*», *RN,* I, 1959-1960, págs. 133-136.

——, «Estructura e interpretación de una comedia de Calderón», *BBMP,* XXXIV, 1963, págs. 57-72.

La estatua de Prometeo

Ch. V. Aubrun, Prefacio a la edición de esta obra, París, 1961.

Los encantos de la culpa

Hans Flasche, «Die Struktur des Auto Sacramental *Los encantos de la culpa* von Calderón», *Arbeits Gemeinschaft für Forschung des Landes Nordrhein-Westfalen,* CL, 1968.

Entremeses

Kenneth R. Scholberg, «Las obras cortas de Calderón», *Clavileño,* 25, 1954, págs. 13-19.

Obras no dramáticas

Edward M. Wilson, «A key to Calderón's *Psalle et sile*», *Hispanic Studies in honour of I. González Llubera,* Oxford, 1959, págs. 429-440.

Edward M. Wilson, «Seven *aprobaciones* by Don Pedro Calderón de la Barca», *Studia Philologica—Homenaje ofrecido a Dámaso Alonso,* III, Madrid, 1963, págs. 605-618.
Edward M. Wilson, «Calderón y Fuenterrabía: el *Panegírico al Almirante de Castilla*», *BRAE,* XLIX, 1969, págs. 253-278.

Primitivas ediciones de Calderón

Los textos de Calderón suelen ser defectuosos por falta de un adecuado estudio de las ediciones y los manuscritos del siglo XVII. Recomendamos los siguientes estudios a los interesados en estas cuestiones. Representan únicamente los estadios preliminares de la investigación.

Miguel de Toro y Gisbert, «¿Conocemos el texto verdadero de las comedias de Calderón?», *BRAE,* V, 1918, págs. 401-421, 531-549; VI, 1919, págs. 1-12, 307-331.
H. C. Heaton, «On the *Segunda parte* of Calderón», *HR,* V, 1937, págs. 209-237.
E. W. Hesse, *Vera Tassis' Text of Calderón's Plays,* México, 1941.
——, «The two versions of *El laurel de Apolo*», *HR,* XIV, 1946, págs. 213-234.
——, «The first and second editions of Calderón's *Cuarta parte*», *HR,* XVI, 1948, págs. 209-237.
——, «The publication of Calderón's plays in the seventeenth century», *PQ,* XXVII, 1948, págs. 37-51.
Edward M. Wilson, «The two editions of Calderón's *Primera parte* of 1640», *The Library,* 1959, págs. 175-191.
——, «On the Pando editions of Calderón's *autos*», *HR,* XXVII, 1959, págs. 324-344.
——, «Further notes on the Pando editions of Calderón's *autos*», *HR,* XXX, 1962, págs. 296-303.
——, «Calderón's *Primera parte de autos sacramentales* and Don Pedro de Pando y Mier», *BHS,* XXXVI, 1960, págs. 16-28.
——, «Notas sobre algunos manuscritos calderonianos en Madrid y en Toledo», *RABM,* LXVIII, 1960, págs. 477-487.
——, «La edición príncipe de *Fieras afemina Amor* de don Pedro Calderón», *RBAM,* XXIV, 70, 1961, págs. 7-28.
——, «On the *Tercera parte* of Calderón—1664», *Studies in Bibliograhy,* XV, 1962, págs. 223-230.

D. W. Cruickshank, «Calderón's Handwriting», *MLR,* LXV, 1970, págs. 66-77.
——, «The Printing of Calderón's *Tercera parte*», *Studies in Bibliography,* XXIII, 1970, págs. 230-251.
——, «Calderón's *Primera* and *Tercera partes:* the Reprints of "1640" and "1664"», *The Library,* 1970, págs. 105-119.

CAPÍTULO 7

Dramáticos posteriores a Lope de Vega, ed. R. de Mesonero Romanos, 2 vols., BAE, XLVII y XLIX, Madrid, 1858-1859, y reimpresiones (incluye obras de Solís, Cubillo de Aragón, Matos Fragoso, Leiva Ramírez de Arellano, Enríquez Gómez, «Fernando de Zárate», Juan Vélez de Guevara, Diamante, Monroy y Silva, Monteser, Juan de la Hoz y Mota, Salazar y Torres, sor Juana Inés de la Cruz, Bances Candamo, y otros; textos no siempre fidedignos).

Ruth Lee Kennedy, *The Dramatic Art of Moreto,* Northampton, Mass., 1931-1932 (*Smith College Studies in Modern Languages,* XIII, 1-4).
Frank P. Casa, *The Dramatic Craftsmanship of Moreto,* Cambridge, Mass., 1966.
Agustín Moreto y Cabaña, *Comedias escogidas,* ed. Luis Fernández-Guerra y Orbe, BAE, XXXIX, Madrid, 1856; reimpresión, 1950 (textos no siempre fidedignos).
——, *Teatro (El lindo don Diego, El desdén con el desdén),* ed. Narciso Alonso Cortés, CC, 32, Madrid, 1916.
——, *El poder de la amistad,* ed. D. E. Dedrick, Valencia, 1968.
——, *El desdén con el desdén, Las galeras de la honra, Los oficios,* ed. F. Rico, CCa, 33, Madrid, 1971.

Raymond R. MacCurdy, *Francisco de Rojas Zorrilla: bibliografía crítica,* Madrid, 1965 (*Cuadernos bibliográficos,* XVIII).
——, *Francisco de Rojas Zorrilla and the Tragedy,* Albuquerque, 1958.
——, *Francisco de Rojas Zorrilla,* Nueva York, 1968.
Francisco de Rojas Zorrilla, *Comedias escogidas,* ed. R. de Mesonero Romanos, BAE, LV, Madrid, 1861.
——, *Teatro (Del Rey abajo ninguno, Entre bobos anda el juego),*

3.ª ed. revisada por F. Ruiz Morcuende, CC, 35, Madrid, 1944.
Francisco de Rojas Zorrilla, *II: Morir pensando matar y La vida en el ataúd,* ed. R. R. Maccurdy, CC, 153, Madrid, 1961.
——, *Cada qual lo que le toca y La viña de Nabot,* ed. Américo Castro, Madrid, 1917.
——, *Donde ay agravios no ay celos,* ed. B. Wittmann, Génova y París, 1962.
——, *Lucrecia y Tarquino,* ed. R. R. MacCurdy, Albuquerque, 1963.
——, *Obligados y ofendidos y gorrón de Salamanca,* ed. R. R. MacCurdy, Anaya, 26, Salamanca, 1963.

Álvaro Cubillo de Aragón, *Las muñecas de Marcela, El señor de Noches Buenas,* ed. A. Valbuena Prat, Madrid, 1928.

Daniel E. Martell, *The Dramas of D. Antonio Solís y Rivadeneyra,* Filadelfia, 1902.
Antonio Solís y Rivadeneyra, *Amor y obligación,* ed. E. Juliá Martínez, Madrid, 1930.

Antonio Coello y Ochoa, *El conde de Sex, o dar la vida por su dama,* en *Dramáticos contemporáneos de Lope de Vega,* II, ed. R. Mesonero Romanos, BAE, XLV, Madrid, 1858, págs. 403-420.

Juan Vélez de Guevara, *Los celos hacen estrellas,* ed. J. E. Varey y N. D. Shergold, con una ed. y estudio de la música por J. Sage, Londres, 1970.

Sor Juana Inés de la Cruz, *Obras completas,* ed. A. Méndez Plancarte, vols. III *(Autos y loas)* y IV *(Comedias, sainetes y prosa),* México y Buenos Aires, 1955, 1957.
——, *Autos sacramentales (El divino Narciso - San Hermenegildo),* ed. S. Fernández y A. Méndez Plancarte, México, 1970.

Francisco Cuervo-Arango y González-Carvajal, *Don Francisco Antonio de Bances y López-Candamo. Estudio bio-bibliográfico y crítico,* Madrid, 1916.
Francisco Bances Candamo, *Theatro de los theatros de los passados y presentes siglos,* ed. D. W. Moir, Londres, 1970.
——, *El esclavo en grillos de oro. Estudio sobre teatro político palaciego y ed. de D. W. Moir* (en prensa).

ÍNDICE ALFABÉTICO